D0338607

Jean-Claude Kaufmann

Pionnier de la « microsociologie », Jean-Claude Kaufmann a orienté ses recherches vers les aspects les plus inattendus et parfois minuscules de la vie quotidienne. À travers eux, il dévoile quels mécanismes sous-jacents gouvernent nos conduites. Aujourd'hui reconnue, cette démarche a débouché sur « l'analyse du couple par son linge » dans *La trame conjugale* (1992), ou la « sociologie des seins nus » dans son ouvrage *Corps de femmes, regards d'hommes* (1995).

Il a également publié *Sociologie du couple* (1993), *Le cœur à l'ouvrage* (1997), et un manuel exposant sa méthode : *L'entretien compréhensif* (1996). Son dernier essai, *La femme seule et le prince charmant*, a rencontré un véritable succès populaire et a reçu le prix Bordin décerné par l'Académie des sciences morales et politiques. Ses livres sont traduits en une dizaine de langues.

Jean-Claude Kaufmann est directeur de recherche CNRS à l'université Paris V-Sorbonne.

DU MÊME AUTEUR
CHEZ POCKET

LA TRAME CONJUGALE
CORPS DE FEMMES, REGARDS D'HOMMES
LE POUR À L'OUVRAGE
ENFANTS, BULLET ET SOUPÇON CHARMANT

PREMIER MATIN

Jean-Claude KAUFMANN

PREMIER MATIN

Comment naît une histoire d'amour

ARMAND COLIN

INTRODUCTION

Qui ne rêve, qui n'a jamais rêvé d'amour ? Qui ose-rait critiquer ou rejeter ce sentiment à nul autre pareil ? Dans notre société sans boussole, où chacun s'interroge sur le sens de sa vie, l'amour plus que jamais est l'idéal, au monde, le mieux partagé. Doux ou brûlant, rassurant ou frénétique, il est l'enveloppement émotionnel et l'ouverture à l'autre qui nous sauvent de la sécheresse égotiste de la modernité.

C'est pour cela que nous nous racontons des histoi-res. Encore et encore. Des histoires d'amour, sans cesse recommencées. Belles comme l'envol de l'émotion, qui nous fait si légers ; tristes parfois aussi, car il n'est de véritables histoires d'amour sans chagrins d'amour ; édifiantes toujours, car nos pauvres vies ordinaires ont bien du mal à s'élever au niveau espéré.

Le couple aussi se raconte des histoires, même quand l'amour n'y est plus que reliquat discret. Il se met en scène dans un récit qui fait sens, avec un début bien net, la rencontre, puis des épisodes qui s'inscrivent dans une suite logique : les temps héroïques, la conquête du confort, l'arrivée de l'enfant, etc. Et c'est très bien ainsi. Parce qu'il est impossible de vivre sans se raconter une histoire de sa vie (belle autant que possible) : il nous faut continuellement tisser le fil qui relie les événe-

7

ments les plus épars. Le seul problème est que, le récit prenant trop ses aises avec la réalité, celle-ci ne devienne difficile à atteindre pour qui le souhaite. En particulier le chercheur, qui interroge sur la vie conjugale. Le risque est grand en effet qu'il recueille alors le mythe familial plutôt que la vérité concrète des gestes et des pensées. Le sociologue doit donc trouver une astuce pour contourner l'obstacle. Dans un livre précédent, *La Trame conjugale*, j'avais levé la difficulté en suivant la piste du linge pour poser des questions précises sur le fonctionnement conjugal au quotidien et sur la façon dont s'était formé le couple. Il en résulta une vision souvent très éloignée des histoires officielles.

Qu'est-ce que l'amour ? Comment, concrètement, se forme-t-il ? Il me fallait dans cette nouvelle enquête trouver une autre astuce, pour éviter les récits convenus. Mon but n'était pas (comme l'accusation en est souvent faite au sociologue) de dévoiler les illusions de l'amour pour le pur plaisir méchant de dévoiler les illusions, et encore moins de briser ses enchantements. Il était tout simplement de savoir, avec le plus d'exactitude et de précision possible, quel était réellement son mode de fonctionnement. D'ailleurs, nous verrons à la fin de ce livre qu'un nouvel imaginaire amoureux se cherche pour créer une féerie plus adéquate aux comportements et aux expressions sentimentales qui se développent aujourd'hui ; nous ne risquons pas de perdre nos belles émotions à regarder de près la vérité en face.

Quelle pouvait bien être cette astuce permettant d'atteindre à la réalité de l'amour ? Un objet comparable au linge pour le fonctionnement conjugal, le lit par exemple ? L'idée n'était pas mauvaise, mais posait quelques problèmes. Il se révélait plus judicieux de choisir un moment, particulier et important, et un contexte précis lié à ce moment. Une des déformations les plus courantes des belles histoires que nous nous racontons consiste à réécrire les débuts, souvent beaucoup plus approximatifs que ce qui est déclaré après coup. Cette manipulation étant opérée, l'histoire amoureuse officielle n'a plus ensuite qu'à dérouler sa logique, vaincre éventuellement quelques adversités, franchir des étapes. Alors que très souvent rien n'était vraiment joué au début.

Pour éviter cette réécriture trompeuse, la ruse toute simple consistait donc à fixer l'enquête sur un instant donné, avant que le couple ne soit établi, mais après la rencontre. Il ne pouvait y avoir la moindre hésitation : le premier matin était ce moment parfait. L'un des problèmes du lit comme analyseur était de faire la part trop belle au sexe, dont il est difficile de déterminer exactement la place qu'il occupe dans la montée du sentiment. Le matin au contraire est une sorte d'intervalle équivoque où les différents éléments constitutifs de l'amour sont susceptibles d'entrer en jeu. Les élans de la veille sont retombés, l'atmosphère est plus calme ; la sensualité caressante peut cependant réveiller le désir. Tout est possible au premier matin, moment particulièrement riche de contenu et ouvert. Paradoxalement, la trop grande richesse d'un objet d'enquête peut parfois poser problème au chercheur, qui ne parvient plus à la cerner, et s'y noie au lieu de la dominer. Heureusement le premier matin conjure ce risque en offrant une unité de temps et de lieu digne du théâtre classique. Les scènes, très typiques (l'éveil, le cocon-lit, la sortie du lit, la toilette, le petit déjeuner), se déroulent en quelques heures, dans deux ou trois pièces seulement (la chambre, la salle de bains, le coin repas). Le contexte est donc merveilleusement précis, permettant à l'enquête de creuser en profondeur, et d'accumuler une richesse multiforme sans craindre la dispersion.

Chaque recherche introduit le sociologue dans un univers différent, une ambiance particulière. Celle des premiers matins respire le mélange insolite de sensations extrêmes habituellement peu faites pour s'entendre ; le bien-être et l'angoisse, les rires et les tourments, le plaisir et la peine. Ajoutées à l'unité de temps et de lieu, elles produisent une théâtralité évidente. *Premier Matin* est un livre visuel (ou cinématographique), caractère qui ne tient pas à ma volonté ni à l'écriture, mais aux tableaux et aux scripts, extraordinairement précis, tels qu'ils m'ont été décrits. Vous allez peu à peu vous familiariser avec quelques personnages, stars malgré elles, qui au fur et à mesure de leurs apparitions vont prendre la forme de héros récurrents. Démontrant que, derrière l'apparence de banalité et de vide, de modicité des péripéties, le premier matin au contraire est un moment de la vie où se nouent les intrigues les plus folles.

Et les plus lourdes de conséquences pour l'avenir. Ma surprise fut en effet de constater que l'instrument d'analyse, excellent comme je l'ai dit, n'était pas seulement un instrument d'analyse, permettant de voir comment l'amour se forme réellement aujourd'hui. Il était aussi en lui-même un événement décisif, sans doute aujourd'hui le plus décisif dans la suite de micro-aventures qui enclenchent la vie conjugale. Le premier matin, avec ses airs de rien, ses éveils pâteux, ses caresses amoureuses ou fatiguées, ses petits bisous pour remplir les blancs de la conversation, ses moments de gêne ou d'ennui, ses agacements minuscules et ses pensées secrètes, est tout le contraire d'un non-événement. Car désormais le couple se joue au premier matin.

REMERCIEMENTS

Ce livre n'aurait été qu'un froid squelette sans les témoignages si justes et sincères des personnes interrogées, qui n'ont pas économisé leurs efforts pour retrouver dans l'arrière-fond de leur mémoire des souvenirs merveilleux de vie et de précision. Merci.

Merci également à Mathilde Perrot, pour l'aisance très professionnelle avec laquelle elle a su faire parler du plus intime, Gaétan Bénis et Karim Gacem pour leurs contributions, Michèle Lalanne-Lestieu pour le cadeau de Pirandello, Soizic Hidrio, Cécile Lacorre, Bertrand Dreyfuss et Marie-Paule Rochelois pour leur lecture du manuscrit, et François de Singly, comme toujours, pour son indéfectible soutien.

PREMIÈRE PARTIE

SCÈNES DU PREMIER MATIN

L'éveil

« Je dois pourtant vous dire un mot de la minute inouïe que fut mon réveil, le lendemain matin. Je m'éveillai d'un sommeil de plomb, d'une noire profondeur comme je n'en connus jamais. Il me fallut longtemps pour ouvrir les yeux, et la première chose que je vis fut, au-dessus de moi, le plafond d'une chambre inconnue, puis, en tâtonnant encore un peu plus, un endroit étranger, ignoré de moi, affreux, dont je ne savais pas comment j'avais pu faire pour y tomber. D'abord, je m'efforçai de croire que ce n'était qu'un rêve, un rêve plus net et plus transparent, auquel avait abouti ce sommeil si lourd et si confus ; mais devant les fenêtres brillait déjà la lumière crue et indéniablement réelle du soleil, la lumière du matin ; on entendait monter les bruits de la rue, avec le roulement des voitures, les sonneries des tramways, la rumeur des hommes ; et maintenant je savais que je ne rêvais plus, mais que j'étais éveillée. Malgré moi, je me redressai, pour reprendre mes esprits, et là..., en regardant sur le côté..., je vis (jamais je ne pourrai vous décrire ma terreur) un homme inconnu dormant près de moi dans le large lit... mais c'était un inconnu, un parfait étranger, un homme demi-nu et que je ne connaissais pas. »

Stefan Zweig,
Vingt-quatre heures de la vie d'une femme[1].

1. Traduction française d'Alzir Hella, © 1981, 2000, Alzir Hella et Éditions Stock.

« Ce matin-là ? Ah vous me faites rechercher bien loin ! » Georgette n'a connu qu'un seul homme dans sa vie, un seul premier matin, il y a si longtemps, il y a cinquante-sept ans. Pourtant les souvenirs reviennent, un à un, et dessinent avec une honorable précision les contours de la scène.

La mémoire n'a pas toujours été aussi bonne chez les personnes que nous avons interrogées, même pour des matins très récents. Non pour un problème neuronal de déficience mnésique. Mais parce qu'un des mécanismes propres au premier matin consiste à refouler toute une partie des observations et réflexions qui pourraient compromettre l'entreprise en cours. Ce qui est en jeu n'est pas mince. Il s'agit ni plus ni moins de savoir si les protagonistes vont ou non s'engager, au-delà de la simple nuit d'amour, dans un véritable pas de deux conjugal. Nous verrons comment et pourquoi une certaine amnésie (produit de l'aveuglement de l'instant) est pour cela nécessaire. Le paradoxe étant que cet événement essentiel, désormais de plus en plus fondateur du couple, doit se vivre de façon anodine et légère pour fonctionner avec efficacité. Ce qui n'arrange pas les affaires de l'enquêteur, condamné à travailler dur pour ne faire remonter parfois que quelques bribes à la surface.

Les gens ne parlent jamais de la même manière selon qu'ils évoquent tel ou tel sujet. Chaque thème d'enquête fait plonger le chercheur dans une atmosphère particulière. Le climat des présentes interviews peut être résumé en quelques mots : rires, douceur, nostalgie. Le premier matin lui-même est d'abord une perception globale, qui donne sa couleur à tout ce qu'elle intègre. « C'est un tout, c'est une ambiance » (Charles-Antoine). Rires, douceur, comme pour les entretiens, mais aussi peur et malaise. Une ambiance assez indéfinissable, qui s'installe dès les premières secondes de l'éveil.

L'éveil ordinaire

Chacun fait quotidiennement l'expérience de l'éveil, et du temps qui lui est nécessaire pour « émerger et se remettre les idées en place » (Walter). En ce domaine les variations interindividuelles sont grandes. Au premier matin, les rythmes sont donc rarement synchrones. « Moi, dès que j'ouvre les yeux, je me lève, elle non. Je peux pas rester au lit si je suis réveillé. Il faut que je me lève et que je fasse quelque chose. » Vincent a été très surpris, il ne comprenait pas Aglaé. « Ses habitudes par rapport à la veille n'étaient pas du tout les mêmes. C'est le genre : elle arrive chez elle, elle met la télé, elle allume la musique. Le matin, non ! faut pas allumer la télé ! faut pas mettre la musique ! » Même changement d'attitude concernant la conversation. « C'est une personne qui parle beaucoup. Et maintenant je sais que la première heure, faut pas lui parler. » Il avait cru la première fois que cette « drôle de tête » était due à la migraine causée par les excès de la veille. Mais il lui fallut bientôt se rendre à l'évidence : les matins suivants, Aglaé, figure bougonne, se réveillait tout aussi lentement et péniblement.

Contrairement à une illusion tenace, le hasard des rencontres ne fait pas toujours bien les choses : Alban aurait peut-être dû croiser le chemin d'Aglaé. Car il lui faut environ le même temps pour bien se réveiller. « Des fois une heure de pas très bonne humeur. » Manque de chance (sur ce point), c'est en compagnie de Lisa qu'il a fait sa vie, et qu'il émerge difficilement du sommeil. « Elle par contre le matin, faut qu'elle discute de tout. » Pression insupportable. Depuis quatre ans, ils vivent en couple mais dans deux logements séparés ; cette différence de rythme au réveil n'y est pas pour rien. Du côté bougon, la différence de rapidité de l'éveil est donc tout aussi difficile à endurer que pour celui ou celle qui doit faire face à la mine renfrognée.

Mais je vais trop vite en besogne. L'éveil se divise en plusieurs phases et j'ai oublié la toute première, les quelques secondes qui suivent l'instant précis où s'ouvre la paupière. Le sommeil n'est pas un trou noir de la pensée. Il est marqué par des séquences de rêves où le cerveau dépense de l'énergie et se fatigue comme les muscles dans l'effort. Nous avons pendant la nuit une autre vie mentale, qui, pour des raisons encore mal connues, redistribue et recompose profondément les idées diurnes [Jouvet, 1992]. À l'instant précis de l'éveil, chacun vit donc très logiquement un moment de flottement identitaire ; il faut instantanément reconstituer les repères de sa personnalité habituelle. Ici, pas question d'attendre une heure comme le font Aglaé et Alban pour les phases ultérieures de la mise en route des gestes et des pensées. Il y a urgence. Il y a danger. Un flottement prolongé (au-delà de quelques secondes) pourrait ruiner notre intime conviction que nous sommes un et indivisible, toujours égal à nous-même, inscrit dans une histoire logique et qui fait sens. Les premières secondes de l'éveil sont donc marquées par une activité mentale intense, consistant à renouer avec le fil de l'existence, à reprendre l'histoire biographique là où elle avait été laissée la veille.

Dans les circonstances ordinaires, le processus se déroule sans pression excessive. Les repères du quotidien, à peine sentis du bout des doigts ou à portée de narine, à peine entrevus au premier regard (l'armoire, à la place immuable qu'elle occupe depuis dix ans ; le partenaire conjugal, inchangé depuis plus longtemps encore) confèrent à eux seuls l'assurance de la continuité biographique. Il suffit donc de bricoler quelques détails ajoutés pour engager comme il se doit la journée qui s'annonce. Plus les circonstances sont exceptionnelles (lieu inconnu, partenaire inhabituel voire surprenant), plus au contraire le travail mental est tendu, car il doit parvenir à reconstituer un lien avec la veille, dans un laps de temps le plus court possible. Un vide prolongé, ou même une hésitation, représenteraient un véritable risque existentiel. Il faut, d'une manière ou d'une autre, renouer dans l'instant le fil de sa vie. Un simple changement de lieu, comme le fait de se réveiller à l'hôtel, implique déjà une mobilisation cognitive, même quand, comme pour Walter en raison de son métier, cette expérience a fini par s'intégrer dans ses habitudes. « C'est pas dix secondes, c'est un millième de seconde, je me dis : "hôtel !", c'est la première chose. Juste après c'est très mélangé. Je vois les meubles, la décoration de l'hôtel (il y a quand même des différences), et en même temps je pense où je suis, pour faire quoi, le programme du matin, si je suis pressé ou pas... Mais en même temps, c'est bizarre, je pense toujours à moi, à ma vie, à qui je suis dans cet hôtel, pourquoi, à la différence avec la vie chez moi. C'est très subtil mais je me sens quand même un peu différent, on se réveille pas pareil, t'es obligé de penser. » Le premier matin, surtout quand la nuit préalable n'a pas été longuement préméditée, procure des surprises beaucoup plus fortes.

« Qui suis-je ? »

« Je regardais la pièce, et me demandais ce que je faisais là. » Sophie fut frappée à la fois par le décor inconnu et la soudaine découverte d'un personnage très problématique à ses côtés. Cela formait un tout. Incompréhensible et insupportable. « Aussitôt, la première chose à laquelle j'ai pensé, c'est la fuite. » Le fil de sa vie ne pouvait être renoué qu'en refusant immédiatement cette nouvelle réalité qui se proposait à elle. Elle ne pouvait être la femme de ce lieu étrange et hostile, elle devait retrouver sa véritable identité. Il fallait fuir, oublier ce matin, et les écarts de la nuit qui en étaient la cause. C'est pourquoi tout fit bloc à ce point, le décor et le personnage problématique. Car tout devait être rejeté.

Il est rare que le rejet soit aussi brutal. Rodolphe collectionne plutôt les petites mauvaises surprises matinales. « Des fois le soir t'es complètement déchiré, et le matin t'as pas l'impression que c'est la personne avec laquelle tu t'es endormi. C'est pas la grosse différence, c'est pas... tu croyais t'endormir avec Cindy Crawford et tu te réveilles avec Miss Olida. Mais quand même... » Faisant économie de toute délicatesse, il poursuit à propos de son actuelle compagne : « J'ai remarqué ça dès le premier jour, elle a les yeux qui ont tendance à gonfler. Le matin, ça fait un peu particulier, ça m'a surpris. »

Il ne faudrait pas que je dresse un tableau trop noir des premiers matins. Généralement en effet la surprise est plutôt agréable. Ce qui n'a cependant guère la vertu de protéger contre le flottement identitaire. La bonne volonté amoureuse pousse à accepter ce qui ordinairement surprendrait ou choquerait. Le travail biographique à effectuer n'est toutefois pas rendu plus simple. « On se réveille, et aussitôt on pense à ce qui s'est passé, on ne peut pas dissocier les deux » (Erika). Car il ne suffit pas ici de renouer le fil. Il faut imaginer un nouveau scénario. Franck était parti très tôt à son travail, sans faire de bruit, pour ne pas réveiller Colombine. « Le matin je me suis levée, j'étais toute seule dans l'appartement. Je me suis dit : où suis-je ? que fais-je ? qui suis-je ? J'ai mis longtemps à mettre les pieds sur terre. » Pourtant elle rêvait secrètement que cette nuit ne soit que le début d'une longue histoire avec Franck. Mais au réveil le rêve seul est bien trop flottant pour répondre avec précision à l'urgence de la situation. L'avenir se décidera dans les moments qui vont suivre. Il faudrait avoir les idées claires, savoir exactement ce que l'on veut.

Il y a surprise (et réorganisation mentale) même quand la nuit a été prévue de longue date, imaginée dans de menus détails. Surprise de se retrouver dans un lieu inhabituel, « c'était chez ses parents, dans la chambre de la bonne », et de se découvrir « avec quelqu'un dans le lit » (Erika). « On a ouvert les yeux, on s'est regardé, vraiment de la curiosité, une gêne » (Fanny). Pierre est un des rares qui nient (ou tentent de nier) le moindre étonnement. « Il y avait une totale adéquation entre la Marinette que je connaissais avant et la Marinette que je découvrais dans mon lit. » C'était bien en effet la même personne, et il avait longtemps rêvé d'en arriver là. La surprise, au premier regard sur Marinette, a donc sans doute été de si courte durée qu'elle a vite été effacée de sa mémoire. Quant au dépaysement résidentiel, il était inexistant puisqu'il était chez lui. Il reconnaît pourtant avoir ressenti quelques petits chocs étranges, à propos d'objets apparemment dérisoires. « On s'aperçoit de la présence de l'autre par des petits... par des choses anodines. Par exemple tu vas aux toilettes et tu découvres un pull sur le canapé, ou sa trousse de toilette dans la salle de bains. Tu te dis : tiens, il y a quelqu'un. » Bien qu'il termine sa phrase par un humour qui en limite la portée, il est vraisemblable que le trouble fut plus profond qu'il ne veut l'avouer et se l'avouer. Les objets qui accrochèrent son regard étaient en effet les signes d'un bouleversement majeur de son existence. Certes il l'avait vaguement rêvé avant. Mais en ce premier matin il le voyait concrètement prendre forme sous ses yeux.

« Tu vois dans la nuit »

La nuit n'est pas que sommeil dans cette sorte de nuit-là. Le désir réactive les corps. Les pensées malgré la fatigue ouvrent de brèves fenêtres d'insomnie. Le regard alors saisit au vol les images d'étrangeté du lieu, des détails, des énigmes que l'esprit embrumé ne cherche pas à résoudre sur-le-champ. Il enregistre discrètement. Au matin, ces éléments prestement récapitulés seront précieux pour renouer le fil biographique, et broder peut-être l'amorce d'un nouveau chapitre de l'histoire de vie.

La cueillette paisible d'images éparses est aussi le lot de celui qui s'éveille alors que le partenaire est encore endormi (pour une durée qui peut parfois être longue). « Je restai là, sans bouger, à attendre qu'il se réveille » (Anna). Il n'observe pas avec méthode, il ne cherche pas à analyser, évaluer, calculer. « Tu flottes, quoi, ton regard flotte, il ne perce pas les choses, c'est "tiens...". Tu détailles sans détailler vraiment » (Anna). Le regard flotte, cependant que les pensées vagabondent, et se laisse de-ci de-là accrocher. Par des formes naguère inconnues en train de se transformer en repères presque familiers, déjà ! « J'ai reconstitué tout ce que je connaissais : je connaissais telle peluche, je connaissais la boîte à chapeaux » (Boris). Par des fragments porteurs de devinettes ou de mystères plus profonds. « J'étais dans le réveil alors qu'elle n'était pas réveillée. C'est cette période où tu vois dans la nuit, où tu vois l'armoire, tout ce qui se dessine, la chaîne en face (t'essaies de deviner les disques), les jaquettes (t'essaies de deviner les bouquins). Tu regardes tes fringues au pied du lit » (Boris). La chambre du premier matin est toujours, toujours, une nouveauté, surprenante au moins sous quelques aspects, y compris pour l'hôte des lieux. Elle est même dans certains cas (quand sa fréquentation ne remonte qu'au soir précédent) véritablement révélée. Car les pensées étaient la veille tellement ailleurs que les yeux ne pouvaient bien voir, voilés qu'ils étaient par le désir, gauchis par d'infinies émotions, dont l'angoisse, si fréquente. « C'était totalement différent. La veille tu regardes plein de choses, mais déjà t'as pas la tête à ça, t'es vachement mal, tu te dis putain comment je vais faire ? machin, tout ça... T'es en train de te masturber l'esprit comme je sais pas quoi » (Colombine).

Le regard n'est pas seul, les cinq sens entrent en action, tranquilles mais aigus. Par eux, l'éveillé solitaire tente de se pénétrer de l'esprit du lieu. « J'étais là à regarder, à écouter des bruits, des personnes qui parlaient, à m'imprégner de l'ambiance en fait » (Anna). Vincent est un authentique urbain, fier et satisfait de l'être. « C'est bête à dire, mais j'aime bien entendre les voitures le matin passer. » Or en ce matin si particulier, les bruits familiers de la ville avaient disparu. Au contraire, il se sentait enveloppé par un silence épais, qui pour lui était oppressant. Un silence à peine troublé par des sons incongrus. Le meuglement d'une vache au-dehors. Et dans la maison le piétinement des souris. « Il y a un grenier au-dessus, qui sert à rien. Et il y avait des souris, t'entendais vachement bien les souris, ça je détestais ! » Vincent n'en était hélas qu'au début d'une longue liste de désagréables découvertes. Son odorat par exemple n'annonçait rien de plus engageant. « Ça sentait... elle a un petit pot-pourri, là, moi j'aime pas trop ça. » Colombine au contraire se perçut emportée tout entière, dès la première seconde, par un parfum étrange et fort qui la submergeait d'exotisme. « C'était pimenté, une odeur chaude, entre le piment et le curry. » Elle était seule au réveil. Pourtant cette odeur c'était Lui, incontestablement Lui, sa vérité profonde. « Tu sentais la présence, la personne à travers cette odeur-là. C'était vachement agréable. »

Chacun des cinq sens travaille d'une façon qui lui est propre, à des moments spécifiques des matins d'amour. L'odorat comme l'ouïe imprègnent d'informations diffuses, récoltées déjà dans le sommeil ou le demi-sommeil. Alors que l'odorat s'étend à toute la pièce, que l'ouïe inspecte encore plus largement audehors, le toucher opère de manière aussi précoce mais dans le cadre d'un espace étroit ne dépassant guère le lit. « La couverture, ou le dessus-de-lit-je-ne-sais-quoi, avec des franges, genre dix centimètres, le sale truc de grand-mère là tu vois. Je ne sais pas comment je faisais, je les avais toujours quelque part où fallait pas, ces putains de franges. Ça m'agaçait aussi parce que c'était bien dans son style vieux truc à la con » (Walter).

« Je ne connaissais pas son côté-là »

Le regard est différent, son efficacité dépendant de l'éveil (il ne récolte pendant la nuit que dans des phases d'insomnie). Mais lorsqu'il entre en action, sa puissance est sans commune mesure. Car l'image est un concentré d'informations plus dense que le son ou l'odeur [Kaufmann, 1995]. Les objets parlent. Ou plutôt pourraient parler. Ils sortent lentement, un à un, du silence. Comme s'ils étaient jaloux des secrets qu'ils détiennent et ne les livraient qu'à contrecœur. Ego alors regarde et regarde encore, pour tenter de leur faire dire davantage. Car il sent que leurs secrets sont immenses. « Je voyais ses étagères tout ça, des bibelots. Il y avait des tableaux aussi que je n'aimais pas du tout dans sa chambre, ça je l'avais remarqué ! Deux tableaux de Van Gogh (un le portrait là, tu sais... et l'autre je sais plus lequel), je regardais ça, et je sais pas, j'étais fixé là-dessus, j'aimais pas du tout. Je me demandais ce qui l'intéressait dans ce tableau, je ne connaissais pas son côté-là. C'était pas le personnage que je connaissais. En deux semaines tu peux pas connaître. » Depuis quinze jours qu'il la fréquentait, Vincent croyait en vérité connaître Aglaé. C'est précisément en ce matin, dans la contemplation perplexe de l'*Autoportrait à l'oreille coupée*, qu'il comprit qu'il ne la connaissait pas. Il n'aimait pas ce tableau, ce visage, le curieux bandage, les yeux perçants, qui semblaient l'agresser, lui, personnellement. Deux choses. Il ne l'aimait pas du point de vue esthétique (il le trouvait hideux, il n'aimait pas qu'Aglaé puisse l'aimer). Et surtout il ne comprenait pas son mystère, il ne comprenait rien à ce tableau, qui lui disait par son opacité qu'il ne savait pas tout d'Aglaé. Malgré le malaise, il ne pouvait en détacher son regard, dans l'espoir de découvrir ses vérités secrètes. « C'était surtout "pourquoi ?", je voulais savoir. »

L'homme à l'oreille coupée s'ajoutait pour Vincent à d'autres notations négatives, au pot-pourri, à la vache, aux souris, et à d'autres éléments encore peuplant une sorte de bestiaire diabolique (nous verrons plus loin les araignées, qui réveillèrent en lui de très noirs souvenirs). Pourtant son éveil fut du genre agréable, nimbé d'un doux bonheur. Les sens ne recueillent pas des informations toutes concordantes entre elles. Celles-ci sont glanées dans le désordre, vaguement enregistrées dans une mémoire tampon, renvoyées à plus tard. Une dominante néanmoins s'installe, qui donne le ton, très vite. Chaque premier matin est instantanément gouverné par une perception d'ensemble, plutôt positive ou plutôt négative. « Tu le sens ça, tout de suite, si le mec dérange ou s'il fait déjà partie des meubles. À un autre niveau t'as envie ou il te dégoûte. Même sans aller jusque-là, tu sens vraiment si t'es bien, s'il fait partie de ta vie. C'est pas des choses que tu penses, tu le sens tout de suite » (Marlène). Or malgré les souris, les araignées, le pot-pourri et le portrait inquiétant, Vincent sentit tout de suite qu'Aglaé faisait partie de sa vie. Les observations dérangeantes s'inscrivaient dans un autre espace mental, parallèle, en dehors de ce qui conduisait son action du moment.

Curieusement, pour nous qui nous pensons des êtres pétris de rationalité, les pensées les plus rationnelles sont rarement les plus opératoires dans l'instant. Elles ont justement le chic pour s'installer avec prédilection dans ce genre de mémoire parallèle. L'action déroule son cours, impulsée par une perception globalement positive, cependant que quelques détails entrevus introduisent des fragments de doute ou de réflexion critique en aparté, stockés en réserve. Le regard intervient souvent dans ce type de registre, récoltant des images qui ouvrent de brèves fenêtres de réflexivité en dissonance avec l'ambiance générale de la scène. « J'ai plus détaillé les tapisseries, les dessins au mur. C'était étonnant, il y avait son histoire passée, même avec d'autres, d'autres filles que moi. » Anna aussi se sent bien au réveil, avec l'envie qu'Éric fasse partie de sa vie. Mais son regard s'arrête sur ces marques tout autour. Il y a là une (longue) liste de noms, conquêtes féminines, comme autant de trophées. Et elle pense à son agacement de la nuit au sujet de la porte de la chambre laissée ouverte alors qu'Éric habite avec un ami colocataire. Elle s'était dit que ce genre de geste prouvait peut-être qu'elle n'occupait encore qu'une place seconde par rapport au groupe. « C'était tout un univers dans lequel je rentrais aussi, toute une bande de copains, en me retrouvant à côté de lui. » Éric n'était pas prêt à abandonner ses copains pour Anna. Elle ne voulait pas accorder trop d'attention à ces enfantillages. Elle ne put toutefois empêcher son sang de se glacer quand elle découvrit son propre nom, *Anna*, déjà gravé tout en bas de la liste. « Ça par contre, je me suis peut-être un peu fixée là-dessus ! » Anna sentait qu'Éric pourrait faire partie de sa vie, elle s'obligea donc à décrocher son regard, coupant court aux pensées qui pourraient dangereusement la remplir de méfiance, les refoula par l'humour, prenant l'affaire à la légère. « Il y avait d'autres noms à côté, c'était assez marrant quoi. »

« Comme dans un film »

Le premier matin n'est ni un événement sans importance ni une scène arbitraire, sans règles du jeu. Des mécanismes précis opèrent en secret. L'un des plus importants est le dédoublement mental ; ego n'est pas un mais deux. Souvenez-vous de Colombine. Elle se demandait « qui suis-je ? », et il lui avait fallu « longtemps pour mettre les pieds sur terre ». Pourtant, dès la première seconde, elle s'était pénétrée de l'odeur. Colombine était là, tout entière dans ce parfum exotique qui était Lui. Elle était à la fois elle-même et ailleurs, différente. « J'étais sur la moquette, on dormait avec juste un drap. J'ai ouvert les yeux et j'ai eu plein de trucs asiatiques partout, ça m'a donné un peu cette impression d'Afrique. Il y avait des stores noirs, ça faisait un peu colonial. Et je me suis imaginée un peu comme dans un film. L'espace de trente secondes, le temps de voir un peu plus tous les objets, de faire attention. » Le décor particulier de la chambre de Franck, le fait de se réveiller seule, accentuent ici le trait. À peine sortie des rêves de la nuit, elle s'était sentie emportée dans un univers de fiction où (mélangeant quelque peu les continents), le flottement identitaire aidant, l'irréalité ne semblait pas totale ; c'était elle tout en n'étant pas elle. Or un tel transport est généralement de mise au premier matin. Seul son caractère habituellement moins marqué le rend difficile à mettre en évidence. Se sentir vivre, au moins un instant, comme dans un vrai film, n'est pas donné à tout le monde. Mais tout le monde est amené à pouvoir sentir les subtiles variations du dédoublement, par la plongée plus ou moins intensive dans l'atmosphère du lieu.

Le dédoublement mental ne se limite pas aux quelques secondes de l'éveil. Il se décline ensuite dans toute une série d'oppositions qui s'enchaînent par couples à mesure que l'illusion cinématographique disparaît, et que les éléments concrets sont plus rationnellement intégrés. La surprise la plus grande ne se place d'ailleurs pas toujours au tout début. Quand l'illusion filmique est grande, la transition avec le sommeil ou le rêve peut en effet s'opérer sans rupture. C'est ensuite que le travail mental et identitaire devient alors le plus complexe. Car il faut faire le tri entre le vrai et le faux, le réel et l'illusion. « Ce que je me suis dit, c'est "est-ce que je suis chez la bonne personne ?", je me disais "est-ce bien vrai ?" » (Colombine). Tri en apparence facile, en vérité d'une difficulté immense, dans la mesure où il s'agit ni plus ni moins que de choisir au final entre le vieux moi et un nouveau, encore très énigmatique.

Agathe n'a pas eu la chance de se voir « comme dans un film », le choc du dépaysement n'en a pas moins été brutal. Déjà il y avait eu les débordements festifs de la veille (nous le verrons, très fréquents avant les premiers matins) qui annoncent souvent des réveils quelque peu douloureux. « J'étais pas dans un état très normal non plus, parce que... la fête avant, la gueule de bois, la tête complètement en vrac... » Et puis ce furent ces paroles entendues, dans une langue étrangère. « Très surprise, parce que j'étais pas dans mon environnement (j'étais chez lui). Et j'étais pas dans mon pays : je me réveille à côté d'un Anglais qui parlait pas ma langue, et je suis obligée de parler instinctivement l'anglais. Donc je me suis demandé où j'étais. Tu tournes la tête et tu te dis : hou ! je dois parler anglais, et qu'est-ce que j'ai fait, là ? Surprise, très surprise ! » Agathe n'a pas seulement à renouer le fil de sa vie, à choisir entre le vieux moi et un hypothétique nouveau. Elle doit aussi résoudre immédiatement des problèmes très concrets de comportement, faire comme si tout était clair, parler anglais sans se poser de questions. L'éveil n'est pas toujours simple au premier matin.

Le cocon-lit

> « La porte refermée, elle tirait les rideaux, et c'était l'allégro du retour au lit, des baisers qui rappliquaient, des vagabondes causeries, des souvenirs d'enfance. On avait tant à se raconter. Ô régal des moments d'amitié sans désir. Parfois, avec un regard de tendre reproche, elle lui montrait les marques dissimulées tout à l'heure, exigeait des baisers délicats, en guise d'amende honorable, sur ces décorations d'amour dont elle était fière. Inutile de dire la suite, si intéressante pour eux. »
>
> Albert Cohen, *Belle du Seigneur*[1].

1. Éditions Gallimard, 1968.

« *Quand il y a rupture de ton* »

En quelques regards on comprend que la suite de l'aventure ne sera pas des plus faciles à gérer. Les bruits, les odeurs, les images recueillies posent autant de questions. Il faudra sans doute prendre certaines décisions. Plus tard. Pour le moment le lit, ventre tiède, semble pouvoir fonctionner comme une protection. Il suffit de s'y enfoncer pour trouver l'évidence d'un enveloppement simple, d'une vie très réelle (concrète et douce), hors des réalités (lointaines et dures) de la vie habituelle.

Sauf quand le premier matin est chagrin, que, sitôt l'œil ouvert, l'esprit et le corps ne tiennent plus en place, dans leur hâte de fuir, loin, très loin. « Tu sens une rupture. Quand ça va, quand t'es bien, ça continue sur la même lancée, le matin c'est la suite de la nuit, et tu sens qu'il y aura une suite au matin. Mais quand il y a rupture de ton... Des fois toi tu serais à moitié en train de continuer, et tu sens que l'autre a basculé, à peine réveillé, il est déjà ailleurs, pas pareil » (Marlène). Certes des erreurs d'interprétation sont possibles. La rupture de ton peut être uniquement due au fait que le partenaire n'est « pas du matin », comme se décrit lui-même Charles-Antoine. « Non, le matin dans le lit je ne discute pas beaucoup. » Mais la fuite éperdue du lit comme le rejet des douceurs rapprochées sont quand même de mauvais signes. « Si tu as envie de rester, que tu l'aimes, qu'il y a des perspectives d'avenir ensemble, les petits matins tu as envie de les prolonger. Si c'est une personne que t'as rencontrée un soir, t'as pas envie que ça se prolonge, les petits matins s'abrègent très vite. J'ai horreur des matins qui se prolongent avec une personne que t'as ramenée juste pour un soir. Des petits matins qui se sont éternisés, c'est toujours avec des filles avec qui je suis resté longtemps » (Tristan).

Quand la dominante est positive, l'enjeu est justement de ne pas rompre le ton. Or l'autre vie toute proche, au-dehors du cocon-lit, est peuplée de dangers sourdement perçus, d'inévitables ruptures : on ne sera plus les mêmes une fois debout. Il faudra entrer dans la journée, s'habiller de convenances, réfléchir à la suite de l'histoire. Pour le moment rien de tout cela. Le corps aimé est là dans sa simplicité désirable, sa chaleur réconfortante ; les tendresses caressantes effacent les questions. Il suffit de s'accrocher à la nuit pour conjurer la rupture de ton. Garder sa chaleur, sa douceur, sa proximité. « L'important, c'est ça, les gestes de proximité. Après c'est... artificiel, matériel. » Même le petit déjeuner. « Rien que de le préparer, c'est un éloignement de la personne. Au premier matin, tu n'as pas envie de te séparer de la personne d'un centimètre. Tu es bien, collé à elle. » Tristan sait de quoi il parle. Pour faire plaisir à Isa (selon sa version), il s'est habillé et est sorti acheter des petits-suisses (Isa déclarera plus tard que c'est surtout Tristan qui aime les petits-suisses). « Aller chercher les petits-suisses, c'était pour lui faire plaisir. Mais j'aurais trouvé ça très bien de ne pas le faire, de prolonger l'état de la veille dans le lit très longtemps. Ça veut dire rester dans le lit, rester dans le même état, avec les mêmes paramètres. »

« Prolonger le temps »

La tactique est donc simple : « faire traîner », « prolonger le temps où on va être au lit ensemble » (Tristan). Colombine déteste que des facteurs extérieurs brisent ce moment précieux. « Ça fait un réveil brutal, c'est désagréable. » Le rêve au contraire est de persis-

31

ter « au moins encore une heure dans ton câlin, dans ton truc quoi ». Rester dans le « truc », ne pas rompre le ton. Il faut pour y parvenir que soient réunies de nombreuses conditions. Que l'urgence du travail ne commande pas de se lever trop tôt. Que l'envie de distance personnelle ou tout simplement d'activité ne soit pas plus forte que la douillette attirance. De ce point de vue, les variations sont grandes d'une personne à l'autre. Certains ne peuvent réprimer l'appel du jour, comme un ressort en eux. Quelle que soit la situation, ils doivent bondir du lit. C'est habituellement le cas d'Isa. D'autres à l'inverse pourraient prolonger l'enveloppement intime presque à l'infini. Tristan est de ceux-là. « Après t'as la vie qui te rappelle à l'ordre, c'est dommage. Quand j'y repense, ces petits matins, rester toute la journée au lit... » Car tel est bien son objectif. « Les premiers matins on reste vraiment au lit toute la journée. » Avec une subtile différence de ton (qu'il nous faudra décrypter), Isa confirme : « On est resté à buller au lit, en regardant un film à la télé. » Tristan détesterait le cocon-lit très minimaliste raconté par Agathe. Rappelons toutefois ses circonstances atténuantes : elle s'est réveillée la tête lourde des excès de la veille et surprise d'entendre parler anglais. « En fait ç'a été très simple, je me suis levée, j'ai mis ma chemise de nuit, et j'ai été dans la salle de bains. Avant, quand même, on s'est embrassé pour se dire bonjour. » Dans le doute sur l'engagement conjugal ultérieur, mieux vaut en effet garder une certaine réserve. Le cocon-lit n'est pas anodin.

Second aspect tactique : adopter une manière d'être particulière. Oublier le monde. « C'est un état qui est agréable, une sorte d'univers assez restreint » (Tristan). Détendre les rythmes. « C'est une vie un peu au ralenti » (Tristan). Adoucir les mots et les attitudes.

« Tu fais attention à ce que tu dis, comme dans les gestes : tu ne brusques pas » (Tristan). Tout est lenteur, douceur, chaleur. « Affectivité, gentillesse, tendresse » (Charles-Antoine). « Ambiance câline, réveil, tranquille. [...] On était bien, une impression de chaleur, un moment agréable, confiné, partagé » (Pierre).

Les caresses, affleurantes, protectrices, ne sont pas celles de la nuit. Elles gagnent en bienveillance ce qu'elles perdent en spontanéité (elles peuvent même devenir quelque peu mécaniques). L'alchimie est délicate. Une étreinte à peine plus appuyée peut emporter (ou sembler emporter) vers un enveloppement plus chaud, plus intense. « On s'est encore plus blotti, c'était encore plus intime » (Gabrielle). En réalité cette sensation est conférée par l'élan lui-même, discrètement alimenté par le désir sommeillant. La tranquillité du cocon-lit n'est qu'une illusion de surface. Sa chaleur provient d'une proximité corporelle qui peut à tout instant réveiller la sexualité. « Et puis on découvre le désir, la sensualité. J'étais étonnée à l'éveil de me sentir aussi audacieuse. Je n'avais qu'une envie, c'était de recommencer en fait. J'étais follement amoureuse, encore plus qu'avant » (Erika). Le cocon-lit est un univers restreint, bien délimité à sa périphérie. Mais très ambigu à l'intérieur. Il a la force (et la faiblesse) de tous les entre-deux, séparant le sexe-amour nocturne et la dilution dans l'ordinaire qui souvent va suivre. Le retour aux jeux de la nuit est aussi une façon de prolonger le temps. « T'es là peinard, et tu te rends compte d'un seul coup que t'es reparti pour remettre le couvert » (Walter).

Tristan n'est pas contre l'idée de rapports plus chauds au réveil. Sa recherche toutefois est ailleurs : il est une sorte de théoricien du cocon-lit qui s'ignore. Ce moment privilégié, dans sa pureté indéfinissable et douce, est pour lui ni plus ni moins que la vérité du couple amoureux, simplement lui-même, hors des contingences séculières. Il rêve de prolonger interminablement le temps. Il rêve aussi d'intensifier le partage, la fusion, de creuser encore plus profondément l'intime. Douceur, chaleur, caresses, bien sûr. Mais également communion secrète. « Les fameuses confidences sur l'oreiller, c'est pas le soir (ça c'est pour les vieux couples), c'est le matin. » « C'est un endroit, ces petits matins qui se prolongent, quand tu es avec une personne avec qui tu as envie de rester, que tu découvres... Ces petits matins c'est bien, parce que c'est un terrain propice pour se révéler l'un à l'autre. » Le comportement spécifique au cocon-lit est toujours de mise. « Regard amoureux, attendri, bienveillant, petits soins. » Il s'agit cependant d'aller plus loin par la parole, tout en ne dérogeant jamais à la gentillesse et à la prévenance. « Tu te livres tout en essayant de protéger l'autre. La personne est avec quelqu'un qu'elle ne connaît pas, dans un univers qu'elle ne connaît pas. » Il ne faut en rien la brusquer.

Parler pour connaître le partenaire. Parler aussi pour tenter de ressentir l'étrange découverte d'un moi différent dans l'expérience amoureuse, « pour se révéler l'un à l'autre » (Tristan). François de Singly a décrit comment les interactions conjugales dévoilaient mutuellement le « moi intime » [de Singly,1996]. Or ce mécanisme est au maximum de son intensité au tout début, notamment dans les confidences matinales au creux du lit. « C'est des moments propices, où t'as envie de parler de toi, où j'ai envie que la personne me connaisse. Au réveil, c'est pour ça, ce sont de longues discussions. C'est un univers qui me plaît. [...] Pas trop dans la découverte de l'autre, mais pour moi, me découvrir » (Tristan).

Une plénitude vide

Il ne faut toutefois pas se tromper. Tristan nous décrit un modèle théorique, son idéal, son rêve. La réalité est plus prosaïque. Et surtout, plus difficile à gérer. Le moindre mot erroné peut en effet briser la magie. Que dire à l'autre quand (pour reprendre un des termes favoris de Tristan) il manque beaucoup de « paramètres » pour le définir ? Qui est exactement cet autre, à la fois si intime et encore étranger ? Quel style de paroles attend-il, que va-t-il penser de ce que l'on va dire ? Les élans de sincérité des confessions intimes ne vont-ils pas le choquer, lui déplaire ? Ou au contraire les déclarations trop vite prononcées ne vont-elles pas propulser dans un engagement que l'on ne souhaitait pas si rapide ? Les confidences matinales sont à manier avec délicatesse, elles manœuvrent sur un terrain miné.

C'est pourquoi le cocon-lit est rarement tel que Tristan le rêve. Plus bref en général (tout le monde n'est pas prêt à passer sa journée sous la couette). Plus banal aussi dans le type de conversation échangée. Très banal même parfois. « Dès qu'elle s'est réveillée, on a parlé cinq-dix minutes, au creux du lit. On savait pas trop... bon si, on savait quoi se dire, mais plutôt des banalités : t'as bien dormi ? quelle heure il est ? » (Boris). Il y a toutefois banalité et banalité. Le « Ça va ? Ça va ! » entre collègues ou voisins est une « parlure vacante », une façon de parler pour ne rien dire qui structure le lien social justement par sa superficialité [Javeau, 1998]. Or Boris n'est pas avec un collègue ou un voisin. Il est dans le lit avec Prudence. Qu'il a résolument décidé d'aimer avant même que la nuit ne commence. Il ne sait comment dire plus, il ne le peut pas. Mais il n'est pas question pour lui de retomber au niveau froid de la simple « parlure vacante ». Tout l'art est alors dans le ton des mots dits, et dans l'intention qui les porte. L'autre étant censé deviner cette intention. Il y a divergence entre la forme et le fond, les phrases les plus élémentaires étant prononcées comme autant de caresses. « T'as bien dormi ? » est un message d'amour.

La parole au réveil est d'un usage délicat. Le regard ne l'est pas moins. Il a une force scrutatrice dérangeante, aiguisée par la surprise. Or se sentir observé brise aussi la magie. « On était dans les bras l'un de l'autre, mais on se regardait, vraiment de l'observation » (Fanny). Certes il peut n'être que tendresse, enlacement visuel. Mais qui pourrait jurer qu'il n'est vraiment que cela ? Qui dit que la vivacité dans la prunelle qui vous fixe est le seul effet de l'amour, et non de la pensée critique en train de s'éveiller ? Le regard introduit une distance de complexité loin du corps à corps évident de la nuit. La grâce du cocon-lit risque de s'évanouir, il faut imaginer une parade.

« On s'est pas vraiment regardé : on s'est embrassé à nouveau » (Erika). Les baisers sont, avec les caresses, ce qui sauve et protège le cocon-lit des questions de la vie et du monde. Ils ferment le regard et la pensée, engloutissent dans l'oubli de la fusion amoureuse. Nombre de petits bisous n'ont rien de spontané, ils sont un mécanisme de défense, visant à prolonger le temps de l'insouciante évidence. Ils brouillent le regard par la proximité des corps, et condamnent la parole au silence. Il est curieux de constater que la même bouche, selon son emploi, est susceptible de jouer dans des registres opposés. Par le baiser, elle referme le cocon et le tire vers un entre-deux plus proche de la suavité nocturne. Par les mots gentils doucement murmurés, elle tente de prolonger encore le temps fusionnel. Mais au détour d'une phrase, au coin d'une pensée fugace, elle peut tout aussi bien ouvrir une soudaine brèche ruinant irrémédiablement le rêve de simplicité.

À un moment donné de l'entretien, Tristan prend conscience de l'irréalité de son modèle théorique. La durée infinie, la profondeur des confidences ne peuvent malheureusement être que des exceptions. En règle générale, le cocon-lit doit se contenter d'ambitions plus modestes. « C'est des attitudes toutes simples, l'un contre l'autre sous la couette, sans avoir besoin d'aller chercher des artifices. » Il n'en revient pas pour autant à une définition minimaliste. La modestie porte uniquement sur les paroles et les gestes, pas sur le fond de sa quête. Les « attitudes toutes simples » sont une sorte de vérité profonde de la candeur amoureuse, opposée à tous les « artifices ». « On ne fait rien sinon être ensemble. » Le quidam pressé peut entendre surtout le début de la phrase, et en déduire que Tristan ne fait pas grand-chose, qu'il se contente, sans nul doute agréablement, de passer le temps. Mais pour lui ce début de phrase n'est qu'une introduction destinée à souligner encore plus, par contraste, l'importance de la chute : « être ensemble ». Pas seulement côte à côte, ni même face à face. Ensemble, véritablement ensemble : c'est justement parce qu'il ne fait rien d'autre avec Isa qu'il ressent l'authenticité de leur fusion amoureuse, la plénitude limpide de leur relation. L'intensité vide du cocon-lit est pour lui une sorte de test. Si l'on atteint la félicité sans le moindre artifice, sans rien d'autre qu'être ensemble, alors « on sent bien que c'est pour durer ». Plus tard viendra le temps des discussions diverses, « des projets de vacances, tout ça [...], de l'organisation ». Intéressants certes, mais incomparables avec la pureté originelle de la communion tacite et naïve. Le cocon-lit n'est pas un épiphénomène mais un moment rare, hors de la vie ordinaire, qu'il faut savoir goûter.

Faire couple

Il ne faut pas confondre le rêve et la réalité : la fusion amoureuse est une expérience relativement peu fréquente, ne se concrétisant que dans des contextes particuliers. Sous sa forme sexuelle, quand le tumulte biologique anéantit la pensée habituelle [Vincent, 1986]. Sous sa forme sentimentale, quand l'élan passionnel peut emporter on ne sait où, embraser et consumer l'existence [Schurmans, Dominicé, 1997]. Le cocon-lit et autres bulles de communion naïve, procurant une fusion sereine, ne sont donc pas à dédaigner. Elles restent cependant toujours fragiles, et incertaines.

Petite question à Tristan : de quelle façon vérifie-t-il les résultats de son test ? En ce qui le concerne, pas de problème, l'intensité du bien-être ressenti lui dit si le couple est fait pour durer. Mais comment peut-il être certain qu'Isa ait ressenti la même chose ? Visiblement guère intéressé par la question, il se fait alors évasif. Pour Tristan, la perception de l'intensité amoureuse du cocon-lit est une expérience strictement personnelle. Aucunement troublé par le paradoxe, il vit individuellement la fusion amoureuse.

Or Isa raconte une tout autre histoire. Extérieurement les faits sont à peu près les mêmes (effectivement ils sont restés toute la journée au lit). Elle ne leur donne pas toutefois une signification identique. Ils se seraient contentés de « buller », se languissant à manger leurs petits-suisses sous la couette, regardant un film à la télévision. Sorte de désordre paresseux, de laisser-aller qui, lorsqu'il n'est pas trop répété, n'est pas désagréable. Sans plus. En parlant de paresse d'ailleurs, Isa a envie de préciser son opinion. Elle n'aime pas la paresse, c'est ce qui la fait bondir au matin. Tristan au contraire est un incorrigible traînard, qui ne voit pas le temps passer, toujours lent à se réveiller, qui resterait des heures au lit sans le moindre scrupule. Le premier matin n'était qu'une extrapolation de son comportement habituel.

Mais pourquoi Isa est-elle restée, elle aussi, toute la journée au lit ? Par peur de lui déplaire ? N'a-t-elle pas trouvé cela pénible ? À la fin de l'entretien, elle se souvient enfin (souvenir presque éteint, enfoui tout au fond de sa mémoire) que quelque chose l'avait retenue. « Il a été très câlin au réveil, très très câlin. » Tristan avait su jouer de l'ambiguïté du cocon-lit, tirer l'entre-deux indéfini vers des caresses plus caressantes pour conjurer la sortie trop précoce.

Nous nous trouvons donc confrontés, à propos d'une scène pourtant intimement partagée, à deux définitions différentes de la même situation. Les acteurs imaginent trop souvent jouer une partition commune alors que leur unité ne se forge que sur les apparences [Corcuff, 1998 ; Thévenot, 1998]. Tristan et Isa donnent une signification opposée aux péripéties qui se sont produites sous la couette. Pour un certain nombre de raisons concrètes, parce qu'ils n'ont pas les mêmes habitudes d'éveil et de rapport au temps. Mais aussi et surtout parce qu'ils s'inscrivent dans deux conceptions très différentes de la fondation conjugale. Tristan pense que tout se joue là, au premier matin, notamment dans l'épisode sensible du cocon-lit : chacun doit alors sentir si le couple peut durer. Le premier matin n'est pas un micro-événement, il est fondateur. Isa pense aussi, d'une certaine manière, que le premier matin joue un rôle clé. Mais de façon très paradoxale, en disparaissant en tant qu'événement, en se faisant moins qu'insignifiant pour que le cours de la vie nouvellement conjugale coule avec la plus grande fluidité, sans rupture, comme si rien ne s'était passé. Nous verrons plus loin les mécanismes précis de cet étrange paradoxe, qui fait disparaître le premier matin pour mieux en assurer sa force. Qu'il nous suffise pour le moment de constater qu'il conduit à transformer en critiquable paresse ce qui pour Tristan est une preuve d'amour.

La sortie du lit

« Bonne affaire, pensa-t-il, car pour la becquée des fruits elle se tenait toujours hors du lit. Il remercia, dit que oui, il aimerait. Je vous en apporte tout de suite ! dit-elle avec animation. Il affila son nez, gêné par cette hâte. Mais ne me regardez pas, s'il vous plaît, parce que je ne suis pas très décente.

Accoutumé à ces étranges pudeurs subites, il ferma les yeux, mais il les rouvrit presque aussitôt, attiré par le spectacle. Toujours, lorsqu'il la voyait de dos, nue et circulant, une pitié le pénétrait. Belle quand elle était allongée, elle était un peu ridicule lorsqu'elle marchait nue, attendrissante et ridicule d'être suave et désarmée, si vulnérable, suivie de ses deux rondeurs mouvantes au bas des reins, rondeurs de faiblesse, trop grandes comme toutes les rondeurs féminines, absurdement vastes, si peu faites pour la lutte. Envoûté, coupable, il la considéra qui se baissait pour ramasser sa robe de chambre, et il eut pitié, une immense pitié d'amour comme devant une infirmité, pitié de cette peau trop douce, de cette taille trop fine, de ces deux rondeurs inoffensives. »

Albert Cohen, *Belle du Seigneur*[1].

---

1. Éditions Gallimard, 1968.

Pudeurs

Quels que soient les charmes du lit, on ne peut indéfiniment y rester. Pour mille raisons diverses. Le travail qui appelle, parfois tôt (certains premiers matins sont en conséquence très brefs). Une petite faim, une petite soif. Le souhait tout simple de s'ébrouer un peu. Ou de passer se rafraîchir sous la douche. Ou une envie encore plus pressante, irrésistiblement commandée par le biologique. Il faut donc (qu'on s'en réjouisse ou qu'on le regrette) sortir du lit.

À cet instant précis, soudainement, ego prend conscience d'une rupture. S'il n'y pense guère de façon explicite, il sent plus ou moins confusément que les règles du jeu sont en train de changer. Quelque chose se modifie dans l'univers qui commande la situation. Les personnages, les objets, le décor sont les mêmes. Pourtant subrepticement (mais rapidement), les significations glissent vers des directions nouvelles. Le premier matin, malgré les allures qu'il voudrait se donner, n'est pas un continuum tranquille. Il est marqué au contraire par une suite de séquences contrastées, qui ne renvoient pas aux mêmes enjeux, aux mêmes types de pensées, de comportements. La sortie du lit, en particulier, constitue une transition très nette.

Plusieurs circonstances diminuent l'effet de rupture. Par exemple quand le partenaire est encore endormi. Ou à l'inverse quand il s'est levé le premier. Sortir du lit pose alors moins de problèmes. Mais lorsque l'un et l'autre sont dans une position identique, il n'est pas rare d'observer une véritable guérilla tactique pour inciter l'aimé-rival à prendre le premier l'initiative. « J'ai attendu qu'il se lève... La peur !... Le premier qui se lève du lit, à ce petit matin-là, quand tu te réveilles ensemble, enfin ça fait drôle quoi ! T'as pas l'habitude, et puis c'est toi qui sors nue du cocon. Après le fait de se réveiller dans le même lit, ça fait vachement bizarre. C'est : qui va se lever le premier ? qui va oser se dévoiler un peu plus vite ? » (Colombine).

Pourquoi Colombine a-t-elle peur ? Peur de se montrer nue par pudeur ? Ce serait bien étrange venant de sa part, elle qui se déshabille si aisément, sans la moindre gêne, dès qu'un minimum de conventions sociales l'y autorise. D'ailleurs pendant la nuit elle avait été moins timorée. À quatre heures du matin, dans la folie de ces moments si particuliers, elle avait entraîné Franck (n'osant refuser mais terrorisé à l'extrême) à sortir de l'appartement « complètement à poil », pour franchir la rue séparant de la mer, et se baigner ainsi, seuls au monde. Pas exactement seuls en vérité, puisque quelques promeneurs nocturnes contraignirent Franck à des contorsions si extravagantes que Colombine explosa de rire, et aujourd'hui en rit encore. Elle par contre avait traversé la rue, pourtant éclairée par des lampadaires, sans même presser le pas, droite et nue.

Alors, pourquoi donc Colombine a-t-elle si peur de montrer cette même nudité le matin, seule avec Franck, nudité pourtant déjà dévoilée dans l'intimité amoureuse pendant la nuit ? Parce que « ça fait drôle », que « ça fait vachement bizarre », sont ses seules réponses. Il est en effet difficile d'expliciter clairement les facteurs complexes qui modifient une situation. Dans la plupart des contextes inhabituels qu'ils traversent, les acteurs sont conduits soit à percevoir les changements de façon intuitive et diffuse, soit à focaliser leur interprétation sur un élément simple, facile à identifier, qui occulte la complexité. Colombine est condamnée au flou parce qu'elle ne dispose pas personnellement de cet élément bouc émissaire, ici la pudeur, puisqu'elle n'est pas excessivement pudique. D'autres le sont davantage, et ont donc interminablement parlé de cette fameuse pudeur pour expliquer la difficulté de leur sortie du lit. La pudeur a bon dos. Elle n'en existe pas moins réellement. Il faut donc commencer par décrire ses manifestations avant d'essayer de voir ce qu'elle cache.

La pudeur n'est en rien une donnée objective, historiquement immuable [Bologne, 1986]. Les seins, le sexe, les fesses, se sont voilés ou dévoilés avec de telles variations de formes dans les différentes civilisations que le vêtement apparaît pour ce qu'il est : une enveloppe beaucoup plus culturelle que simplement technique. Nu ici n'est pas nu là-bas, nu hier n'est pas nu demain (ou inversement). Dans une même société, les critères de l'impudique se fixent par ailleurs de façon spécifique sur des contextes précis. La nudité est légitime dans le cabinet du médecin ; un soutien-gorge non balnéaire est plus choquant sur la plage qu'une poitrine intégralement découverte. Chacun doit comprendre les règles du jeu implicites, souvent très complexes, et qui changent d'une situation à l'autre [Kaufmann, 1995]. La sortie du lit est un bon exemple de cette complexité changeante.

La diversité est grande également d'un individu à l'autre. Ego s'inscrit dans une histoire familiale qui a forgé dès l'enfance ses habitudes du rapport au nu qu'il sera difficile de faire évoluer par la suite. En l'espace d'une génération, durée très courte, les sociétés européennes ont découvert et généralisé la nudité en famille. Les générations intermédiaires, qui n'avaient jamais vu leurs parents sans vêtements, se montrent nues à leurs propres enfants sans la moindre gêne. Cette évolution d'ensemble masque toutefois une extrême différenciation des comportements ponctuels. Il n'existe pas deux personnes qui aient exactement les mêmes conceptions de la pudeur et de la nudité, et les écarts peuvent être importants. Au premier matin, le choc des différences culturelles est donc inéluctable.

Elles s'estompent cependant à mesure que s'abaissent les limites de la pudeur. L'enquête a même permis de relever quelques cas (plutôt masculins) de très grande aisance corporelle, incluant (à la différence de Colombine) l'épisode délicat de la sortie du lit. Mais ils sont rares, la règle étant à l'inverse une exacerbation soudaine de la pudeur à ce moment précis. L'exemple de Colombine vaut d'ailleurs d'être détaillé. Sitôt sortie du lit, quelques secondes à peine, et ses appréhensions s'étaient déjà dissipées. « Aucun problème. Je me suis dit que s'il avait fait le pas pour aller vers moi, il me prenait entière. Même si j'avais été hyper mal roulée, des trucs pas terribles, il me prenait comme j'étais. Donc j'avais aucune raison de me complexer. [...] Il faut que le corps respire, y a rien à cacher. » Son histoire illustre (mieux que lorsque la pudeur habituelle est grande) à quel point la sortie du lit forme un contexte particulier à l'intérieur des premiers matins.

Tactiques de camouflage

« Le gros problème, c'était de savoir comment me rhabiller. [...] Il fallait que je me cache. J'étais à me demander si j'allais pas ramper par terre pour rejoindre mes fringues (alors que la veille c'était pas du tout le même comportement !). [...] Je me suis levée en essayant de récupérer un drap ou quelque chose qui traînait et j'ai filé vers la salle de bains d'où je suis ressortie habillée. » Sophie ne comprend pas. À l'image de Colombine, elle n'est pas spécialement pudique. Or elle s'est sentie sottement mais irrésistiblement crispée en cet instant curieux. « Il ne fallait pas qu'il me regarde, c'était comme une violation de ma personne. »

La nuit, elle avait pourtant été totalement différente, libre, très à l'aise avec sa nudité, comme lors de ses autres nuits amoureuses. Hélas, comme tous les premiers matins, elle avait senti l'étrange changement de nature des relations avec « la personne qui est là ». La définition de la situation avait changé, mais elle aussi, personnellement, profondément. « Le matin, c'est l'autre partie de moi-même. »

L'incompréhension des motifs de cette irrésistible frilosité explique les styles et manières du rhabillage : discret, à la dérobée, honteux de lui-même. À l'embarras du corps nu s'ajoute en effet la confusion pour ces gestes idiotement empressés et malhabiles. Heureusement l'épisode est bref, et « la personne qui est là » ne s'en aperçoit guère. Les deux hontes mêlées (pudeur et mésestime de soi), de courte durée, sont vite oubliées. « Je ne sais plus si c'était le tee-shirt ou ma culotte que j'ai mis sous la couette, mais je me souviens qu'il y a eu comme ça un acte de camouflage » (Anna). Il faut parvenir à se cacher sans montrer au partenaire qu'on se cache. Sans exagérer les mouvements. Autant que possible, il est même conseillé de conserver des gestes considérés comme « normaux », en les hâtant si telle est la nécessité, mais sans excès. Par exemple, comme Fanny, ne pas se vêtir pour les quelques mètres séparant de la salle de bains, et y aller d'un pas à la fois naturel et accéléré. « Il y avait trois mètres pour aller dans la salle de bains. J'y suis allée toute nue : j'ai fait fissa, j'ai fait rapide. Ça paraît très long ! » La rapidité de la scène a été signalée dans une grande majorité des témoignages. « Je me suis levé et j'ai vite été chercher mon caleçon » (Pierre). Mais tout aussi souvent a été souligné le contrôle sur soi, les efforts pour ne pas trop brusquer l'action, ne pas dévoiler ses peurs, exposer un minimum d'aisance. « Bon, j'ai mis une chemise de nuit, mais j'ai pas caché-caché » (Agathe) ; « Un petit short et un tee-shirt, comme ça, vite fait, pas trop » (Juliette).

Tactiques contradictoires donc, délicates à gérer. D'autant plus que les conditions matérielles de l'événement peuvent aggraver les difficultés. Quand par exemple on n'est pas chez soi, et qu'il manque des vêtements d'intérieur qui auraient été à ce moment très pratiques (il est rare qu'une valise soit prévue pour le premier matin). Ou quand les lieux sont inadéquats à une esthétique des gestes qui constitue un élément essentiel du camouflage. « L'habillage d'une certaine manière, c'est presque dommage, parce que ça voulait dire qu'on sortait de la tente. Et puis sortir du duvet, déjà dans une tente c'est pas hyper-pratique, ça fait pas quatre mètres de haut, le matin il fait parfaitement jour. Contrairement même à une chambre, une tente c'est un espace restreint » (Alban). Tactiques délicates aussi parce qu'on ignore les conceptions matinales de la pudeur de « la personne qui est là ». Agathe a hésité avant de remettre sa chemise de nuit. « Moi je ne suis pas pudique, mais je me suis dit : est-ce que ça va choquer ? »

« C'est pas pareil le matin »

Fanny : « Je n'avais pas envie de sauter du lit et de me balader à poil dans l'appart'. [...] Le corps de l'autre, c'est pas pareil le matin. » Le corps de l'autre ? Fanny en fait pense surtout au sien, qui n'est pas pareil dans le regard de l'autre. Et quand elle parle du matin, c'est plus précisément la sortie du lit qu'elle indique. Car juste avant, dans le cocon, elle avait ressenti un véritable état de grâce émanant de l'intense échange de regard silencieux, amoureux. La rupture n'en avait été que plus forte, « le corps de l'autre, c'est pas pareil le matin ».

Pourquoi ? La nuit bien sûr il y a la chaleur et l'élan, le désir et le sexe, qui rendent si proches qu'ils aveuglent. « Au moment où c'est l'amour, c'est l'amour total, donc le physique compte pas. » Pierre parle bien entendu de l'aspect physique, et non des sensations corporelles. Pendant la nuit, pendant le sexe-amour, le regard ne voit rien d'autre que l'amour. Au matin il découvre donc un corps tout neuf, en partie inconnu, beaucoup plus ordinaire. Le regard s'est refroidi et d'autres pensées le commandent. Il n'est pourtant pas moins vif, comme aiguisé par une curiosité piquante. « C'est évident que tu ressens le regard de l'autre sur ton corps » (Gildas).

Mais cela ne suffit pas à expliquer l'intensité du changement. S'il n'y avait qu'un banal refroidissement-durcissement du regard, le soudain excès de pudeur n'atteindrait pas de tels sommets. Non, il y a autre chose, faisant face au regard devenu plus distant ; la peur.

La peur ? Que vient donc faire la peur dans l'amour ? N'est-il pas impropre de mélanger ainsi des types de sentiments qu'officiellement tout oppose ? En vérité, quand l'observation sociologique se plonge dans l'amour, elle découvre qu'il est constitué d'une multitude de sentiments divers, certains très étonnants. La peur par exemple, qui est souvent à la source des vibrations et frissons éprouvés. L'amour est un agrégat d'émotions différentes, dont la peur, qui joue son rôle de pourvoyeuse d'intensité. L'amour serait un peu fade sans angoisse.

À la sortie du lit, la peur étreint d'autant plus que l'attachement et la volonté de s'engager sont puissants. « Je savais qu'il y avait un amour très sincère et très

47

très fort. Mais t'as tellement peur de décevoir que t'as pas envie de te montrer. » Juliette avait peur de décevoir justement parce que l'amour qu'elle portait à Romano était fort, les enjeux existentiels élevés. Quand les sentiments sont plus faibles, l'événement critique gagne en décontraction. « T'as moins peur du regard de l'autre quand il n'y a pas de sentiment. T'es vexée, c'est tout » (Virginie).

Juliette craignait de décevoir, Virginie d'être vexée. Pourquoi ? À cause du regard matinal sur leur corps, ce regard devenu différent ; curieux, observateur, inquisiteur. La honte de la nudité n'est qu'un voile. Elle dissimule une anxiété plus profonde, se nourrissant du manque d'estime de soi qui gangrène notre époque [André, Lelord, 1999]. Tout particulièrement de l'opinion pour le moins circonspecte à propos de son propre corps. Virginie le dit clairement : « Je ne suis pas pudique, je suis complexée. » Piètre vision portée non pas sur le corps tout entier, mais sur tel ou tel détail dont ego n'est pas très fier, et qui se transforme en défaut abject au moment de sortir du lit. Fanny (comme Anna) s'imagine que sa poitrine n'est pas à la hauteur des canons tolérables (elle n'aime pas sa forme, Anna trouve la sienne trop petite). « J'ai pas trop confiance en moi. Je trouve que j'ai pas spécialement une belle poitrine. Quand t'es allongée sous les couvertures ça va bien, à la limite il la voit même pas. Mais là, se balader en sortant du lit, franchement j'étais pas à l'aise » (Fanny). Malaise, honte, manque de confiance en soi. « J'avais honte de mon corps, je n'avais pas confiance en moi. Je me disais : je suis mal foutue, il ne m'aimera plus. [...] Ç'a été rapide, j'ai vite mis mon tee-shirt, et vouttt... pour pas qu'il voie mes nichons. Parce que c'est vrai qu'il y avait peu de chose. Ah oui, ç'a été rapide ! » (Anna).

48

Erika est le contre-exemple parfait. Chez elle pas de peur, pas de pudeur ; pas de pudeur parce que pas de peur, considération tranquille de sa beauté. « Non, à l'aise, parce que j'étais bien proportionnée, j'étais fière de mon corps. » Contre-exemple assez rare, surtout du côté féminin. Car le poids du regard critique (ou supposé tel) est marqué sexuellement : il pèse moins fort sur les hommes. « Ça ne me gêne pas de me balader nu, je ne suis pas pudique. Je ne comprends pas les gens qui se cachent après » (Manuel). Du côté masculin, le manque d'aisance étant davantage imputable à un problème classique de pudeur, la crispation sur la sortie du lit est généralement plus légère. « Pour moi la pudeur disparaît à partir du moment où il y a eu acte sexuel. Le plus gros est fait » (Tristan). Cette différenciation est le résultat de l'histoire, qui a fabriqué des rôles sociaux contrastés : l'homme offrant sa force et son argent/la femme sa sensibilité et sa grâce, l'homme admirant/la femme exhibant sa beauté. Une si longue histoire qu'elle ne peut pas ne pas laisser des traces profondes, lentes à se dissiper. Il n'est donc pas étonnant que l'épisode soit vécu différemment des deux côtés du lit. La surprise est plutôt de constater que cette différence est faible, les hommes aussi craignant le regard critique sur leur corps à la sortie du lit. Preuve d'un changement des mentalités : ils en parlent parfois comme des femmes en auraient parlé. « Peut-être par peur de décevoir au niveau physique, j'ai peut-être pas des mensurations idéales, j'ai une petite gêne à ce niveau-là » (Rodolphe).

49

« *Être regardée comme ça* »

La peur surgit du croisement imprévu entre la faible estime de son corps et le regard de l'autre, soudainement énigmatique et pesant. Des tonnes d'hypothétiques opprobres envahissent la pièce entière et vous accablent, d'autant plus lourdement que les pensées qui se cachent derrière le regard sont devenues impénétrables. « Un peu gênée quand même d'être regardée comme ça, parce qu'on se dit : qu'est-ce qu'il pense ? » Agathe a résumé de façon claire la problématique de cet instant particulier, en deux mouvements. *Primo*, la gêne d'être regardée « comme ça ». *Secundo*, l'incertitude sur les pensées. Tout débute par la gêne, et la perception de l'étrange regard, différent mais indéfinissable, écrasant mais abstrait. « Si je me lève et je vais aux toilettes, j'y pense : "Putain, je suis sûre qu'il est en train de me regarder !", t'aimes pas ! » (Virginie). Pression si dérangeante que l'interrogation sur la nature des pensées n'a pas toujours le temps de s'ouvrir, la rapidité des gestes permettant de lever le malaise, et de passer à l'épisode suivant. La sortie du lit s'est réglée en un seul mouvement.

Mais qu'y a-t-il au juste derrière le regard ? La peur est-elle justifiée ? Il est évidemment impossible de donner une réponse unique, valable pour tous les premiers matins. Des constantes toutefois se dégagent, qui tendent à montrer que l'angoisse va généralement bien au-delà des faits qui pourraient la motiver. Il y a un décalage manifeste entre la peur (brève mais parfois intense) et la réalité du regard, souvent moins critique qu'il n'est imaginé. Vincent en donne une illustration caricaturale : Aglaé ne pouvait pas le juger, n'étant pas en mesure de le voir, puisqu'elle n'était pas réveillée. Et pourtant il avait quand même ressenti un peu d'angoisse passagère. « Le soir, la nudité ne m'a pas posé de problème, c'est le matin, au moment de me lever. En fait oui et non, parce qu'elle dormait. » Virginie quant à elle ne pouvait pas comprendre que Léopold plaisante (certes d'une façon maladroite et blessante) : elle entendait ses mots durs au premier degré. « Ça me faisait peur, c'est un âge bête dix-sept ans, tu sais bien que le mec il va pas être tendre avec toi. Léopold, il me répétait tout le temps : "T'es pas top-top-canon, mais t'as un charme quand même... vachement caché !" Et il pouvait me le répéter au moins cinq fois dans la journée, et tous les jours ! » À la différence d'autres premiers matins, elle savait exactement ce qu'il y avait dans le regard de Léopold. Elle croyait savoir. Mais peut-être, sans doute, se trompait-elle.

Car le regard n'est pas méchant ces matins-là. Au contraire sa caresse amoureuse se prolonge souvent après la nuit et le cocon-lit. Anna avait tort d'être inquiète, Éric ne faisait que s'amuser à découvrir son corps, sans arrière-pensées critiques. « Et il me détaillait, parce qu'il n'arrêtait pas de dire : "Ah ! là t'as un petit grain de beauté, oh ! un petit machin..." Alors pour moi bien sûr, il ne se limitait pas aux grains de beauté. Évidemment il était amoureux, il ne voyait que du joli... mais bon ! » Le regard est gentil, tolérant, et même plutôt porté à l'admiration. Quand il y a observation, voire même évaluation froide, le but n'est pas toujours de condamner, au contraire. « Le voyant nu, j'étais content d'avoir couché avec lui, parce qu'il était plutôt bien fait. C'était un regard purement esthétique. J'ai regardé son corps : "Tiens, pas mal !" Le premier regard, c'est d'abord l'aspect purement physique. Je le trouvais beau, voilà, je le trouvais beau ! » (Gildas). Pierre n'a pas une haute estime de son propre corps, et, s'imaginant le regard de Marinette, s'est habillé très

51

vite. Pourtant lui-même n'a jamais un regard malveillant au premier matin. Il regarde, certes, il regarde, peut-être lourdement, mais parce qu'il est attiré, qu'il admire. « Le corps d'une femme c'est beau, alors que le mien... » Charles-Antoine aussi reconnaît regarder de façon quelque peu insistante. Il épouvanterait Virginie, Sophie et bien d'autres, car il focalise son intérêt sur le moment précis de la sortie du lit. Tentant de regrouper les souvenirs de son premier matin avec « la Hollandaise », c'est d'abord celui-ci qui lui revient en mémoire. Oui, dit-il, le regard est différent, plus clair, dégagé de la nuit. Mais une grâce particulière et troublante se dégage justement de la quotidienneté de ces gestes, du caractère équivoque de la situation, entre amour et vie ordinaire. « J'adore voir ça, une femme s'habiller le matin. »

Bien que les yeux soient généralement contemplatifs, ils regardent quand même, produisant la gêne signalée chez celui ou celle qui est regardé. D'autant que ce dernier observe l'étrangeté du style oculaire. Flottant, amusé, pénétrant, comme s'il découvrait une autre personne, un autre corps. Encore une fois, rien de méchant dans cette curiosité. C'est pourtant bien elle qui fait peur, et qui est souvent mal interprétée. Le léger malaise étant palpable, les deux partenaires sont conduits à développer des tactiques de diversion ou de réassurance. Le rire par exemple, toujours bon à prendre pour résoudre une situation tendue. « Quand on s'est rhabillé, on s'observait, envie de rire. On a même éclaté de rire » (Fanny). Ou encore mieux, la réaffirmation du registre amoureux, explicité par des mots. « Après il y a l'habitude qui se crée, il me dit qu'il me trouve belle, et puis bien, finalement j'ai plus besoin d'être... » (Fanny). Plus besoin d'être angoissée et de fournir des efforts. Virginie précisément en fournit, se composant, sans excès, l'attitude pouvant permettre de se maintenir dans le registre amoureux. « Si je me lève pour aller aux toilettes, je vais marcher bien. Bon ben, je vais pas non plus onduler à la Claudia Schiffer. Mais je vais passer ma main dans mes cheveux, des trucs dans ce style-là. Parce que c'est un garçon, et parce que t'es une fille. » Avec Raoul, elle n'avait pas marché ainsi. Elle avait été sans gestuelle particulière (et d'ailleurs sans la moindre gêne) jusqu'à la salle de bains. Mais il était clair dans sa tête, dès le réveil, que ce premier matin serait aussi avec lui le dernier (en fait il y en eut quelques autres). Tout dépend en effet de l'intérêt porté au partenaire et à la relation. Quand il y a volonté d'engagement conjugal, la meilleure solution pour dissoudre le poids du regard et dissiper le malaise, est alors de réactiver la logique amoureuse. « Et puis il y avait un côté un peu excitant. J'aime mon corps, il me l'avait dit aussi, donc j'avais pas envie de le cacher. » Erika est sûre de sa beauté, ce qui bien évidemment facilite ici ce dénouement heureux.

Slip et chaussons

Faut-il donc proclamer qu'on a tort d'avoir peur à la sortie du lit ? Puisque le regard n'est pas foncièrement méchant, juste un peu curieux, amoureusement baladeur. Hélas la conclusion serait trop rapide. Certes, le décalage est manifeste entre les pensées imaginées dans le regard et celles qui y siègent vraiment : le matin, les yeux, bien qu'ils soient plus durs et froids, cherchent surtout du beau et de l'agréable. Mais (nous le comprendrons mieux à la fin de ce livre) ce qui caractérise la pensée amoureuse est d'être contradictoire, de se structurer à un double niveau. Avec sa faculté de récolter d'innombrables images, le regard fait sans rien dire son petit marché au premier matin. Il accumule tant et tant de choses, à peine entrevues par la pensée claire du moment. « Dans la nuit tu touches, mais t'as pas une vue d'ensemble. Le matin tu détailles, tu regardes le corps comment il est. Sachant que c'est pas un jugement, mais c'est vrai que... » (Gildas).

Les idées papillonnent librement autour du regard admiratif. Elles se laissent accrocher par les détails les plus divers, intrigants, cocasses ou merveilleux. Parfois un de ces fragments capturés à la volée attire plus fort, envoyant immédiatement un message à la conscience, contrainte de se mettre en mouvement. Le doute, voire la critique, peuvent alors percer de façon fulgurante, déchirant le voile amoureux du regard. Virginie, Sophie et les autres n'ont pas complètement tort d'avoir peur.

Là où elles se trompent, c'est en s'habillant trop vite, en polarisant leurs angoisses sur la nudité. Car le regard matinal continue longtemps après la nuit à caresser le corps. Il le voit autrement, mais toujours de façon enveloppante. La critique immédiate s'accroche prioritairement ailleurs, sur des gestes, des objets, révélant une dimension jusqu'alors inconnue de « la personne qui est là ». En particulier, justement, sur les vêtements enfilés un peu trop à la hâte pour couvrir le corps nu. Boris était illuminé par la beauté de Prudence, et la proximité de son corps dans le lit. Hélas, sortant du lit, « elle s'est remis un haut de pyjama et puis ses chaussons à la con » : la magie fut anéantie d'un coup. Le pyjama était hideux, les chaussons vraiment ridicules à son goût. Ils éclaboussaient pitoyablement l'image qu'il s'était formée d'elle. Pour une déplorable histoire de chaussons, Prudence risquait de perdre grâce à ses yeux. Boris conjura aussitôt le risque, par la tactique la plus adaptée à ce genre de situation, le rire. « Ça me faisait marrer. » Un rire toutefois silencieux, intérieur. Le discrédit immédiat était refoulé, mais la notation négative n'en était pas moins enregistrée dans la mémoire dormante.

Le choc de la mauvaise surprise fut plus violent pour Gildas, qui ne put donc refouler la critique. « Je l'avais vu deux ou trois fois en boîte, c'était un mec qui avait vraiment de l'allure, des pantalons super bien mis, tout ça. Alors un truc qui m'a surpris au réveil, c'est qu'il avait un sale slip, un slip style Carrefour, ç'avait cassé le personnage. J'avais pas vu au moment de me coucher. Ça n'allait pas avec l'image du mec. » La sanction fut immédiate. « Je m'étais focalisé sur le slip. » L'histoire s'arrêta là avec Julien.

La toilette

« Après le petit déjeuner, je suis allé à la salle de bains pendant que Debra faisait la vaisselle. J'ai tiré la chasse, me suis essuyé, ai de nouveau tiré la chasse et me suis lavé les mains avant de sortir. Debra nettoyait l'évier. Je l'ai enlacée par-derrière.

— Tu peux te servir de ma brosse à dents, si tu veux, a-t-elle dit.

— J'ai mauvaise haleine ?

— C'est supportable.

— Tu parles...

— Tu peux aussi prendre une douche si ça te chante...

— Allons bon, ça aussi... ?

— Arrête. Tessie n'arrive que dans une heure. Nous avons le temps de nous changer les idées.

Je suis allé me faire couler un bain. Je n'aimais prendre une douche que dans les motels. Sur le mur de la salle de bains, il y avait une photo d'homme – brun, cheveux longs, quelconque, un beau visage à la bêtise ordinaire.

Il me souriait de toutes ses dents. J'ai brossé ce qui restait des miennes. Debra m'avait dit que son ancien mari était psychiatre. »

Charles Bukowski, *Women*[1].

« *Me refaire une tête* »

Avant la sortie du lit, une autre inquiétude avait commencé à poindre, de même nature, mais plus précise : à propos du visage. « Oh ! oui j'avais hâte de passer par la salle de bains, pour me refaire une tête (elle était pas fraîche !), le plus rapidement possible » (Agathe). Il faut dire que le premier matin fait généralement suite à une soirée agitée, ayant tendance à laisser de mauvaises traces. Le réveil est pâteux et les traits sont fripés, ce qui n'entre guère en harmonie avec les enchantements attendus. Il faut donc remédier aussitôt aux problèmes les plus sensibles, se précipiter vers la pièce adéquate. Rapidité qui se surajoute au besoin ressenti de masquer la nudité : la marche vers la salle de bains prend parfois les allures d'une course.

D'autant que, du côté féminin, certaines questions techniques aggravent le tourment. La veille souvent n'avait guère été préméditée et s'était déroulée dans l'improvisation et l'urgence du désir. Fanny : « Quand on s'est couché le soir, j'étais coiffée et tout, je ne me suis même pas démaquillée. Quand tu te réveilles le matin, tu te dis : "Je vais en avoir de partout, mon Dieu ça va pas être beau !" J'étais pressée d'aller dans la salle de bains. Je me suis remaquillée, recoiffée, en toute urgence. » Juliette était moins préoccupée par ses cheveux décoiffés. Mais elle faisait une véritable fixa-

1. Traduction française de Brice Matthieussent, © Éditions Grasset, 1981.

tion obsessionnelle sur son mascara, qu'elle pensait avoir tant coulé qu'elle s'imaginait en vision cauchemardesque. Pour elle aussi : urgence-salle de bains, miroir, rectification.

La problématique de l'angoisse est toujours la même. Peur de déplaire, peur d'être démasquée, peur du regard froid matinal. « Je voulais faire attention à moi, pour lui. Parce que je me suis dit : peut-être qu'il va découvrir des trucs, n'importe quoi, tu t'imagines plein de choses. Alors tu te dis : faut que je sois impeccable » (Colombine). Fanny est pourtant bien consciente que les diverses tactiques de camouflage s'inscrivent mal dans ce moment si particulier qui devrait être fondé sur l'authenticité. « Le maquillage, c'est comme les vêtements, ça cache quelque chose, tu triches. » Mais elle ne peut pas ne pas tricher un peu, elle a trop peur. Dans le cocon-lit pourtant, quelques minutes avant que le besoin de fuite se fasse soudainement irrépressible, ils avaient longuement échangé des regards amoureux dans les bras l'un de l'autre, contemplation intense et ultra-rapprochée. Alors, elle n'avait pas pensé au regard froid, elle n'avait pas eu peur, elle était toute à son amour. Puis, soudainement, le cadre de définition de la situation avait changé ; il lui fallait immédiatement se précipiter vers la salle de bains.

La différence hommes-femmes est ici plus marquée qu'à propos de la nudité : les hommes ne se maquillent guère. Plusieurs ont pourtant signalé le même besoin de se recoiffer ou de se redonner un peu de fraîcheur, pour ne pas perdre la face. Et ont longuement souligné (comme les femmes) une autre difficulté technique : l'haleine du matin. « C'est gênant. T'essaies de tout faire pour plaire à l'autre. Et puis la première chose que la personne ressent quand tu parles c'est quand même l'haleine, l'haleine chargée de la veille. C'est pas top, hein ! vraiment pas top ! » (Rodolphe).

La difficulté en fait est de taille. Parce qu'elle surgit très tôt le matin, avant que le regard froid ne se soit éveillé, au creux de la communion intime du cocon-lit. Et surtout parce qu'elle s'inscrit dans la question plus large de l'authenticité. S'il est en effet facile de critiquer Juliette ou Colombine qui se précipitent peut-être trop vite vers la salle de bains, il l'est beaucoup moins de définir la limite à partir de laquelle l'excès de l'attitude inverse porte atteinte au respect du partenaire. Il ne faut pas trop en faire certes, mais n'existe-t-il pas cependant un minimum à effectuer ? Anna est une des rares qui ne soit pas de cet avis, elle a accepté, et elle-même adopté, la position naturaliste radicale d'Éric. « C'est quelqu'un de naturel, moi aussi. Le rouge à lèvres, il n'aime pas, il ne m'embrasse pas quand j'en ai. Le parfum, il trouve que ça pue. Donc si j'étais partie me faire une beauté, comme on l'entend au sens féminin du terme, donc ça n'aurait pas collé. »

Le premier matin est travaillé sans relâche entre recherche d'authenticité et recours à des artifices permettant une mise en scène avantageuse de soi. Si les excès d'artifices sont condamnables, l'authenticité pure reste une chimère. L'exemple de l'hygiène dentaire montre bien que le naturel absolu n'est pas toujours idyllique. Il faut donc (comme pour la rapidité des mouvements) trouver le dosage adéquat, composer avec le plus de justesse possible entre attentes contradictoires. « C'est vrai que t'es pas forcément à ton avantage le matin. Je me suis faufilée à la salle de bains un petit peu avant de passer au petit déj. Pas le style à aller en courant avec ma trousse de toilette. Je connaissais une fille, c'était ça, pour mettre du fond de teint et du maquillage avant qu'il se lève, pour pas qu'il la voie

sans maquillage : c'est atroce. Non, le coup de fraîcheur, quoi » (Virginie).

Les mystères de la salle de bains

Fuite pudique, peur du regard, besoin de se « refaire
une tête » : l'un des deux protagonistes quitte subitement le théâtre de l'action pour se réfugier dans la salle
de bains. Seul. Emporté par son élan, il rêve souvent
d'être encore plus seul, repousse derrière lui la porte,
parfois s'enferme à clé. Avec « l'homme marié »,
Juliette s'était ainsi barricadée, elle qui d'habitude
n'utilise guère les verrous, pour être le plus loin de lui.
Rodolphe a vécu la même rupture de comportement.
« Avant, j'étais célibataire, c'était un vrai réflexe, je ne
fermais jamais la porte. » Pourtant, ce matin-là, il s'était
enfermé comme s'il devait se protéger d'un danger
immense. « C'est une des rares fois où ça m'est
arrivé. » Il n'est pas très fier de cette attitude, qui
contraste si étrangement avec la logique de proximité
amoureuse du premier matin. Il s'en excuse, et la justifie par sa « peur de décevoir au niveau physique ».
L'enfermement solitaire est en effet directement pro-
portionné au manque d'estime du soi corporel. Il est
également, bien entendu, tout simplement la conséquence d'une pudeur au sens strict. « Pour une toilette
intime, j'aurais pas été très à l'aise. Se laver, c'est
intime » (Alban).

Il n'y a pas toujours fuite solitaire. Ou bien celle-ci
n'a lieu que dans un premier temps bref (un regard au
miroir, un peu d'eau sur le visage), avant un autre
temps, partagé, dans la salle de bains, voire une douche
commune, voire un prolongement du cocon-lit dans le
bain, voire un retour à des caresses plus fermes de type
nocturne, etc. L'ambiguïté de la définition de la situa-

tion est une caractéristique intrinsèque des premiers matins. Mais il est rare qu'il n'y ait pas, à l'occasion de la toilette, un minimum de temps pour soi et de quant-à-soi. Instant privilégié pour réfléchir à la situation, faire le point. Gildas : « Le moment de solitude et de réflexion, je le prends dans la salle de bains. Là, j'ai le temps de réfléchir à ce que j'ai fait, c'est à ce moment-là. Dans la salle de bains, t'es tout seul, là tu es avec toi-même. » C'est ainsi par exemple qu'il délibéra et conclut que l'abominable slip de Julien rendait décidément impensable toute poursuite de la relation, se faisant plus réservé à la sortie de la salle de bains.

Quand le premier matin se déroule chez le partenaire, le passage par la salle de bains est l'occasion de découvertes étranges. Rien de très mystérieux au début : les lieux sont simplement agencés d'une façon pour soi inhabituelle. Il y a donc logiquement observation, analyse (ne serait-ce que pour adapter son action), découverte culturelle. « La salle de bains était toute carrelée de blanc, froide, glacée. Ça faisait aseptisé. Tout était blanc sauf des tapis d'un rose pétant. C'est ça qui m'a frappée : leur couleur et leur aspect kitsch. Je suis passée très vite. Il y avait très peu d'objets : la baignoire, le lavabo, point. Rien qui traînait, sauf les tapis. » Pourquoi cette froideur ? Que révélait ce kitsch rose qui ne correspondait guère à ce que Sophie croyait connaître de Sébastien ? Là est le mystère de la salle de bains. Dans la distance solitaire, les objets et les espaces familiarisés par le partenaire apparaissent dans leur étrangeté comme autant de signes révélateurs d'un aspect jusqu'alors impensé voire surprenant de sa personnalité. Agathe commence de la même manière par un examen de type technique, qui débouche d'ailleurs sur le constat identique d'un dénuement imputable à la masculinité fruste. « Une salle de bains de garçon, c'est-à-dire : rien ! Ah si ! deux brosses à dents, un tube de dentifrice, pas de gel-douche (ça, ça m'a toujours surpris, toujours seulement un savon). Rien pour sentir bon, un savon ça suffit pas. » Mais très vite la particularité des objets suggère des idées à portée plus large, rejaillissant sur la personne, désormais considérée d'une autre façon. Agathe critique John à demi-mot. « Rien quoi ! Rien de personnel, rien de chaleureux, une salle de bains très impersonnelle, j'aime pas sa salle de bains. » Impersonnelle et ne correspondant pas du tout à l'idée qu'elle se fait de la propreté. « Ah ! pas propre (comme on peut dire propre-propre), une salle de bains très masculine, pas clean du tout ! » Agathe avait-elle été déçue ? « Oui, mais finalement je me suis dit : normal. » C'est un garçon, et c'est bien lui au fond. Finalement en effet cette vision corrigée était la bonne, contre l'idée qu'elle se faisait antérieurement de John à partir des seules relations amoureuses. La salle de bains avait raison.

« Avec les moyens du bord »

Le voyage dans la salle de bains est l'occasion d'infinies découvertes, parfois d'un véritable choc culturel. Ou de sensations diverses, liées à la particularité des lieux. Vincent, désagréablement réveillé par le meuglement de la vache, dérangé par le piétinement des souris, exaspéré par son face-à-face avec l'homme à l'oreille coupée, sentit l'irrésistible besoin de prendre une douche. Surprise : la salle de bains avait une belle et grande fenêtre, sans rideaux, donnant sur le jardin (avec en arrière-plan la campagne déserte). Or ils avaient passé la nuit chez les parents d'Aglaé, qui n'étaient pas informés de sa présence. Des parents que Vincent imaginait extrêmement rigoristes. « Très catholiques, hein !

catholiques-catholiques ! Peut-être pas pas-de-rapports-sexuels-avant-le-mariage, mais ça devait quand même trotter dans leur tête. » Vincent était terrorisé. Bien sûr il s'était enfermé à double tour. Mais à quoi pouvait servir ce verrou sur la porte alors que c'est de la fenêtre que pouvait venir le danger ? « Ça, j'avais peur aussi de voir ses parents passer dans le jardin, j'étais obnubilé par la fenêtre. »

La réflexion provoquée par le dépaysement est vécue sur un mode distrait, en parallèle à l'action. Pour l'heure en effet, des questions d'ordre plus pratique occupent le devant des pensées. Certes, « une salle de bains ça ressemble à une salle de bains, ça c'est clair » (Rodolphe). Néanmoins, aucune salle de bains ne ressemble exactement à une autre salle de bains. « Le robinet de douche n'est pas pareil, tu ne sais pas où sont les serviettes » (le même Rodolphe). Sans compter que la présence matinale n'avait pas toujours été prévue. « Le truc que vraiment j'ai détesté, c'est de ne pas pouvoir me brosser les dents. Ben oui, elle n'avait qu'une petite brosse à dents. Elle ne m'attendait pas non plus » (toujours Rodolphe, lui qui craint tant pour son haleine). Agathe non plus n'était pas attendue. Les surprises furent grandes, le choc culturel physiquement saisissant. « Une baignoire, mais avec un flexible de douche trop petit pour se mettre debout (pour prendre une douche c'était vraiment très chiant). Et une eau très froide. Parce qu'il fallait mettre le chauffage pour avoir de l'eau chaude, mais moi je ne pouvais pas savoir. Donc douche froide : on se réveille ! on se réveille ! » Ensuite, cherchant une serviette pour se sécher, elle ne trouva que celle de John, humide, ayant incontestablement été l'objet d'un long usage depuis la dernière lessive. « Je l'ai sentie avant, bon ben ça sentait pas bon. »

Enfin Agathe revint dans la chambre. Elle était parvenue à vaincre les démons, à franchir tous les obstacles. Quelles que soient les particularités de la salle de bains, y compris les plus étonnantes, l'invité des lieux parvient toujours à s'adapter d'une façon ou d'une autre. « Je m'adapte aux conditions, aux lieux. Tu fais avec les moyens du bord, tu prends le truc à la camomille de ta copine, histoire de te laver quand même » (Rodolphe). Le comportement du novice est caractéristique. Il est opportuniste, inventant de discrètes tactiques efficaces. « Le savon ou le gel-douche, t'essaies de repérer vite fait avant de prendre la douche, tu te débrouilles » (Rodolphe). Actif et créatif, mais modeste, effacé, se faisant tout petit. « Forcément t'es moins à l'aise, tu cherches les affaires, tu t'étales pas. J'ai pas traîné sous la douche » (Fanny). Enfin il mène subtilement et rapidement l'enquête sur les manières indigènes, pour s'y adapter, voire s'y subordonner autant que possible. « J'ai l'habitude d'aller aux toilettes en me levant. Là tu n'as pas les mêmes habitudes, tu n'oses pas, pas à l'aise » (Fanny).

L'invité doit trouver les moyens de promptement s'adapter. Par rapport aux objets techniques, sa compétence est immense. Pas d'affaires personnelles, de l'eau froide, un flexible de douche trop court, un unique savon et une serviette sale : Agathe parvient quand même à se laver. L'adaptation à « la personne qui est là » pose des problèmes plus difficiles. Elle a des manières de faire qui restent en grande partie inconnues. Or il est impensable d'imposer son propre système, de risquer de choquer. Il faut donc agir avec prudence, sur un mode minimaliste, tout en observant de-ci de-là pour découvrir les mystères du lieu. Il suffit d'une étude rapide pour que les objets commencent à parler. Mais ils ne disent pas tout. À l'observation doit donc être ajoutée une expérimentation discrète mais plus active : comment « la personne » réagit-elle aux gestes plus personnels que l'on tente de développer ? Le point de départ est généralement la prise de conscience d'une différence, d'une incompréhension, d'une confrontation silencieuse. Colombine : « À chaque fois je laissais la salle de bains ouverte, il ne comprenait pas. » Franck au contraire tentait de s'y enfermer, vaguement coupable de cette pudeur qu'il sentait le dominer malgré lui, vaguement jaloux de l'aisance de Colombine. Hésitant entre ses propres références et celles de sa partenaire, il s'exerçait aux limites de son cadre éthique habituel, pour se tester. Dans ce qui pour lui fut un véritable mouvement d'audace, il pénétra dans la salle de bains (déjà occupée par Colombine) pour prendre sa douche. Victoire limitée sur lui-même, car il sentit que sa gestuelle frôlait le ridicule. Colombine contempla le spectacle avec une surprise qui n'égalait en intensité que son envie de rire. Malgré l'aventure de la nuit sur la plage, où Franck, certes sans élégance, était quand même parvenu à se promener nu en public, il multiplia dans la salle de bains précipitation et maladresses face pourtant à la seule Colombine. Il se déshabilla furtivement, replié sur lui dans un coin, gardant un vêtement devant les parties sensibles cependant qu'il tirait vers lui le rideau de douche pour se dissimuler. La démonstration n'était guère convaincante.

Colombine en déduisit un certain nombre de leçons. Franck n'était pas bloqué sur ses positions, il avait envie d'évoluer, mais les progrès seraient lents et difficiles. Elle procéda donc avec délicatesse, de façon mesurée, calculant certains mouvements au centimètre. Le positionnement de la porte des W-C, par exemple. « Si ç'avait été quelqu'un avec qui je me serais sentie mal, j'aurais fermé la porte. Mais avec lui, je me sentais bien. » Donc porte ouverte, comme à son habitude ordinaire. Elle ressentit toutefois que le geste était à l'extrême bordure du tolérable pour Franck ; un excès inconsidéré était susceptible de tout ruiner. En une pensée instantanée, dans la seconde où elle franchit le seuil, elle décida donc de repousser la porte à moitié derrière elle, la laissant ainsi, ni ouverte ni fermée. « Parce que je ne savais pas comment il allait réagir. » Franck ne sembla manifester aucune réaction, et Colombine poursuivit par la suite sa progression tactique. « Maintenant c'est tranquille, il est libéré. » Désormais c'est porte ouverte.

Le premier matin n'est pas un matin ordinaire. Quand il se déroule chez soi, ou que le partenaire n'est guère déconcertant, il se peut que les gestes se mettent en place sans trop d'écart aux habitudes, sans trop d'efforts. À mesure que le choc des cultures individuelles est plus grand, ego est condamné à improviser instantanément de nouveaux repères de l'action. Il y parvient en vérité sans trop de peine, démontrant une capacité étonnante à sortir du lui-même habituel, alors qu'il semblait prisonnier de ses habitudes dans le quotidien régulier [Kaufmann, 1997]. Si une telle souplesse est possible, c'est parce qu'il sort de lui sans sortir totalement de lui, la personnalité habituelle étant seulement mise entre parenthèses, provisoirement. Seules la contrainte et la force d'un événement très impliquant parviennent à brouiller les repères identitaires ; le vécu immédiat efface soudainement tous les vieux principes. Il faut être engagé dans l'élan amoureux et dans la puissance événementielle du premier matin pour parvenir à s'adapter aux situations les plus incongrues. Lorsqu'une distance froide est maintenue avec le partenaire, son monde familier au contraire résiste. Le moindre savon ou la méprisable serviette de toilette donnent alors matière à des difficultés des plus pénibles à résoudre.

L'ordre d'enchaînement des scènes illustre bien ce point : il faut beaucoup d'amour pour entrer dans la logique d'action du partenaire. Concernant l'éveil et la sortie du lit, il n'y a pas de problème, puisque la suite est obligée. Pour la toilette et le petit déjeuner en revanche, chacun a sa petite idée, bien arrêtée, sur la question. Les uns devant d'abord passer sous la douche. « Je suis incapable de rien tant que je suis pas passé par la salle de bains » (Walter). Les autres devant d'abord se mettre à table. « C'est petit déjeuner avant, j'ai mes habitudes. Se laver, se raser, se brosser les dents, pour moi c'est après le petit déjeuner » (Gildas). Au premier matin donc, s'ouvre là un nouveau sujet d'hésitation, quelques observations furtives permettant parfois de comprendre que l'autre se situe dans une conception opposée à la sienne. Juliette : « Moi quand je me lève le matin, tout de suite c'est mon petit déjeuner, je déjeune en pyjama. Guillaume non : il se lève, c'est direction la douche. Il ne comprenait pas comment je pouvais faire pour déjeuner pas lavée. » L'autre, il y a quelques minutes encore, si intime, si proche, se révèle à cet instant un peu étranger. D'autant que deux ou trois mots échangés suffisent pour percevoir que le désaccord va bien au-delà. « Il est pas petit déjeuner, il peut même s'en passer, alors que pour moi c'est très important, c'est priorité au petit déjeuner. » Entre Juliette et Guillaume, après la prise de conscience de l'ampleur de leurs différences, la confusion des styles dura plusieurs semaines. Il n'était techniquement guère aisé de décider entre les deux options, si opposées entre elles (il aurait fallu désigner immédiatement un vainqueur). Et le contexte résidentiel ne les aidait pas à faire un choix. La première semaine de vie commune avait eu lieu chez Juliette, qui était la plus disposée à faire des concessions. Or la règle tacite veut que ce soit plutôt l'invité qui se soumette. Puis ils passèrent l'été sur un bateau, où tout s'entremêla joyeusement, prolongeant l'indécision. Enfin, à la rentrée ils s'installèrent chez Guillaume. En quelques jours, ce dernier imposa définitivement le mode d'organisation qui depuis six ans est devenu le leur. « Maintenant c'est clair, je me lève, c'est la douche » (Juliette). Au tout premier matin, Juliette avait observé une autre particularité très surprenante. « Autre truc : il se brosse les dents sous la douche ! Moi je le faisais jamais, ça ! Moi je déjeunais, je prenais ma douche, je me brossais les dents, et je me maquillais. » Juliette est tout émue de revivre en les racontant ses gestes d'autrefois, comme un fragment de personnalité oubliée. « Alors que maintenant c'est clair, c'est la douche. Et je me lave les dents sous la douche ! »

La grande variété des conceptions à l'œuvre m'a posé un problème pour définir le plan de cette première partie : devais-je commencer par la toilette ou par le petit déjeuner ? Fallait-il engager un vaste travail statistique pour dégager quelle était la conception dominante ? Heureusement le premier matin n'est pas un matin comme un autre, cette spécificité m'évitant un travail aussi fastidieux que peu utile. Dans la vie ordinaire, il semble que les deux conceptions soient relativement équilibrées, la priorité au petit déjeuner n'étant pas rare. « Après c'est devenu l'inverse : petit déjeuner d'abord et toilette après. Mais ce petit matin-là, non, c'était petit déjeuner après » (Boris). Au premier matin, les angoisses cumulées commandent avant toute chose un urgentissime passage par la salle de bains. Quant au petit déjeuner, il ouvre une scène très différente, très éloignée de la bulle de proximité intime du cocon-lit.

Ce qui explique que les protagonistes le reportent intuitivement à plus tard (sauf cas de petit déjeuner au lit). Et justifie le fait que je lui donne la place finale dans mon plan.

Situer le passage par les W-C dans l'ordre des faits est également problématique, les variations biologico-culturelles étant encore plus grandes sur ce sujet. Concernant les obligations les plus lourdes, les tenants du soir peuvent éviter bien des difficultés au premier matin. Mais pour les évacuations plus légères, aucune vessie n'a une résistance suffisante pour rendre superflue la visite matinale de la petite pièce. L'accumulation nocturne implique d'ailleurs souvent un passage précoce, mais ce n'est pas systématique. Puisqu'il fallait pourtant placer les W-C quelque part, je les ai donc associés à la toilette, ce qui a au moins pour avantage de les intégrer dans une logique technico-spatiale (la pièce est proche de la salle de bains, parfois même à l'intérieur).

Encore un mot de présentation à propos des W-C. Le regard du sociologue ne s'introduit-il pas ici trop avant ? La décence ne commande-t-elle pas de passer sous silence les obscénités de l'intimité la plus intime ? Il ne me semble pas. Seuls des excès de pudeur nous empêchent de voir tout ce que peuvent nous apprendre les lieux les plus retirés [Guerrand, 1986]. Certes le terrain d'enquête est ici délicat pour le chercheur. Mais se voiler le regard reviendrait à ignorer une des scènes cruciales pour certains acteurs. Faire l'impasse sur les petits drames du « petit coin » était impensable. Restait à trouver les mots adéquats pour ne pas choquer inutilement. J'ai rejeté (option qui aurait été possible) une écriture trop métaphorique. Car toute la richesse des premiers matins est dans ce que le concret a de plus concret. Reprenant les paroles des personnes interrogées, je par-

lerai donc de « pipi » et de « caca » quand nécessaire.
Que le lecteur veuille bien d'avance m'en excuser.

W-C

Les difficultés rencontrées sont différentes selon la
disposition des lieux. Chez Romano, Juliette se souvient du véritable « parcours du combattant » qu'elle
devait entreprendre pour atteindre les W-C, situés à
l'autre bout de la maison familiale. « Mais là au moins
j'étais tranquille. » Chez Guillaume à l'inverse les toilettes étaient très proches, trop proches, à l'intérieur de
la salle de bains. « Ça c'était un problème, pour moi
les toilettes c'est vraiment privé. » Virginie connut le
même tracas chez Léopold, aggravé en outre par la file
d'attente des autres membres de la famille devant la
porte de la petite salle de bains-W-C. Rien n'est insur-
montable, les pires obstacles peuvent être franchis au
premier matin. Car les protagonistes dans l'embarras
ont une capacité exceptionnelle à dépasser leurs limites,
inventer des parades, bricoler des solutions. La
contrainte implique l'effort sur soi. « T'as pas le choix,
c'est dans la même pièce, ça se fait malgré toi par le
côté pratique. » La décontraction est cependant rarement atteinte, le style de l'action étant plutôt discret et
hâtif. « Par contre c'était rapide. » Avec adjonction de
diverses tactiques pour détourner l'attention. « Pendant
ce temps-là tu le taquines, tu discutes. »

Le passage par les toilettes évoque ce qui a été vécu
au moment de la sortie du lit : le changement de scène
crée soudainement la surprise. L'on se croyait infiniment intimes, ne rien avoir à se cacher, et d'un seul
coup le regard sur soi devient insoutenable, provoquant
l'envie de s'isoler. Concernant les W-C, l'explication
par la pudeur semble encore plus simple que pour la

sortie du lit : « Ça c'est évident, personne n'a à mettre son nez là-dedans, c'est intime » (Marlène). Hélas, même en ce domaine, il n'existe pas de définition objective de l'intimité. Là aussi, les variations historiques ont été grandes [Bologne, 1986], et les différences géographiques restent aujourd'hui importantes [Desjeux, 1999]. Y compris à l'intérieur de chaque culture, chacun a discrètement ses petites idées sur la question.

La difficulté n'est pas seulement pratique, elle pose un problème d'ordre beaucoup plus général : quelles bornes fixe-t-on à la nouvelle intimité conjugale que l'on est en train de découvrir, à la fusion identitaire que l'on expérimente ? L'idée, poussée par l'air du temps de notre époque, est d'aller aussi loin que possible vers le naturel et l'authentique, qui réduisent à l'extrême les zones de secret. De se monter à nu, sans fard et sans gêne, tel que l'on est. Cependant tout le monde ou presque est d'accord pour reconnaître qu'il existe quelques exceptions, des points ultimes, où l'individu ne peut être en face-à-face qu'avec lui-même. Le « petit coin » est, parmi ces exceptions, sans doute la plus aisément acceptée. Il semble naturel d'être strictement seul pour ses besoins naturels.

Pourtant Virginie était obligée de composer avec la présence de Léopold à ses côtés dans le feu de l'action, et parvenait à s'en accommoder. Pis, Colombine, qui aurait pu fermer la porte, la laissait entrouverte. L'idée de la naturalité du secret des besoins naturels n'est donc pas si naturelle. Outre que les définitions sont très changeantes d'un individu à l'autre, le « petit coin » n'est pas souvent renvoyé intégralement dans le monde du secret individuel, la limite semblant en général ainsi trop haut placée. Dans la lutte habituellement silencieuse des définitions (on ne parle guère entre partenaires de ce sujet-là), une limite plus basse apparaît donc à son tour comme évidente, et semble faire la quasi-unanimité : la grande différence entre petits et gros besoins. « T'as pas trop de mal à faire pipi. Pour ..., là c'est plus délicat. Autant faire pipi devant l'autre c'est pas gênant, autant ça, ça rend mal à l'aise » (Virginie). « Tu fais un caca, c'est très intime. Je ne me vois pas chier et en train de discuter en même temps. Pipi à la rigueur je dis pas, mais caca non ! » (Gildas).

Le pipi effectué en présence du partenaire est l'exemple même de ces gestes naguère prohibés qui attestent aujourd'hui d'une décontraction et d'une aisance nouvelles. Le caca renvoie à une gestuelle beaucoup plus problématique, à un univers sonore et olfactif dérangeant, propre à briser le charme du plus doux et rose des premiers matins. Il faut vraiment que la contrainte du contexte impose de vivre la promiscuité (comme entre Virginie et Léopold) pour l'accepter. La plupart du temps au contraire, toutes les tactiques possibles et imaginables sont développées pour élargir les distances, étouffer les bruits, combattre les odeurs. Chacun a ses petits trucs. « Quand je vais aux toilettes, je mets du pschitt-pschitt derrière, bien sûr ça me gênerait si ça pue » (Gildas). « Tu essaies d'y aller discrètement, tu montes une stratégie, tu profites d'un moment où il met la musique à fond, un truc comme ça » (Virginie). Jusqu'à la stratégie radicale : se retenir, tenter de reporter à plus tard dans la journée. Ce qui n'est pas toujours facile, comme a pu le constater Juliette avec « l'homme marié », à l'hôtel. « Fallait que j'aille aux toilettes, et ça me gênait vachement. Je me disais : il faut pourtant que j'y aille, je me contractais ! » Rodolphe, lui, a réussi. « La grosse commission, c'est sûr, ça aurait cassé l'ambiance. » Le report est donc parfois possible, contrairement à l'irrépressible pipi, qui sous cet aspect se révèle plus incommode. L'opposition tant de fois énoncée par nos interlocuteurs ne serait-elle pas à relativiser ?

La distinction trop simple pipi/caca ne résiste pas en effet à l'analyse fine. Les personnes interrogées ont forcé le trait parce qu'il faut absolument mettre en avant une limite nette pour se masquer à soi-même le flottement des définitions, voire leur confusion, qui pourraient être déstabilisants. En réalité, les variations sont très grandes, et dépendent du contexte concret ainsi que des habitudes de chaque partenaire. Ce n'est pas l'activité dans son ensemble mais tel ou tel aspect précis (une odeur particulière, un bruit dissonant) qui ne s'intègrent pas dans la tonalité de la scène. Celui qui voit, entend, ou sent l'élément perturbateur, essaie de détourner son attention, pour en diminuer l'intensité perturbatrice. « Tu penses à autre chose, tu fais comme s'il n'y avait rien eu » (Walter). Celui qui le produit essaie d'en atténuer les effets. Avec plus ou moins de vigueur et d'imagination selon qu'il est ou non convaincu de la gêne susceptible d'être occasionnée. Anna est un exemple de conviction extrême, elle est véritablement obsédée par les bruits, ses bruits. « Du salon, si tu n'avais pas la télé à fond, tu entendais des "plouf", et ça c'était très-très-très stressant. Alors moi je mettais ma petite carpette de p-cul pour pas qu'on entende le plouf ! » « Petite » est en fait une façon de parler, car un rouleau entier de papier hygiénique était à chaque fois nécessaire pour confectionner la « carpette ». Mais il n'y avait pas que les « plouf ». Pour Anna, et cela illustre ce qui vient d'être dit, le pipi était tout aussi problématique. « Ah ! pour faire pipi ! pour que ça aille pas dans l'eau directement ! pour que ça fasse pas "gling-gling-gling-gling" ! pour que tu ne l'entendes pas ! » Elle devait, pour cela donc, adopter des positions si étudiées et laborieuses que ses propos pour les décrire furent embrouillés, et ne me permettent pas de les décrire clairement. C'est d'ailleurs peut-être mieux ainsi. De toute façon il convenait de ne pas exagérer notre intrusion dans le plus privé du privé, et de refermer cette porte, pour passer à la dernière scène du premier matin, au contraire plus ouverte, et publique.

Le petit déjeuner

« Il se leva, questionna :
— Du thé ou du café ? je vais préparer le petit déjeuner.
— Comme vous.
— Ce sera du thé alors.
— Encore une habitude asiatique, bien entendu ! fitelle, un peu sarcastique.
Ils prirent le petit déjeuner dans la cuisine, attablés face à face. Coplan avait mis une robe de chambre à motifs chinois, en soie. Julia flottait dans son pyjama trop grand. »

Paul Kenny, *L'Ange et le Serpent*[1].

Lavés, vaguement habillés, les voilà assis côte à côte ou face à face. Irrésistiblement, la socialisation de la nuit ou du cocon-lit s'éloigne. Ils entrent dans un univers de gestes quotidiens, parlent de choses anodines et d'autres qui le sont moins, pensent à la suite de la journée et de leur histoire, éventuellement commune. Comme les bisous et caresses de l'éveil semblent déjà loin ! Les deux partenaires ont ouvert un nouveau chapitre du premier matin, radicalement différent, semé

1. Éditions Fleuve noir, 1985.

73

d'embûches, mais aussi de charmes discrets à découvrir. Le concret ordinaire, petite mort de la nuit amoureuse, refait surface, avec mille détails porteurs de contraintes ou de plaisirs triviaux. Le regard avait déjà commencé à se durcir lors de la sortie du lit ; la toilette et les toilettes avaient parfois introduit du malaise et de la froideur. La prise de distance ne devient toutefois vraiment définitive qu'avec le petit déjeuner. Assis, attablés, engoncés dans une gestuelle convenue, ils se sentent étranges à eux-mêmes, alors que leurs actions sont pourtant celles de tous les jours. Nouveau flottement identitaire.

Sandwich à la saucisse et gâteaux à la crème

Les troubadours du Moyen Âge colportaient l'histoire de l'aurore amoureuse, animée par trois personnages typiques : les deux amants et le veilleur de l'aube [Bec, 1978]. L'apparition de la lumière du jour marquait la fin de la période d'amour enflammé, le retour aux réalités pleines de danger de la vie profane. Le veilleur avertissait les amants pour qu'ils s'enfuient et protègent la pureté hors du monde de leur idylle. Aujourd'hui, la liberté sexuelle-amoureuse est plus grande mais les risques de l'aube, plus diffus, restent aussi importants. Et nul veilleur pour vous avertir. Intuitivement les deux protagonistes ressentent que la suite de leur histoire (s'il doit y avoir suite) sera plus compliquée que la simple nuit. L'individu prosaïque, qui sommeille en tout amant, est travaillé par l'envie de se lever, de se laver, de s'habiller, de manger, de lire un journal ou d'écouter la radio, bref de rentrer dans tout ce qui fait le sel de sa vie sociale et publique. Mais l'amoureux qui est en lui n'a pas dit son dernier mot, cherchant au contraire à prolonger la nuit, à éviter la rupture de définition du contexte, qui pourrait devenir définitive avec le petit déjeuner.

Pour cela plusieurs tactiques sont possibles. Les plus efficaces sont celles qui maintiennent une présence au lit plutôt que d'aller s'asseoir à table et/ou celles qui cassent le rituel figé, transformant le petit déjeuner en fête inhabituelle, en micro-carnaval saupoudré de grains de folie. Nous avons déjà évoqué les petits-suisses de Tristan et Isa. Le deuxième matin ils furent remplacés par des spaghettis (simplement réchauffés au micro-ondes), toujours mangés au lit. « C'étaient des petits déjeuners improvisés, avec trois fois rien, sans le rituel avec le bol de chocolat, les tartines, le grille-pain et tout ça. C'étaient des petits-suisses, le truc complètement spontané. Une fois on a mangé des pâtes. C'est des trucs complètement improvisés qui passent par la tête. Après il y a un certain ordre qui revient. Parce que aller faire le petit déjeuner, ça veut dire se lever, se séparer, le temps de tout préparer. Et puis c'est plein de clichés, aller dans la chambre avec le petit déjeuner, on voit ça à la télé sans arrêt : il n'y a rien de magique là-dedans » (Tristan). Nous savons qu'Isa était moins enthousiaste pour les petits-suisses. Il en alla de même pour les spaghettis ; mais c'est une autre affaire. L'important à souligner pour l'instant, outre la satis-faction gustative ou le confort ressenti, est de savoir comment l'événement créé par la surprise peut permet-tre de prolonger la socialisation très à part du premier matin, d'éviter une retombée trop précoce dans l'ordi-naire de la vie séculière. Si Tristan lui avait demandé, Isa aurait sans doute préféré du thé et des croissants. D'un point de vue strictement culinaire, elle est réser-vée sur les petits-suisses ou les spaghettis au petit déjeu-ner. Elle s'était pourtant laissé entraîner sans la moindre hésitation dans cette petite folie marquant la particularité de ce matin, qui n'était pas un matin comme un autre. Agathe avait été encore plus décontenancée (après la douche froide et la serviette douteuse), contrainte de manger son « énorme sandwich » à la saucisse tandis qu'elle aurait rêvé d'autre chose. « Bon c'est vrai, je préfère les petits déjeuners croissants-pains au chocolat. » La façon allègre et intarissable, entrecoupée de grands rires, dont elle en parle aujourd'hui (y compris certaines généralisations abusives sur la culture indigène qu'elle découvrit alors) montre cependant que cet épisode fut un moment fort de leur histoire ; devenu une sorte de fragment d'un petit mythe fondateur. « Ah ! la manière de faire le petit déjeuner, là elle est complètement différente. Nous on est plutôt habitués à avoir un petit déjeuner avec croissants, notre bol de café, on s'assied à table, et voilà quoi. Alors que c'est pas du tout ça, alors que déjà là-bas il n'y a pas de tables, qu'il faut aller dehors pour chercher à manger. Et il revient avec un énorme sandwich, avec du bacon, de la saucisse, le truc anglais quoi, mais en sandwich, et ça on mange ça dans le lit. Tu te dis : c'est pour moi ? qu'est-ce que je fais avec ça ? où est-ce que je me mets ? Tu restes dans le lit en fait. OK. C'est juste pour se nourrir quoi, c'est la culture anglaise. »

Juliette a connu une surprise aussi forte, sans le désagrément du sandwich à la saucisse. C'était avec Olivier, un très jeune amant débordant d'énergie et d'enfantillages. Il revint de la boulangerie non pas avec du pain ou des croissants, mais avec une énorme boîte de gâteaux à la crème et au chocolat. « Il avait été à la boulangerie, et il m'avait ramené religieuses, éclairs, etc. J'avais trouvé ça génial. C'est la première fois qu'on me le faisait ce coup-là ! Ah c'est sympa ! super-sympa ! » Oublié le régime, ignorés les risques d'indigestion. La délicieuse folie de l'instant allait forger des souvenirs inoubliables, pleins d'humour et de poésie. « Il était hyper-marrant. Il était arrivé et avait sauté dans le lit avec sa grosse boîte de gâteaux. » Jamais Juliette ne connaîtrait d'autres petits déjeuners tels que celui-là.

Les croissants équivoques

Les petits déjeuners du premier matin sont très différents entre eux. Parfois des mets surprenants mangés au lit, parfois un dénuement des ustensiles et des aliments, ou au contraire une véritable cérémonie ostentatoire, parfois un calme tête-à-tête, ou une vaste et bruyante tablée familiale. Diversité qui définit justement la particularité de cette dernière scène : elle ouvre sur un univers de socialisation sur lequel la nuit n'a donné que peu d'indications, et qui reste donc à découvrir. D'où les si fréquentes surprises au moment d'effectuer les quelques gestes qui habituellement apparaissent naturels.

Une séquence d'action fait cependant exception. Relativement peu fréquente sous cette forme précise dans la vie ordinaire, elle se trouve être présente dans la plupart des petits déjeuners du premier matin, prenant la forme d'un véritable rituel spécifique. L'un des deux partenaires (généralement l'homme) se lève et va à la boulangerie chercher des croissants. Geste de galanterie et de séduction, envie de plaire, ou peut-être encore plus simplement geste d'amour, envie désintéressée de faire plaisir. Façon aussi de créer (un peu) l'événement. Rodolphe, lui, est resté au lit. C'est Charlotte, parce que la nuit s'était passée chez elle (et peut-être parce qu'elle anticipait ainsi implicitement un futur partage des tâches ménagères), qui est sortie acheter les croissants. Il a beaucoup apprécié cette attention, et en parle aujourd'hui avec une certaine nostalgie, regrettant qu'elle ne se soit guère reproduite les matins suivants. « Ç'a été une bonne surprise. Elle est allée chercher les croissants (il y avait la boulangerie juste en bas de chez elle). Avec le plateau, c'était très bien. Depuis ça ne s'est pas réitéré des masses ! » De nombreuses femmes (en consonance avec le jeu de rôles classiques où l'homme fait preuve de courtoisie) ont parlé encore plus emphatiquement des croissants. Précisément parce qu'elles sont des femmes, et que ce schéma réveille le souvenir historique d'un vieux code galant. « Tu restes au lit au chaud en rêvassant, et tu sais qu'il fait ça pour toi, ton chevalier servant. Il est parti braver le froid dehors pour ramener les croissants à sa belle. C'est bon ! » (Marlène).

Hélas, du côté du supposé héros, la version de l'histoire est moins claire. Certes, certes, il a voulu séduire, et même, qui sait, tout simplement faire plaisir. Son dévouement et sa générosité sont insoupçonnables. Mais, ajoute-t-il volontiers, toutes ses motivations ne se réduisent pas à cela. Il était réveillé, seul, depuis un certain temps, il commençait à s'ennuyer ferme, la moiteur du lit lui devenait collante, il avait envie de se dégourdir les jambes. Et finalement, oui, il sentait comme l'irrépressible besoin d'une fuite momentanée, d'un temps de distance, pour se retrouver en face-à-face uniquement avec lui-même, loin de ce théâtre d'opérations en apparence frivole où étaient peut-être en train de se jouer des choses en fait importantes. « C'est comme un besoin d'air. Dehors c'est aussi pas si mal, tu respires un grand coup. Et puis tu ne fais rien de mal, au contraire tu vas ramener des croissants. Ça te permet de faire le point » (Gérard). Attitude majoritairement masculine mais non strictement réservée aux hommes. Sophie : « Je n'ai pas fui pour une fois, mais je suis quand même partie pour acheter des croissants. J'avais besoin de prendre de la distance. »

Vincent a pensé aux croissants moins pour prendre de la distance que pour libérer le stress accumulé au matin dans la maison endormie. La vache, les souris, les araignées, le pot-pourri, Van Gogh et la fenêtre de la salle de bains avaient mis ses nerfs à rude épreuve. Aglaé, autre tourment, ne semblait toujours pas vouloir se réveiller. Il lui fallait faire quelque chose, sortir de cette maison quasi dantesque. Les croissants auraient dû être une idée toute simple et merveilleuse. Malheureusement il était étranger au village, et ne savait où se situait la boulangerie. Sans compter que les parents d'Aglaé ignoraient toujours sa présence. « Quand je suis parti chercher les croissants, j'avais l'impression de partir comme un voleur, vu que j'étais pas chez moi, que je connaissais pas la maison. Je me suis dit : pour un peu qu'elle se lève pendant que je suis à la boulangerie, elle va se dire : il est parti ! »

Bien que pétris d'amour, les croissants masquent généralement un désir de fuite, plus ou moins grand, plus ou moins temporaire. Pour Rodolphe : très grand et définitif. Il ne s'agit pas ici du premier matin avec Charlotte (qui avait été chercher les croissants), mais d'un autre, avec une jeune fille dont il a oublié le nom (l'a-t-il jamais su ?). Le réveil avait été très désagréablement surprenant. Que diable avait-il fait la veille pour se retrouver dans ce lit, en compagnie d'une inconnue qui ne lui inspirait aucun sentiment aimable, tout au contraire ? Comment se défaire du piège dans lequel il s'était placé ? dire à cette femme qu'il ne l'aimait pas ? comment s'en sortir ? L'idée des croissants lui apparut alors la meilleure. Il annonça qu'il allait en chercher à la boulangerie. « Et puis je me suis barré. »

Malgré les trente kilomètres (parcourus en auto-stop) qui le séparaient de son domicile. Les croissants contiennent le meilleur et le pire, rien n'est vraiment simple au premier matin.

« Le pain était dur »

Juliette a plein de souvenirs merveilleux dans la tête ; les gâteaux à la crème mangés dans le lit avec Olivier ne représentent pas son seul petit déjeuner de légende. Avec Romano il n'y avait pas eu de telles folies, les choses étaient au contraire restées très simples, ordinaires, en famille. Or c'est justement de cet ordinaire familial étonnamment croisé à la magie de l'instant que jaillit une sensation de plaisir, confinant au bonheur. « C'était familial, la petite cuisine qui ne paie pas de mine, la toile cirée, c'était ça. J'avais envie de passer du temps dans sa maison, dans son lieu à lui. De laisser une image, je ne sais pas, de laisser quelque chose. Et il avait des parents tellement sympa que t'étais tout de suite à l'aise. » Juliette était prête à se donner corps et âme à ce lieu, à ne faire qu'un avec lui. Merveilleuse exception. La plupart du temps, en effet, l'ordinaire familial du partenaire apparaît comme une bizarrerie encore plus exotique que les quelques gestes vus à la sortie du lit ou dans la salle de bains. Nouvelle dimension inconnue de sa personnalité, profonde comme une mémoire sans fond [Muxel, 1996]. Une bizarrerie et une zone de danger. Il faut composer une attitude, calculer, ne pas commettre d'erreur. Très vite le partenaire lui-même perçoit les distances à l'œuvre et les antagonismes feutrés. Généralement il choisit son camp, conjugal. S'il préfère le camp familial, l'hôte devenu quelque peu intrus doit en déduire que c'est un mauvais signe. Heureusement pour Anna, Éric avait penché de son côté. Levés très tard, leur premier repas fut en fait un déjeuner. Ils étaient là tout en étant ailleurs, oubliés dans leur bulle silencieuse, au milieu de la tablée bourdonnante. Anna était tremblante de peur. « Ce qui m'angoissait, c'était le repas. On faisait tellement petits gamins dans ce repas de famille, assis l'un à côté de l'autre en se lançant des regards complices. Je me suis vraiment sentie petite, je ne m'y suis pas sentie bien, j'avais la trouille. Éric était aux petits soins avec moi, la famille était très gentille, mais c'était moi. J'avais peur, de renverser une bouteille d'eau, des conneries de ce genre. Quand il voyait que j'étais un peu inquiète, il me faisait une petite tape sur la jambe. »

Le petit déjeuner en face-à-face est plus simple à gérer. La mémoire familiale a néanmoins laissé ses traces dans les objets et les aliments ; aussi naturels et évidents pour l'occupant des lieux qu'ils apparaissent insolites voire incongrus pour le convive invité. Les différences les plus difficiles à assimiler étant celles qui entrent en contact intimement buccal, ce que l'on doit manger. Pour Vincent, ce fut l'occasion d'une seconde confrontation problématique avec la vache et l'univers des produits de la ferme. « Je me rappelle aussi, c'était du lait que j'aimais pas du tout. Parce que c'était du lait de vache, j'étais pas habitué du tout, il avait un goût fort. » Boris, lui, découvrit chez Prudence un monde culturel contrastant fort avec le sien, où le contenu de l'assiette n'était pas une préoccupation majeure. « Le pain était dur de trois jours. Pour le reste, il n'y a jamais rien chez eux, faut tout décongeler. » Pourtant Vincent but son lait « de vache » (*sic*), et Boris mangea son pain dur, accompagné de thé, lui qui n'en boit jamais. « Ça devait être du thé. Pas moi, d'habitude je bois toujours du chocolat. Mais je suis sûr d'avoir pris du thé pour elle. » Il s'en souvient à peine. Car il était parvenu, malgré la surprise, à mettre sa personnalité habituelle, y compris ses goûts alimentaires, entre parenthèses. Bien qu'il n'aimât pas le thé, ce thé faisait partie intégrante du contexte dans lequel il s'insérait, de l'événement qu'il était en train de vivre. Il l'avait bu, saveur étrange dans la bouche, façon encore plus concrète de rentrer dans le « film » de ce fragment de vie décalée. Il pouvait le faire puisque le film n'était pas vraiment lui. Certains éléments étaient cependant plus difficiles à avaler, et ont laissé des traces plus nettes dans sa mémoire : le pain dur, il s'en souvient très bien. La curieuse envolée hors de soi du premier matin n'arrive pas à effacer complètement la personnalité ordinaire.

Face au bol inaccoutumé ou aux tartines singulières, l'invité engage un colloque intime entre lui et lui : doit-il s'immerger et s'oublier tout entier dans ces curieuses manières, ou garder ses distances, s'accrocher au contraire à ses références habituelles ? doit-il accepter de devenir un peu autre ou rester irréductiblement le lui-même ancien ? Sophie ne parvint pas à « trouver sa place » dans la culture indigène. Elle ne parvint pas non plus à donner corps à sa culture personnelle, à faire vivre un minimum ses habitudes ordinaires. D'où une très désagréable sensation de flottement et de vide, source de malaise. « Donc c'était de la gêne, de ne pas savoir où se mettre, de ne pas trouver sa place, pas du tout détendue. C'était pas du tout comme j'avais l'habitude de faire. D'ailleurs j'étais aussi gênée dans le fait de ne rien avoir à faire, d'être là, servie. C'était trop loin de ce que j'avais l'habitude, ça ne m'a pas tellement plu. »

Se crisper sur ses propres marques ne résout pas le problème. Car il faut s'engager, au moins un peu, dans la socialisation particulière du premier matin. Surtout si l'on rêve que l'histoire se poursuive. Or cet engagement est difficile à gérer dans la mesure où la définition de la situation est particulièrement complexe. Qui est exactement l'autre ? amant, conjoint potentiel, ami, étranger aux manies inacceptables ? Quelle relation est en train de s'installer avec lui ? Que souhaite-on vraiment ? Colombine était partagée entre l'envie très forte de continuer l'aventure avec Franck et le désir de ne pas se diluer, d'affirmer dès le début quelques manières d'être personnelles. Le second matin représenta pour elle un enjeu crucial : ayant peur d'une rupture prématurée, elle fit des efforts dans certains domaines, mais en ne cédant rien ou presque dans d'autres. La nudité par exemple, qu'elle pratique très souvent dans son appartement quand elle est seule. « J'ai été chercher les croissants, je suis revenue, je me suis refoutue à poil, et j'ai déjeuné à poil. » Franck était assis en face d'elle, habillé. Nous avons vu qu'il enviait l'aisance de Colombine. Il n'y avait donc pas de confrontation entre eux. Bien qu'invitée, c'était elle qui tentait dès le début d'imposer un système du quotidien dans lequel Franck n'aurait plus qu'à s'intégrer. Elle avait été chercher les croissants, ce n'est pas un hasard : Franck se contentait de suivre le mouvement. Maître des lieux, il prit toutefois l'initiative de disposer la table, avec beaucoup d'attentions, un véritable cérémonial sur fond d'ambiance musicale. À vrai dire cela n'était guère son habitude, il croyait simplement bien faire, être agréable à Colombine. De retour avec ses croissants celle-ci au contraire n'apprécia pas du tout. « Moi le petit déj, c'est le petit déj quoi, il n'y a pas de quoi en faire une cérémonie ! » Elle détesta spécialement la musique, un groupe qu'elle exécrait. « Alors j'ai été éteindre la chaîne. Mais avec un vachement grand sourire, hein ! » Nul conflit, nulle discussion sur la musique ou l'installation de la table, que Colombine ne défit pas. Elle ne voulait pas, dans sa guerre de positions, aller au-delà des limites acceptables par Franck. Elle avait déjà obtenu beaucoup ce matin-là.

« La rose et l'orange pressée, non ! »

Le silence fut encore plus profond entre Vincent et Aglaé. Vincent était revenu de la boulangerie avec un gros sac de croissants, sans doute beaucoup trop gros (on a souvent peur de ne pas en faire assez dans de telles circonstances). Aglaé se réveilla peu après, très douloureusement ; tête lourde, traits durs et bouche close. « On était sur la grande table en bois, pas aux deux extrémités mais presque. Elle, elle était avec son grand verre "Perrier", son aspirine, sa boîte d'aspirine à côté. Moi, j'étais avec mes croissants, en train d'essayer de tous les manger (parce que j'avais du mal !). Et donc on parlait pas. Moi, j'essayais de parler, mais je voyais que ça plaisait pas, donc je parlais plus. Je voulais allumer la télé, hop, elle voulait pas. » Position certes inconfortable pour Vincent, qui vécut un premier matin pour le moins grinçant. Pourtant il y a pire, bien pire, dans des contextes apparemment plus agréables. Car Vincent, bien qu'il eût subi toute une série de désagréments depuis son réveil, n'était pas confronté à une situation trop complexe à déchiffrer. Évidemment tout semblait lui résister, la maison et Aglaé, pas une seule chose plaisante ne lui était apparue depuis qu'il avait ouvert les yeux. Il restait cependant serein, patient, ayant toujours envie de continuer l'expérience avec elle. Un peu retiré intérieurement dans sa tour d'ivoire, il attendait de voir ce que la suite allait lui apporter comme informations nouvelles, avant d'infléchir éventuellement son jugement et de réviser ses projets amoureux-conjugaux.

Juliette était dans un cas de figure quasiment opposé avec Guillaume : tout donnait l'impression d'aller pour le mieux alors qu'elle se trouvait en fait piégée dans une difficulté qu'elle n'arrivait pas à résoudre. Je rappelle quelques faits. Elle se douchait d'abord (aujourd'hui elle a changé) pour mettre en vedette le petit déjeuner, qu'elle adore. Lui, c'était le contraire (et c'est toujours ainsi puisqu'il a imposé son système). Pour tout dire, il accorde si peu d'attention au petit déjeuner qu'il pourrait s'en passer. Or toute une série de matins suivants eurent lieu chez les parents de Guillaume, et là, surprise : une table de rêve était dressée, un petit déjeuner princier ! « Je n'avais jamais vu ça. » Eh bien, que croyez-vous que pensa Juliette ? Après quelques secondes d'éblouissement, elle décida de détester ! « Moi, j'aime mieux plus simple. Griller du pain ou acheter de bonnes confitures, oui ! La rose et l'orange pressée, non ! » Comment comprendre une telle attitude ? Elle adore le petit déjeuner pour les plaisirs de la bouche. Avec la table trop bien mise, elle a flairé un danger d'une tout autre nature : le risque de se trouver enfermée dans un rôle de ménagère, ce qu'elle ne veut à aucun prix. Des aliments agréables, oui ! Un travail exagéré de mise en scène (de surcroît inégalement réparti dans le couple), non ! Le petit déjeuner a précipité Juliette dans un abîme de réflexions et d'hypothèses de négociations futures à l'issue incertaine. Comment faire comprendre à Guillaume qu'elle voudrait à la fois plus et moins ? Comment l'attirer vers elle avec des positions si confuses, alors qu'elle n'est pas en situation de force (elle a cédé sur la douche, et même sur le brossage des dents sous la douche) ? Peut-être songe-t-elle parfois à ce merveilleux petit déjeuner avec Romano, où tout paraissait si simple ? Pas totalement en réalité. Un détail avait un peu gâché la magie de l'instant : sa faim, toujours la même, plus grande que celle de son partenaire au réveil. « Je me souviens, j'avais faim. Et pas spécialement à l'aise, j'osais pas lui demander un autre morceau. Et lui, pas très fin, il ne comprenait pas. » La définition de la situation, amoureuse et enchantée, interdisait d'introduire ce qui aurait pu apparaître comme une critique. Juliette préféra réprimer sa faim, pour vivre son rêve.

Pour vivre son rêve et, seconde motivation, pour ne pas commettre d'erreur. Bien que l'éveil avec Romano fût un véritable enchantement, Juliette ne pouvait pas en effet ignorer ce risque, que tous ressentent au premier matin. Car ce qui n'avait été qu'entrevu à la sortie du lit se révèle plus largement avec le petit déjeuner : derrière la simplicité des gestes et l'ordinaire de la situation, se cachent des enjeux existentiels considérables. L'anodin n'est anodin qu'en apparence, rien n'est gratuit. Le moindre mouvement, la phrase la plus futile peuvent engager l'avenir dans une ou l'autre direction.

« *Tu vois à qui t'as affaire* »

Premier type d'enjeu : le style conjugal. Deux inconnus qui se rencontrent pour la première fois ne peuvent développer une relation sociale sans que chacun « typifie » son vis-à-vis, c'est-à-dire analyse et classe ses attentes, son comportement, son langage, pour s'adapter parfaitement à lui [Berger, Luckmann, 1986]. Peter Berger et Hansfried Kellner [1988] ont analysé l'intensité de ce processus dans le début de la vie à deux : les deux partenaires se transforment profondément, ils changent réellement d'identité, en fabriquant le nouvel univers de signification dans lequel ils s'intègrent. Or tout cela commence très vite, dès les premiers regards, les premiers gestes, les premiers mots. Si le nouveau couple qui s'éveille est promis à un long avenir, les manières de faire qui commencent à s'installer au début sont alors susceptibles d'avoir des effets profonds et durables. Juliette se méfia de la table trop bien mise dans la famille de Guillaume, elle dénonça la rose et l'orange pressée ; Colombine imposa sa nudité et l'absence de musique pendant le repas. Les habitudes s'incorporent très vite et il est ensuite difficile de les modifier [Kaufmann, 1997]. Mieux vaut donc se méfier au moment fondateur, pour éviter d'avoir à mener ensuite de pénibles et souvent vains combats.

Second enjeu (qu'en stricte logique j'aurais dû placer avant) : l'engagement conjugal lui-même. Est-on vraiment décidé à faire un bout de chemin avec « la personne qui est là », voire à essayer de vivre avec ? Si oui, « la personne », en ce qui la concerne, dans quelle disposition d'esprit se trouve-t-elle ? Peut-être n'est-elle guère convaincue ? Pis encore, peut-être est-elle en train de vous observer et de vous évaluer discrètement pour préciser son opinion ? Le premier matin n'est apparemment que mollesse, décontraction, langueur, laisser-aller. C'est pourtant le moment ou jamais de surveiller ou de se surveiller, de faire bonne figure. Gildas est le champion absolu de l'observation détaillée, quasi expérimentale. Le petit déjeuner est pour lui l'épreuve cruciale, un véritable test de laboratoire, qu'il fait subir à des candidats qui naïvement ne se doutent de rien. L'exercice commence par une analyse directe du petit déjeuner, les manières de table étant dans l'esprit de Gildas en elles-mêmes une donnée importante. « Je ne suis pas vraiment maniaque, mais un peu prout quoi, j'aime bien que les gens sachent se tenir à table, plein de petites choses. Donc je fais très attention à ça. Avant de discuter avec la personne, je vais regarder comment elle se tient à table. » Au-delà, le petit déjeuner est l'occasion d'une double expérimentation. Hors de la socialisation particulière du lit, il permet de tester comment « la personne » se comporte dans la vie sociale ordinaire, tant du point de vue des façons de faire concrètes, que de la conversation, témoignant d'une éthique et d'une culture qui étaient restées jusque-là extérieures au champ des préoccupations. « Des mecs cons comme la lune, ça arrive. Ou un mec qui mange comme un gros porc. Ou une fois au contraire, un universitaire qui avait la grosse tête. Je me suis dit : "Qu'est-ce que j'ai ramené à la maison ? Il va me prendre pour un petit con, un branleur." »

Le test était spectaculairement négatif, Gildas sentit un malaise l'envahir, précipitant sa décision. « Dans ces cas-là, très très mal à l'aise, c'est la fuite, faut que je trouve une excuse. » Généralement l'évaluation est moins brutale. Il observe avec attention mais tranquillement, stockant les informations qui alimenteront une réflexion ultérieure. Sa préoccupation immédiate est de bien définir à qui il a affaire. « Je n'analyse pas sur le moment. Tu manges avec lui, tu vois s'il sait tenir une conversation, s'il mange proprement, des petits détails qui pour moi sont importants. Après tu vois à qui t'as affaire. » S'il n'alimente pas trop directement la réflexion ouverte, ce cadrage ne tarde pas à produire des sensations diverses. Agacement quand « l'autre n'est pas à la hauteur » ; malaise quand « c'est moi qui suis pas à la hauteur ». À un certain degré d'intensité, agacement ou malaise pèsent alors sur la décision, sans même qu'il soit besoin de réfléchir.

Si j'ai accordé une large place aux petits déjeuners de Gildas, c'est parce que les cas extrêmes permettent de comprendre plus clairement. Ils ne doivent cependant pas être exagérément généralisés : Gildas et son test ne sont guère représentatifs. Souvent en effet l'observation est plus molle, à la dérobée, non systématique, opérée malgré soi, seulement quand le regard est accroché par un détail. Ou, lorsque comme pour Colombine elle est plus appuyée, c'est davantage par curiosité que dans un protocole strict d'évaluation. « J'ai regardé sa façon de manger, comment il trempait son chocolat dans le bol, s'il était avachi sur la table. Je l'ai épluché un peu au petit déjeuner, j'ai regardé ses genoux, ses mains, ses ongles, le personnage physique et l'attitude, le comportement. Par curiosité, parce que je m'interrogeais sur ce personnage. »

« *Tout va se jouer à ce moment-là* »

Au petit déjeuner, les deux partenaires s'observent, même quand ils ne veulent pas s'observer. Ils se voient d'une manière nouvelle, découvrant avec surprise les facettes ignorées d'un personnage qu'ils croyaient pourtant connaître puisqu'ils avaient partagé son intimité rapprochée. Or le lit n'avait pas tout dit malgré la chaleur des échanges. La table, le bol et les tartines ont d'autres secrets à révéler. « Là tu te dis, dans le quotidien, dans ce que t'as de plus int..., pas de plus intime, mais c'est très révélateur quelqu'un dans sa vie de tous les jours. Et puis là c'est vraiment que tous les deux, le regard de l'autre est vraiment focalisé sur toi, et vice versa » (Virginie).

Virginie n'avait guère observé Raoul, qu'elle détesta dès le premier regard : elle n'avait donc guère besoin de le considérer davantage. Il lui était par ailleurs égal d'être ou non scrutée et jugée par lui. Inversement, elle tente d'imaginer un premier matin avec un partenaire dont elle serait follement amoureuse. La volonté de bien faire et de plaire serait telle qu'elle en est sûre : elle perdrait ses moyens. « Je serais très mal à l'aise, très gauche, je m'embrouillerais dans le maniement des casseroles, et préparer le petit déjeuner, et servir, et après pour beurrer ses tartines devant lui, et tremper dans le chocolat, et éviter que ça me coule sur le menton devant lui. Oh là là ! pas à l'aise, non ! Parce que tu l'aimes, que t'as l'impression que tout va se jouer à ce moment-là. C'est le truc crucial. »

Curieux paradoxe : Virginie se sent à l'aise quand elle n'aime pas, et mal à l'aise quand elle aime. Paradoxe curieux uniquement en apparence. Car l'amour réel est très loin du monde imaginaire fait de limpidité et d'évidence qui est souvent dépeint. S'engager dans une trajectoire conjugale nécessite un travail et une compétence. Pour les deux partenaires qui sortent du lit, la complicité de l'intimité sexuelle-sensuelle pèse soudain moins lourd face aux enjeux qui commandent de manœuvrer serré. L'aisance est souvent synonyme de détachement, d'indifférence. Au contraire il y a stress et malaise parce que l'on ne veut surtout pas commettre d'erreur, parce que la réussite de l'opération tient plus que tout à cœur. Je l'ai déjà dit : l'amour et la peur sont étroitement mêlés. Il n'est donc pas étonnant que la peur étreigne jusqu'au frisson quand on aime très fort.

Il est beaucoup plus surprenant que cette angoisse amoureuse pousse à tricher, à se montrer autre que ce que l'on est vraiment. Le rêve n'était-il pas au contraire l'authenticité absolue ? Au premier matin, ce principe de vérité et de transparence (qui avait pu faire illusion dans le cocon-lit) est remis à plus tard au moment de se mettre à table. Oublié le naturel, oubliée la spontanéité. L'urgence enjoint de composer un rôle, et de jouer juste, selon le scénario que l'on imagine le mieux adapté à la situation. Entre des banalités sur les tartines ou le bol de thé, Virginie tourne sa langue sept fois dans sa bouche avant de prononcer la moindre phrase qui pourrait être **mal** perçue. « Je réfléchis avant de parler, je ne dis pas ce qui me passe par la tête. » Il ne faut surtout pas faire d'erreur, être à la hauteur ; la tactique de présentation de soi est essentiellement défensive. Ce qui explique les conversations pauvres et les fréquents silences (mieux vaut ne rien dire que commettre une faute). Les tactiques plus offensives, toujours dirigées vers le même objectif mais de façon active (plaire, impressionner), peuvent conduire à l'inverse à des flots de paroles, à des débordements gestuels, à des étalages ostentatoires. Gildas, toujours excessif en matière de petit déjeuner, organise un véritable cérémonial, en rupture avec son ordinaire. « Habituellement c'est plus rapide, je ne vais pas mettre les tranches de pain dans une assiette, etc. Là, je sors la faïence anglaise. »

Les routines qui d'ordinaire tiennent l'existence ne sont plus en ces matins d'aucun secours, il est nécessaire d'improviser et de faire effort sur soi. Surtout pour le maître des lieux, qui se doit au minimum d'être un hôte attentif. « J'étais chez moi, hein. Bon, c'est évident, tu fais attention à l'autre, tu lui demandes ce qu'elle veut pour le petit déjeuner, tu lui trouves une chaise, etc. » (Pierre). L'importance de l'enjeu, la peur, ou la simple envie de plaire poussent alors à ne pas se contenter de quelques mots ou de quelques gestes, à en faire beaucoup plus. Erika, très satisfaite de sa nuit, était prête à tout pour prouver sa reconnaissance et son envie de poursuivre avec Luc. « Ça ne me dérangeait pas, j'étais heureuse de le faire. J'étais aux petits soins, je lui ai beurré ses biscottes. J'avais tellement envie de faire plaisir ! Ensuite j'ai fait la vaisselle. » Or, rappelons-nous Juliette condamnant la rose et l'orange pressée, et contrôlant les gestes du premier matin pouvant inscrire de dangereuses habitudes : le cas de figure est ici exactement inverse. Erika ne veut pas sacrifier le présent pour conjurer un avenir ménager éventuellement détestable. Elle veut faire plaisir, tout de suite, sans autres considérations. Les options sont donc multiples selon les choix de chacun : maîtrise des engagements ou séduction spontanée, hypothèses d'avenir ou culte du présent, composition d'une attitude ou affirmation des manières personnelles, etc. Rien n'est défini d'avance, tout est possible, et tout aura des effets considérables sur le présent et l'avenir. Surtout dans cette dernière scène, celle du petit déjeuner, où s'opère la transition avec la vie ordinaire. Les enjeux sont réellement importants. Il ne s'agit pas seulement de calmer l'angoisse et de se sentir à la hauteur. Mais de poser les bases d'un futur dont la forme commence à se décider ici et maintenant. Si le premier matin est en même temps le dernier entre les deux partenaires, cela n'aura guère de conséquences, et les manières d'être autour du bol et des tartines resteront des banalités très banales. Si par contre il doit y avoir une suite, alors le geste le plus insignifiant est à considérer comme un geste fondateur, qui aura des répercussions en chaîne dans toute l'histoire conjugale.

« On s'embrassait beaucoup, ça remplissait les blancs »

Le silence règne lors des petits déjeuners au premier matin. Pour ne pas fausser l'analyse, il convient d'ajouter qu'il règne également lors des petits déjeuners ultérieurs [Brown, Fougeyrollas-Schwebel, Jaspard, 1991]. Les raisons ne sont cependant pas identiques. Concernant les petits déjeuners ordinaires, le silence s'explique par les difficultés de l'éveil. Renouer le fil biographique et entrer dans la journée n'est déjà pas simple en solo : le processus est compliqué d'autant quand il se croise avec une conversation conjugale. Mais, le premier matin, ce confort identitaire ne pèse plus d'aucun poids face au désir de plaire au partenaire, l'envie de parler est au contraire très grande. Le problème est ailleurs : on ne sait pas quoi dire. Le silence devient plus épais et plus audible que dans le cocon-lit, où il était par ailleurs masqué par la somnolence, les bisous et autres caresses : le face-à-face surprend par ses vides. Chacun murmure des bouts de phrases qui rarement parviennent à construire une vraie conversation. Parce que chacun a peur de commettre une erreur, que l'autre est devenu beaucoup plus indéfinissable depuis qu'il est sorti du lit, que l'avenir de l'hypothétique équipage est très incertain. Il manque de repères, et les mots sont piégés. Y compris les mots d'amour et les petits mots doux prononcés il y a peu dans le lit, qui deviennent indicibles tant que l'avenir n'est pas mieux dessiné. Circonstance aggravante : les routines, qui permettent habituellement de s'ancrer sur une base solide quels que soient les tourments de l'échange verbal, ne font pas ici leur office puisque tout n'est qu'étrangetés et bizarreries mutuelles. La situation confine au surréalisme. Car, entre ces deux personnes qui viennent de se connaître si intimement, le seul noyau de vérité commune autorisant une communication fluide et sans risque est fondé sur les « menus propos » [Goffman, 1988] du présent partagé le plus banal. « T'as bien dormi ? » avait demandé Boris dans le cocon-lit. Colombine semble poursuivre sur le même registre avec ses questions à propos du pain au chocolat. « Moi, j'étais à poil sur ma chaise, lui en face, en tee-shirt et caleçon. Et il me regardait. On ne s'est pas dit grand-chose :

93

— Il est bon, le pain au chocolat ?

— Oui, il est bon. »

Le pire est que ces quelques mots nécessitent un effort. Aussi pauvres soient-ils, il faut parvenir à les trouver ; ils ne réussissent pas à combler tous les blancs. Engrenage pervers du malaise diffus. La peur et la gêne approfondissent le malaise, générateur en retour d'une gêne encore plus grande, et d'une difficulté accrue à rompre le silence, etc. « J'étais embêtée de ne pas savoir quoi dire, ça m'a demandé un effort. C'était pas pesant, mais c'est vrai que c'était un petit peu gênant. » Et, poursuivant son récit, Fanny, explique très bien comment gêne et silence laissent la place libre aux questions (qui ne vont pas rendre les choses plus simples). « Tu sais pas quoi dire, tu ne sais pas trop ce que pense l'autre à propos de la nuit que tu viens de passer. C'est là que tu te dis que pour toi c'est important. » Comment diable cette importance, ce dessein amoureux peuvent-ils se concilier avec ces mots si brefs et ces silences ? Le décalage entre ce qui est rêvé et ce qui est dit est secrètement désagréable. D'où la nécessité d'introduire des artifices divers (dont les baisers, déjà utilisés dans cette fonction dans le cocon-lit) pour masquer les vides. « Ç'a été encore un moment d'observation. Je ne savais plus trop quoi lui dire. Et il n'était pas très causant non plus. Comme on était assez pressés, ç'a permis d'accélérer les choses. Je me rappelle : on s'embrassait beaucoup, ça remplissait les blancs. Et on a dû mettre de la musique aussi » (Fanny).

Quelques petits artifices généralement suffisent. Car il est rare que la gêne soit vraiment oppressante. Elle est plutôt diffuse, étrange, comme tout ce qui touche au premier matin. En vérité, cette étrangeté tient à un caractère structurel du silence : il est contradictoire. Selon ce qu'en font les deux protagonistes, il peut en effet soit aggraver le malaise et distendre le lien, soit au contraire constituer un élément légitime de la fondation conjugale. Mais il faut pour cela parvenir à se pénétrer de sa plénitude, de la plénitude du vide de conversation ! Ce n'est pas impossible. Souvenez-vous de Tristan dans le cocon-lit, avec ses « attitudes toutes simples [...] sans avoir besoin d'aller chercher des artifices » qui sont pour lui les preuves de la capacité profonde à « être ensemble ». La communion intime établie sur la plénitude vide peut se poursuivre au petit déjeuner. Colombine n'avait parlé que de pains au chocolat ? Qu'importe ! « Mais c'était un moment important, à ne pas rater, hyper-sain, comme quand tu te réveilles chez toi et que t'as une jeunesse heureuse : tout va bien, tout est beau, t'as pas besoin de parler, tu manges, tu penses pas. »

« C'était le jour et la nuit »

Que la gêne soit palpable ou diffuse, que les blancs de la conversation soient intolérables ou signes du bonheur simple d'être ensemble, le petit déjeuner débouche sur un questionnement majeur : de quoi sera fait demain ? Parfois l'engagement préalable à la nuit avait déjà dessiné les grandes lignes de l'avenir. Mais cette fameuse nuit justement, qui peut affirmer qu'elle n'a pas troublé les esprits ? Sous la douceur et la banalité apparentes, le premier matin est l'occasion de dresser le bilan. Le plus souvent, rien n'avait été vraiment écrit à l'avance, les deux protagonistes s'étaient trouvés entraînés dans l'aventure amoureuse sans préméditation ni projet clair. Au matin, alors, il faut soudainement décider, choisir entre la fin immédiate de l'histoire et une poursuite de l'expérience. Le cocon-lit a déjà donné des indications précieuses : les sensations de bien-être incitent à prolonger les échanges. La sortie du lit hélas a introduit une rupture, durci le regard et refroidi les élans, libérant un questionnement qui se manifeste plus frontalement au petit déjeuner. L'autre est là, en face, étrangement réinscrit dans des manières de faire ordinaires et quelque peu bizarres. La suite de l'histoire à deux prend un autre sens que dans l'épisode du cocon-lit ; entre tartines et bol de café, le doute peut s'installer. Continuer ou pas ? Et l'autre, en face, que pense-t-il ? Le silence et les banalités échangées ne donnent que de faibles indices. Pour Virginie, aucun. « Je ne savais même pas s'il allait rester là le matin, s'il n'allait pas partir après le petit déjeuner. » Le couple se joue dans ces moments décisifs.

Cette situation décisionnelle du premier matin contraste avec ce qui se passait il y a une ou deux générations. L'avenir au contraire avait été écrit à l'avance, et le matin prenait la forme d'un rite de passage, notamment le petit déjeuner, dont Georgette a encore aujourd'hui des souvenirs scintillants de bonheur. Pourtant, la scène n'avait rien eu de fastueux. « La vie continuait, on ne cherchait pas à se mettre en valeur, on était naturel, tout à fait naturel. » C'était pendant la guerre, et les pauvres aliments autorisés ne permettaient pas un repas de fête, le beurre était compté, des croissants auraient été impensables. « Oh non ! dans ce temps-là, faut se reporter à l'époque. Notre café n'était pas fameux non plus, mais c'était très bon quand même. » Georgette avait préparé le plateau, et l'avait porté, les mains tremblantes d'émotion, sur la petite table du salon, où l'attendait Léon. Rien de magique en apparence. « J'avais mis le plateau, avec nos deux bols, le beurre et la confiture. Enfin il y avait ce qu'il fallait. » Absence de magie en apparence seulement. Car dans leurs cœurs l'événement était considérable.

D'abord pour Léon, qui patientait déjà depuis un bon moment, sans un mot, assis au salon : il était devenu quelqu'un d'autre, un mari ; sa femme allait le servir. Et surtout pour Georgette. Jusque-là elle avait eu l'impression de n'être qu'un pion dans sa famille d'origine. Il lui fallait obéir aux ordres, agir selon des règles, qu'elle acceptait mais qui n'étaient pas les siennes. Elle souffrait de plus en plus de ce manque d'autonomie. Seul le mariage pouvait la délivrer. Or la première marque concrète de cette liberté personnelle, ce fut justement ce plateau préparé et amené au salon. Non seulement elle était devenue autre, femme de Léon, mais pour la première fois elle avait la sensation d'être la maîtresse de sa propre vie, ou du moins de sa maison. « Coupure formidable », comme le jour s'oppose à la nuit, aube de sa vie adulte : le tremblement de ses mains témoignait de l'émotion ressentie. « J'avais eu le bonheur de mettre nos deux déjeuners sur un plateau, de mettre notre pain grillé. C'était le jour et la nuit, ç'a été une coupure formidable. » Une coupure néanmoins guère explicitée dans la conversation, là aussi d'apparence très banale, mais qui ne doit pas tromper. Car secrètement l'intensité de l'événement était bien ressentie, incitant à prolonger le temps. « On a pris notre temps, on est resté à bavarder, on était décontracté, on a pris beaucoup de temps à déjeuner. »

Les émotions du premier matin ne sont donc pas une donnée historiquement nouvelle : le moment était fort aussi autrefois. Pas de la même manière cependant. Ce qui a le plus changé, c'est l'ouverture de l'avenir, grosse de réflexivité et de questions, exigeant parfois des réponses dans l'instant. Ainsi que les surprises au réveil, tantôt agréables, tantôt désagréables. J'évoquerai d'abord les plus pénibles : le lendemain de la nuit d'amour n'est pas toujours un enchantement.

DEUXIÈME PARTIE

HORREURS ET BONHEURS
DES PREMIERS MATINS

Les matins chagrins

« Je ne saurai jamais combien de temps je restai ainsi,
étendue, glacée dans tous mes membres : les morts ont
sans doute une rigidité pareille dans leur cercueil. Je
sais seulement que j'avais fermé les yeux et que je
priais Dieu ou n'importe quelle puissance du ciel, pour
que tout cela ne fût pas vrai, pour que tout cela ne fût
pas réel. Mais mes sens aiguisés ne me permettaient
plus aucune illusion : j'entendis dans la chambre voi-
sine des gens parler, de l'eau couler ; dehors, des pas
glissaient dans le couloir et chacun de ces indices attes-
tait implacablement le cruel état de veille de mes sens.
Je ne puis dire combien de temps dura cette atroce
situation : de telles secondes ne sont pas à la mesure
de la vie ordinaire. Mais soudain, je fus saisie d'une
autre crainte ; la crainte sauvage et affreuse que cet
étranger, dont je ne connaissais même pas le nom, ne
se réveillât et ne m'adressât la parole. Et aussitôt je
sus qu'il n'y avait pour moi qu'une seule ressource :
m'habiller, m'enfuir avant son réveil. N'être plus vue
par lui, ne plus lui parler. Me sauver à temps, m'en
aller, m'en aller, pour retrouver de n'importe quelle
manière ma véritable vie, pour rentrer dans mon hôtel
et aussitôt, par le premier train, quitter cet endroit mau-
dit, quitter ce pays, pour ne plus jamais rencontrer cet
homme, ne plus voir ses yeux, n'avoir pas de témoin,
d'accusateur et de complice. »

Stefan Zweig,
Vingt-quatre heures de la vie d'une femme[1].

1. Traduction française d'Alzir Hella, © 1981, 2000, Alzir Hella
et Éditions Stock.

« Monsieur ours »

Vivre un premier matin enchanteur n'est pas donné à tout le monde. De nombreuses conditions doivent en effet pour cela être remplies, à commencer par la simple capacité à se lever du bon pied. Or nous avons vu qu'elle était inégalement répartie : certains souffrent de façon chronique d'éveil lent et douloureux. Charles-Antoine tout particulièrement. « J'aime bien être peinard le matin, parce que je suis fatigué, parce que je suis un dormeur, et je suis plutôt du soir. Alors le matin j'aime bien avoir la paix, même si c'est quelqu'un à qui je tiens. J'aime bien être tranquille. » Il aime bien être tranquille tous les matins, qu'il y ait eu ou non nuit d'amour préalable. Les matins d'amour cependant sont beaucoup plus difficiles à gérer. Car « la personne qui est là », même si elle ne demande rien, exige des attentions, des paroles, des efforts. Charles-Antoine sent qu'il ne répond pas aux attentes, ce qui le met mal à l'aise. Or, circonstances aggravantes, les divers exercices nocturnes l'ont rendu encore plus fatigué que d'habitude. Dans l'enquête, les entretiens commençaient par une question très libre et ouverte : « Les divers premiers matins que vous avez vécus, cela vous évoque quelles idées ? Quels souvenirs vous reviennent d'abord ? » Charles-Antoine n'a pas hésité une seule seconde avant de répondre. « C'est pas des matins après avoir bien dormi. En général, ma première impression au premier matin, c'est le manque de sommeil. Crevé. Fatigué. » Il ne se sent pas bien. Il n'a aucune envie de parler. Il s'enferme dans son silence.

Pénibles pour celui ou celle qui a un réveil difficile, les premiers matins le sont encore plus pour le partenaire. Virginie est, aujourd'hui encore, révoltée par la grognerie taciturne de « Monsieur ours », si éloignée du personnage exubérant et séducteur de la veille. Le premier matin fut une véritable révélation négative, une expérience cauchemardesque. « Moi, dès que je me réveille, putain ! j'ai envie de parler, j'ai des tas de choses à dire ! Lui au contraire, je l'ai appelé plus tard "Monsieur ours". C'était taciturne et grognon. Pour lui il faut que le bol de café soit passé dans le tube digestif avant de pouvoir prononcer un seul mot. C'est un truc que je ne comprends pas. »

Le manque de sommeil n'est pas la seule circonstance aggravante. Nous verrons plus loin comment dans les nouvelles modalités d'engagement amoureux, la fête et l'alcool jouent souvent désormais un rôle central. Mais le prix à payer est très élevé au matin. Alors qu'il faudrait être frais et dispos, tendre et attentionné, pour jouir des grâces particulières du premier matin, la lourdeur de la tête et l'empâtement de la bouche restreignent les préoccupations (dans les cas extrêmes) à la simple sauvegarde du minimum de présentation de soi. « J'ai connu d'autres matins où tu ne te poses même pas la question de savoir à quoi ressemble ton matin. T'as une gueule de bois tellement impressionnante... c'est le naufrage ! T'essaies juste d'atténuer le bordel qui t'assomme. Les matins de lendemain de pochetronerie, le seul enjeu de la matinée, c'est de sortir de sa gueule de bois. » Boris ne lésinant pas sur la dose d'euphorisant, son cas est un peu extrême, et les dommages matinaux particulièrement lourds à gérer. À un degré moins intense par contre, les premiers matins pâteux et grinçants pour cause d'emballement festif mal contrôlé sont courants. Charles-Antoine signale cette fatigue particulière ajoutée à sa fatigue habituelle. « On s'était couché à 4-5 heures du matin, en sortant de boîte, après avoir un peu bu. Le matin... » « Le premier matin, il faudrait le dire franchement, c'est d'abord un peu de gueule de bois. T'es pas toujours très bien » (Walter). Matin chagrin pour soi ; matin chagrin pour le partenaire aussi, qui, outre qu'il n'a pas toujours lui-même l'esprit très clair, doit contempler le triste spectacle, si éloigné des promesses de la nuit. Vincent se souvient de sa longue observation d'Aglaé, mine fermée, silencieuse, tout au bout de la grande table avec son verre d'aspirine, cependant qu'il tentait de manger les croissants. Les péripéties diverses avaient été plus désagréables les unes que les autres depuis le réveil. Mais les souris, les araignées, Van Gogh, etc., tout était déjà oublié : bien plus préoccupant était ce visage énigmatique et muet. Heureusement, Vincent le trouvait encore beau à regarder malgré son aspect renfrogné. Ce qui ne fut pas le cas de Juliette, découvrant un Guillaume absolument méconnaissable. Leur histoire avait commencé la veille, entraînés tous deux dans la « Fête de la Musique ». Pour une fête, cela avait été une vraie fête ! Et Juliette sentit lourdeurs et grincements l'accabler au matin. Mais le pire fut d'apercevoir cet autre Guillaume. « Il avait une tête ! On aurait dit Gainsbourg ! »

« Qu'est-ce que j'ai fait ? »

« Il y a des petits matins glauques. Ça dépend de l'état de la veille. Un matin je ne savais plus avec qui j'étais. » Manuel garde en mémoire l'intensité de sa surprise. Dans les moments ordinaires, les surprises, même les plus grandes, ouvrent une parenthèse autour de l'identité bien installée. Lors des premières secondes de l'éveil au contraire, cette base identitaire est fragile ou absente, le fil biographique n'étant pas encore bien renoué. La surprise est alors beaucoup plus désagréable et déstabilisante. Aux soucis prosaïques dus aux excès de la veille s'ajoute l'embarras de la perte des repères

104

identitaires ; le premier matin est doublement chagrin. « Tu ouvres les yeux, tu regardes autour de toi, tu te dis : Où est-ce que je suis ? Qu'est-ce qui s'est passé ? Qu'est ce que j'ai fait ? » Quelques secondes de flottement. « Et puis tu sens un corps à côté de toi, tu te dis : OK ! » Manuel commence à être un habitué. La répétition de la scène lui permet aujourd'hui de limiter l'incertitude. Il lui suffit de sentir le « corps à côté » (même s'il ne se souvient pas encore à qui appartient ce corps) pour être rassuré et retrouver ses marques : « OK », c'est un premier matin, après une soirée agitée. Il gère désormais si bien la surprise que le désagrément est presque effacé. « En fait, c'est marrant. » Rodolphe, lui, n'est pas parvenu à ce stade, et les flottements du matin ne le font pas du tout rire. Il ressent lourdement le malaise. « Une fois, je ne savais même pas son prénom, je ne savais même plus où j'étais. La catastrophe ! La catastrophe ! »

Passé le moment de flottement, l'autre est vaguement typifié, et inscrit dans la courte suite biographique (qui n'a parfois commencé que le soir précédent). Hélas, bien souvent il n'est plus le même, parce que le contexte est radicalement différent. Et il a davantage perdu que gagné en qualités diverses. « Je l'avais rencontré la veille. Il y avait eu de l'alcool et ces choses-là. Donc le lendemain matin tu retombes un peu. Surprise ! » (Sophie). Tout dépend alors de l'ampleur de la retombée. Celle-ci se mesure très rapidement par les sensations éprouvées dans le cocon-lit. Très concrètement : la personne est ou n'est pas désirable. Il ne s'agit pas ici obligatoirement de rapports sexuels, mais du simple fait de la toucher, de s'en rapprocher ; les caresses sont un signe décisif. Erika distingue dès la seconde de l'éveil quand un premier matin est chagrin. « Dans ce cas-là, je n'ai pas envie de toucher l'autre. » Au-delà du strict toucher, c'est la question du goût (ou du dégoût) qui est la plus discriminante : a-t-on ou non du goût pour l'autre, ou au contraire des réactions de dégoût ? Le dégoût s'efface dans les relations d'intimité fusionnelle [Fischler, 1993]. L'attirance (ou la répulsion) est à la fois globale, et mesurée pratiquement par la bouche, l'instrument du goût *stricto sensu*. Les petits bisous, qui parfois n'ont pour fonction que de remplir les blancs de la conversation, sont aussi les outils et les preuves irréfutables de l'envie mutuelle fondatrice de la relation conjugale. Pour Erika, caresses, baisers et authenticité du lien ne font qu'un, unis dans un même ensemble, qui la prend ou ne la prend pas, dès qu'elle se réveille. « Parce que pour moi, c'est harmonieux ou ça ne l'est pas. » Quand elle n'a « pas envie de toucher l'autre », elle sait immédiatement que l'histoire s'arrêtera là.

La décision est rarement aussi nette. Les sensations du cocon-lit ne sont que des indices, qui ne disent pas toujours tout clairement. Le goût pour l'autre peut déboucher sur des mésententes froides après la sortie du lit. Inversement, les sensations initiales les plus désagréables peuvent malgré tout engager dans une trajectoire conjugale. Les premiers matins chagrins ne condamnent pas systématiquement l'avenir amoureux. Virginie est bien placée pour le savoir. Tout avait mal, très mal commencé avec Léopold. Depuis la veille déjà, qui n'eut rien de romantique. Ils étaient avec un groupe d'amis, garçons et filles, dans un camping. La soirée s'éternisa, à boire et à plaisanter. Léopold, plutôt taciturne, ne plaisantait guère, mais il buvait beaucoup. « Il était complètement bourré. » Il s'approcha de Virginie, tenant des propos incohérents. « Il ne m'intéressait pas. Il me parlait de chèvres, de je ne sais quoi, je ne comprenais rien. » Pendant ce temps, les couples se

formèrent autour d'eux, et subitement ils se retrouvèrent seuls. « Tous les deux, comme deux imbéciles. »
Virginie n'était pas loin d'éprouver de la répulsion.
Mais la norme du groupe (tous les autres étaient partis
en couple) l'incita à poursuivre avec Léopold. Sans ce
concours de circonstances, « on n'aurait pas accroché ».
Leurs échanges amoureux ne lui laissent pas
aujourd'hui des souvenirs impérissables. « On a dû
s'embrasser, quelque chose comme ça, sur le chemin.
Il était quand même dans un état second. » Pas plus
que leurs ébats nocturnes, promptement expédiés. « On
s'est endormi très vite. » « Et quand il s'est réveillé le
matin (il était là à émerger un peu), il m'a regardée
avec des yeux ! de l'air de dire : Mais t'es qui, toi ?
J'étais pas trop contente, c'est un peu vexant. Tu te
poses des questions. Tu ne le connais pas bien, il a pas
l'air très net, il m'avait pris la tête (il ne racontait que
des conneries). Il ne se rappelait même plus mon prénom ! » Matin particulièrement chagrin donc. S'ils
avaient été seuls en face-à-face, leur histoire aurait sans
doute pris fin aussitôt. Mais les autres, autour d'eux,
étaient désormais en couple. Virginie n'avait pas eu
jusque-là beaucoup d'occasions de rencontres, et ne
voulait pas briser trop vite cette expérience. Elle laissa
donc une deuxième chance à Léopold. Le moins que
l'on puisse dire est qu'il ne sut guère la saisir. L'unique
souvenir de Virginie est la scène ubuesque au moment
de s'endormir. « Quand t'as deux sacs de couchage normalement tu les mets ensemble, ça te fait un grand.
Non, lui il avait SON sac de couchage, et moi j'étais
dans le mien : pas de contacts ! Ça faisait mal : t'as une
relation et tu souffres à donf, comme si ça faisait déjà
trois ans que t'étais avec le mec. » Le deuxième matin,
au réveil, Virginie explosa, jetant de colère le sac de
couchage au visage de Léopold. « Je pétais les plombs,

je faisais une crise comme je n'en avais jamais fait, je me mettais à tout casser. Ç'avait donc failli finir très vite. » Il y eut pourtant un troisième matin, et beaucoup d'autres, dont certains, nous le verrons, enchantés. Les débuts d'une relation ne disent pas toujours ce qu'elle sera par la suite.

« On évite même de se parler »

Gildas n'est ni aussi expéditif dans son jugement qu'Erika, ni aussi patient que Virginie. Il se méfie des sensations du cocon-lit, qui ne disent pas tout. Il attend le petit déjeuner, et la conversation qui l'entoure, pour se faire une idée plus précise. « C'est là où tu te rends compte de la véritable personnalité des gens. Avant tu vas en boîte, tu le ramènes, tu couches, bon. Le matin tu vois vraiment à qui t'as affaire. » Alors le matin peut devenir très chagrin. « C'est là que tu te prends une grosse baffe, parce que tu te rends compte que t'es tombé sur un vrai con. Ou une fois je suis tombé sur un intello, mais j'étais carrément bloqué tellement il m'impressionnait, et je ne savais pas quoi dire, j'avais l'impression d'être un gros nase. » Quand le fossé se creuse entre les deux partenaires, quand le malaise s'installe, quand l'indécision grandit pour savoir qui est qui et de quoi sera fait l'avenir, la conversation la plus banale devient elle-même problématique. « Tout devient négatif en fait, plus rien à dire (qu'est-ce que je vais lui dire ?), t'as plus rien à dire » (Erika). Ne reste donc plus qu'à se séparer.

Pour Agathe (il ne s'agit pas de sa rencontre avec John), cela ne fut pas trop délicat dans la mesure où « la personne » semblait ressentir le même désir de sortir de la pénible incertitude. « La personne avec moi, on se demandait ce qu'on faisait ensemble. » Il suffisait donc de gérer les modalités concrètes de la séparation. Pour cela l'important était surtout d'éviter tous les pièges qui peuvent entraîner dans une histoire qu'apparemment aucun des deux ne souhaite voir continuer. Il faut à cet instant se méfier du quotidien, des gestes, des paroles, qui très vite établissent un système d'habitudes et d'échanges dont il devient par la suite difficile de se déprendre. Agathe a quelques principes clairs, qu'elle généralise à tous les matins chagrins. « Ah non, pas de petit déjeuner ! On évite le petit déjeuner ! On évite même de se parler : on se lève et on s'en va ! » D'autres utilisent le rire, l'ironie et la dérision, pour bien délimiter la portée des événements qui ont précédé : ce n'était que pour une nuit.

La pénibilité provient du changement de définition de la situation, qui est vécu comme un refroidissement du lien, un engagement soudain revu en baisse. L'autre, il y a quelques instants si proche, est remis à distance. Par mille petits détails, chacun indique qu'il est en train de trahir la chaleur de la nuit. « Il y a une culpabilité des deux côtés, parce qu'on s'était un peu engagé. Donc tu te demandes si t'es pas allé trop loin, si t'as bien fait. La situation est délicate. À un moment ou à un autre, il va bien falloir donner des explications » (Charles-Antoine). Explications en réalité rarement données. Ce sont surtout les manières de faire et de parler qui marquent le changement de définition de la situation. Bien qu'il soit très pénible, le « refroidissement » est donc nécessaire à opérer quand il n'y a pas souhait de poursuivre l'expérience. Sinon le quotidien entraîne très vite dans sa logique de structuration répétitive.

Le risque d'engagement involontaire dans la relation est plus fort quand le matin chagrin n'est pas unanimement partagé, quand l'autre, contrairement à soi, semble agir et parler de manière à installer l'histoire dans la durée. « La personne déjà je me demande pourquoi j'ai été chez elle, je me demande pourquoi, là, tu sais quoi... Et puis le matin... Le matin tu te retrouves tout con, parce que tu sais pas comment partir » (Rodolphe). Pourtant il faut alors réagir vite, et fermement. Car le piège peut se refermer de façon sournoise. Or la procédure est particulièrement délicate. Non seulement l'ambiguïté de la situation et la confusion des repères rendent toute conversation malaisée, mais surtout la décision de rupture est d'une violence extrême pour « la personne ». Certes, une rupture n'est jamais agréable à vivre, et fait toujours souffrir celui ou celle qui la subit. Certes la souffrance est intense après des années de vie commune, n'hésitant qu'entre drame et tragédie [Théry, 1993]. La douleur des ruptures précoces au premier matin est différente, en apparence discrète et plus modérée ; cependant profondément déstabilisatrice. Quand les deux partenaires parviennent à la gérer d'un commun accord, seul le malaise dû aux incertitudes de la transition est à supporter. Quand il y a divergence d'opinion au contraire, celui ou celle qui est repoussé se sent personnellement désavoué. Dans les vieux couples, le « moi conjugal » [de Singly, 2000], l'histoire commune peuvent être mis en cause ; c'est la faute à la routine. Ici, seule la prestation que l'on a individuellement fournie est rejetée. Prestation d'amour, où l'on s'est donné corps et âme, où l'on a offert le meilleur de soi-même. Le meilleur de soi-même a été condamné. Et sans un mot d'explication ; le pire est de ne pas savoir pourquoi.

Mécanisme pervers des matins chagrins : le non-dit aggrave la souffrance, bien au-delà de la réalité du désaccord. Car souvent, l'autre qui est rejeté n'est pas pour autant désavoué. Il n'a pas vraiment démérité. C'est l'engagement conjugal en lui-même qui fait peur, quel que soit le partenaire rencontré. « Si tu veux être gentil, si tu dis "c'était super", elle te dit "Alors quand est-ce qu'on se revoit ?". T'es coincé. Comment tu veux expliquer que c'était super et que tu veux pas la revoir ? » (Walter). Les ambiguïtés et pénibilités du matin sont augmentées par le fait qu'il est rare que le contrat ait été très clair la veille. « Tu dis pas "c'est pour la nuit", ça se fait pas, même si tout le monde le pense » (Walter). Au réveil, les clarifications ne peuvent donc être que douloureuses. Tellement qu'elles n'ont lieu qu'à demi-mots embrouillés. Quand elles ont lieu. Souvent en effet celui qui a décidé de quitter l'aventure préfère la lâcheté et la fuite, inventant de pitoyables tactiques qui ne trompent personne et surtout pas « la personne ». Rejetée, persuadée de ne pas avoir été à la hauteur sans que rien soit dit, elle ne peut que contempler la mise en scène dérisoire des raisons invoquées. Manuel a mis au point la tactique de l'amnésie pour cause de fête excessive : il n'était pas lui-même, d'ailleurs il a tout oublié. « Dans ce cas-là, tu reprends tes esprits assez rapidement, tu fais mine de ne plus te souvenir, et puis ça se passe très bien. » Au beau milieu du petit déjeuner, Gildas se souvient subitement d'un rendez-vous oublié. « Quelque part, j'espère que le matin ça va être l'homme de ma vie. Tu discutes un peu, très rapidement tu vois à qui t'as affaire. Quand il s'avère au bout de deux minutes que ça va pas être possible, très souvent j'essaie de bâcler l'histoire, j'invente un rendez-vous à 10 heures, des choses comme ça. Très souvent ça m'arrive de me retrouver seul très rapidement. » Rodolphe enfin fut encore plus expéditif, cette fois où il avait même oublié le prénom de sa partenaire. Se parant des atours du héros galant (« Je lui ai dit que j'allais chercher des croissants »), il en profita bassement pour s'enfuir sans le moindre commentaire, laissant la pauvre dulcinée dans ce que l'on peut imaginer être un abîme de colère et de doutes.

« Elle s'accrochait, elle s'accrochait »

À sa décharge, il nous raconte une autre histoire, où les rôles furent inversés. « Ç'avait été le truc pour le truc. Le matin elle me fait le petit déjeuner, et elle me dit :

— Je te ramène ?

— On se revoit ?

— Non !

— OK, au revoir. »

L'intonation mise dans le « OK », traînante et désabusée, laisse clairement entrevoir qu'il ne s'agit pas d'une interjection signalant l'accord, mais au contraire le dépit. Rodolphe, comme tous ceux qui subissent une rupture, est doublement déçu. Déçu qu'il n'y ait pas de suite. Et déçu d'être personnellement rejeté. Le fait qu'il ait eu, lui, le loisir de s'alimenter, et que la situation ait au moins eu le mérite d'être claire, ne semble pas suffire pour effacer sa déception. « C'était sec. » Même pour un habitué comme Rodolphe, la différence de position concernant l'engagement conjugal est toujours difficile à gérer au matin, source de souffrance et de malaise. Principalement pour celui qui est remercié. Mais également parfois pour celui qui rompt. Tristan, notre théoricien du cocon-lit (qui peut rester une journée entière sans se lever quand ses sensations sont bonnes), vit très péniblement ces matins de rupture. « Des gens que tu ramènes chez toi, que tu couches une nuit, que tu sais très bien que ça va pas durer, tu sais qu'il n'y aura pas de petit matin. Et si la personne veut rester, tout ça, là c'est vraiment très désagréable. » Lui aussi (qui aime pourtant tellement parler sous la couette) a choisi la tactique du silence. « Là je parle pas, je suis assez froid. » Mais sa mauvaise conscience est entière. Manuel, passé maître dans l'art de la rupture matinale (tactique de l'amnésie), n'a pas de tels états d'âme. Ce qui ne le protège pas de tous les désagréments : même pour les plus doués, à partir d'un certain degré, la différence de positions est ingérable. Il se souvient particulièrement de Déborah, « une fille super-sympa, charmante », si agréable au contact et si jolie qu'il avait redoublé de séduction... jusqu'au matin. « Jusqu'au moment où, ben pour moi, c'était clair, c'était pour la soirée. Et elle, elle s'accrochait, elle s'accrochait vraiment. » Le matin fut très pénible. D'habitude, jouant ou non de l'amnésie, il parvient à tourner l'événement en dérision, mettant la rieuse de son côté. Hélas Déborah n'avait pas du tout envie de rire. La scène se passait chez elle, ce qui était plus commode : il s'enfuit. Pas pour longtemps. « Elle m'a suivi, m'a retrouvé, téléphoné... » Manuel était victime de harcèlement, pour cause de matin raté.

À partir d'un certain degré (l'un est véritablement amoureux, alors que l'autre veut terminer l'histoire au plus vite), la différence de position ne peut que produire des matins très chagrins. La correspondance n'a toutefois pas une régularité mathématique : de petites différences, ou même de simples hésitations, peuvent aussi provoquer beaucoup de malaise. Le second matin, Colombine se réveilla enfin avec Franck à ses côtés. (Le premier, elle était seule, et avait néanmoins vécu comme un début d'enchantement, emportée dans une sorte de film, envoûtée par des senteurs exotiques.) Malheureusement, en ce matin décisif, Franck ne sembla pas répondre à ses attentes. « Il était pas du tout rapproché de moi, pas du tout affectueux, démonstratif. C'était moi qui... » Mais rien n'y fit, Franck restait figé, insensible. Le malaise devint insupportable. D'un seul coup, Colombine bondit du lit et explosa (toujours nue, comme à son habitude). « Je sautais partout, je faisais des bonds, je tournais dans tout l'appartement, je courais, n'importe quoi, fallait que je me défoule, parce que... C'était un moment de malaise. Parce qu'il a vraiment douté, il a vraiment douté ! J'étais comme une puce ! » Franck avait senti que le processus conjugal était en train de s'enclencher, son avenir se jouait en ce moment, et il n'était guère sûr de lui. Il ne parvenait pas à se forger une opinion bien claire. La vue du spectacle offert par Colombine ne l'aidait pas à préciser. « Il essayait de comprendre. Il essayait de comprendre mon comportement. » Tout devenait encore plus confus dans sa tête, ce qui bien entendu redoubla l'impatience et l'excitation de Colombine.

« Ça m'a coupé totalement l'appétit »

Elle n'était pas, hélas, au bout de ses surprises. « Moi, je dors toujours à poil, donc je me suis levée à poil, et je suis descendue à poil. J'étais persuadée qu'on était tout seuls. J'ai ouvert la porte de la cuisine, et là, j'ai trouvé toute la famille ! Je suis restée là, ultra-con ! Mais eux, alors là, je crois encore plus ! C'est comme s'ils avaient jamais vu une femme nue ! »

Les tourments du premier matin ont plusieurs causes. Nous avons vu la principale : quand les deux partenaires n'ont pas la même idée sur la suite de l'histoire, ou quand ils ne parviennent pas à discerner ce que pense « la personne » qui est en face d'eux. Colombine, sentant Franck se refermer sur lui et hésiter, commença par cet aspect chagrin. Peu après, elle en découvrit un autre, lié à tous les soucis que peut provoquer la non-familiarité des lieux. Généralement il s'agit de petits tracas, d'embarras pratiques, qui, même nombreux, ne parviennent pas à noircir l'ensemble du matin. Souvenez-vous de Vincent : la série impressionnante de désagréments en chaîne (les souris, les araignées, l'homme à l'oreille coupée, etc.) glissa sur lui sans l'atteindre au plus profond. Car il était préservé par son regard inébranlablement amoureux sur Aglaé. Les ennuis dus à l'étrangeté des lieux ne prennent habituellement une ampleur dévastatrice que lorsque l'attachement à « la personne » est faible. Alors, il suffit parfois d'un robinet bizarre ou d'un café au goût étrange pour qu'un matin se fasse un peu chagrin. Colombine aurait dû au contraire être protégée : elle aime Franck, sans la moindre hésitation (cet amour fut même capable de transformer quelques citrouilles du quotidien en carrosses). Malheureusement, au-delà d'un seuil critique, l'amour ne peut plus rien, l'agressivité de l'ordinaire fait tourner le matin le plus doux au cauchemar. Pour Colombine, le seuil était largement dépassé. Au sujet de l'amour susceptible de la protéger, il faut d'abord dire que tout n'était pas clair. Certes elle aimait Franck. Hélas celui-ci ne manifestait que froideur et distance ; elle avait déjà beaucoup de grincements dans ses rêves. Ensuite, elle ne fut pas seulement confrontée à un robinet bizarre ou à un café imbuvable, mais à un événement aussi surprenant que brutal, mettant en scène, dans une proximité problématique, les personnes vis-à-vis desquelles elle souhaitait justement ne pas commettre d'impairs. Tous les degrés de la non-familiarité étaient franchis, jusqu'à la définition de la situation elle-même, qui était devenue ingérable. « J'ai été vite fait m'habiller. Je suis revenue plus que coincée. Et ça m'a coupé totalement l'appétit. Alors, à partir de ce moment-là, la journée a continué mauvaisement. J'ai vu tout de suite quel genre d'atmosphère il y avait au petit déjeuner. » Elle détesta sa famille, ses manières d'être si éloignées des siennes. Elle détesta les silences, gros de sous-entendus ; elle détesta le malaise ambiant, oppressant, communicatif. « Et lui aussi, extrêmement gêné. » Elle détesta cette autre habitude familiale du petit déjeuner collectif, l'absence d'intimité avec Franck. « De son côté, tout le monde déjeunait ensemble. Ce qui peut être une bonne chose, c'est sa famille, c'est sympa, mais... Il n'y avait pas de câlins, de bisous, c'était toujours caché. » Matin, au début donc, très chagrin. Heureusement son amour pour Franck la sauva. S'y accrochant, elle réussit à rétablir peu à peu une vision plus positive des choses et des personnes. « Après un moment tu t'y fais, tu te réveilles. » Elle parvint même à manger normalement son petit déjeuner.

Les matins chagrins débordent de sensations négatives. Angoisses, agacement divers. Mais surtout gênes et malaises, aux origines multiples : différences d'opinions sur l'engagement conjugal, incertitude dans la définition du partenaire, difficulté à définir une interaction juste, pudeurs incompréhensibles, étrangeté agressive des lieux, présence de témoins exigeant de nouvelles redéfinitions, ou produisant des tiraillements entre rôles peu compatibles, etc. Dans ce type de situations où manquent les repères permettant de cadrer l'action, le malaise prend facilement des formes contagieuses ; le malaise appelle le malaise. Pis, l'aisance de l'un ou de l'autre, qui devrait l'atténuer, n'a pas toujours ce pouvoir. Car elle peut renforcer la divergence de positions, et stigmatiser encore plus celui qui ne parvient pas à définir une ligne de conduite adaptée. Agathe en donne une bonne illustration. C'était avec un inconnu, qu'elle n'a jamais revu. Depuis la veille, le scénario était pour elle très clair : « Je savais que ça n'irait pas plus loin que le premier matin. » Elle géra donc sans difficulté la transition, parvenant à développer un nouveau type de conversation après avoir refroidi les liens et posé une distance. « Moi je parlais, j'étais à l'aise, mais à cause de moi, la personne ne l'était pas franchement. »

Vaincre la gêne est un art difficile au premier matin. Au contraire, des embarras pour des raisons minuscules prennent parfois des dimensions exagérées. Ainsi Boris à propos de sa brosse à dents. Bien entendu, il en était démuni, alors qu'elle aurait dû lui être particulièrement utile en ce réveil pâteux de lendemain de fête. Mais cela méritait-il de faire une véritable fixation, au point de vivre de longues séquences d'insomnie avec pour seul imaginaire ce banal ustensile ? « Je pensais que j'avais pas ma brosse à dents, des trucs comme ça à la con. » En réalité, la brosse à dents, petit problème réel, cristallisait bien d'autres troubles et angoisses. Elle résumait et concrétisait tout ce qui ne pouvait être pensé clairement. Fixation d'autant plus nécessaire que justement les pensées de Boris étaient spécialement confuses. Prenez la question des odeurs. Mille détails lui procuraient à la fois angoisses, agacements et malaises, sans qu'il parvienne à démêler l'écheveau des contradictions entrecroisées. Durant l'entretien, il n'y parvient toujours pas. Écoutez par exemple ceci : « Je ne savais pas que j'allais atterrir là, si ça se trouve ça faisait deux jours que je ne m'étais pas lavé. Et ce matin-là ça m'a beaucoup trotté dans l'esprit. » Bien, direz-vous, tout cela est pourtant clair. En fait, pas du tout. Boris prononce cette phrase parce qu'il s'est rendu compte qu'il vient d'accuser Prudence de façon violente, disant ni plus ni moins qu'elle ne se lave pas beaucoup et qu'elle sent mauvais. Devant l'énormité de sa confession, il tente alors de corriger son propos en se désignant lui-même coupable. Mais il faut bien écouter, « si ça se trouve » n'est pas une expression au hasard : Boris n'affirme rien avec précision, il se lance une accusation abstraite. Et s'il a si facilement glissé vers l'auto-accusation, c'est qu'il ne se sent pas très à l'aise sur un autre type de propreté, concernant les draps ; il est presque gêné (car il pense à sa manière de faire personnelle) par l'odeur de propre des draps de Prudence. Résumons. Prudence lave plus souvent ses draps que Boris. Inversement, elle semble avoir une hygiène corporelle moins exigeante que lui (dont on ne peut pourtant pas dire qu'il fasse preuve de maniaquerie aquatique). Au matin, cependant que Prudence est encore endormie, Boris essaie, sans y parvenir, de ranger ses idées sur les odeurs. « Quand je parle des odeurs, c'était même quelqu'un qu'était pas trop propre sur elle, bon je devrais pas dire ça, mais... Moi je suis des fois quatre semaines sans changer mes draps, ils ont une odeur de quelque chose. Mais là, c'était une odeur de propre, elle devait laver ses draps toutes les semaines. Mais moi, j'avais le sentiment d'être dans un milieu de fauves. » La différence sur un point (les draps) lui crée de l'angoisse ; sur un autre (le corps) de l'agacement, voire de la répulsion ; les deux mélangées un grand malaise. La seule chose dont il soit sûr est qu'il y a entre lui et Prudence de sérieuses dissonances olfactives ; qui seront difficiles à régler.

Le trouble a également une autre cause, dont je n'ai pas encore parlé, à l'origine parfois des plus chagrins parmi les matins chagrins : la honte.

Vincent, nous nous en souvenons, était parvenu à franchir tous les obstacles (après les animaux divers et le tableau, les parents problématiques). « C'était le bordel. Mon anxiété en me réveillant, c'était de sortir de la pièce et de rencontrer ses parents. » Puis ce fut la confrontation silencieuse avec Aglaé et son aspirine, alors qu'il tentait d'avaler le « lait de vache » et son gros sac de croissants. Enfin quelques mots furent prononcés. Pas sur leur nuit d'amour, ni sur l'avenir de leur relation, ni sur eux-mêmes. Pas non plus sur l'atmosphère pour le moins particulière du premier matin. Mais sur le rangement de la chambre d'Aglaé. Deux jours avant, Vincent était déjà venu, sa visite était annoncée, et Aglaé avait parfaitement arrangé le moindre bibelot. La veille au contraire, rien n'était prévu, c'est la fête qui les avait entraînés. Le lit cette fois n'était pas fait, quelques vêtements traînaient. En se remémorant le matin, Aglaé eut l'impression (sans doute exagérée) d'avoir révélé un vrai capharnaüm, une souillure intime. « Elle osait pas me regarder en face. Je la regardais, mais quand elle me parlait, elle osait pas, elle baissait la tête. Peut-être qu'elle était gênée. » Petite honte en vérité, sur des motifs mineurs. Il n'en est pas toujours ainsi, la honte fait souvent des ravages au premier matin.

« J'étais face à un dégoût »

« La honte c'est le désamour de soi, écrit Vincent de Gaulejac [1996, p. 59], c'est penser qu'on est mauvais à l'intérieur. » Il existe une autre figure de la honte, quand le moi se divise en deux entités concurrentes [Lahire, 1998]. Alors l'auto-désamour n'est pas généralisé, mais tourné vers l'autre partie de soi, celle qu'on n'habite plus au moment présent. Tel est le cas de certains matins chagrins. La veille, dans l'élan du désir et de la fête, moi était un autre, vraiment différent, avec des pensées, des sensations, une éthique tellement éloignées de celles du matin qu'elles en deviennent presque incompréhensibles et étrangères. « Le problème, c'est

que je ne me retrouve pas dans ce que j'ai fait. » Gildas
se veut maître de son existence, il refuse donc de se
laisser emporter, sans contrôle, par ses pulsions. Quand
cela lui arrive malgré tout, il reste des jours et des jours
à réfléchir sur les mystères de cet autre individu si
étrange qu'il porte en lui. « Il y a des moments, tu rencontres quelqu'un, t'as une pulsion, quoi. Hop ! tu fais
ton affaire. Or je ne suis pas comme ça. Je suis
quelqu'un qui est calme, posé, réfléchi, en général, plutôt sérieux. C'est pas moi de partir comme ça sans réfléchir. C'est tes sens qui te dirigent. Je ne me retrouve
pas dans ce que j'ai fait. Et ça, ça me gêne énormément.
Je m'en veux après à mort pendant quinze jours-trois
semaines, ça me turlupine. » Gildas n'éprouve pas vraiment de la honte. Son malaise est davantage provoqué
par l'énigme jamais résolue de sa division identitaire.
Il n'a pas de mépris pour son autre moi, celui de la
veille. Simplement il (le Gildas du matin) ne comprend
pas qu'il (le Gildas de la nuit) lui (le Gildas unique)
échappe ainsi, que, sous l'emprise des sens, il (le Gildas
de la nuit) puisse à ce point oublier ce qu'il (le Gildas
unique) considère être son seul et vrai moi.

Quand il y a honte, la division identitaire provoque
bien plus que ce trouble intérieur, la violence contre
l'autre moi se déchaîne, jusqu'à la haine, jusqu'aux
éveils les plus chagrins que l'on puisse imaginer. Voyez
par exemple ces matins de malheur de Sophie. « Le
soir, tu n'as que l'acte ; je n'ai jamais eu de problème
pour coucher avec un mec. » À chaque fois cela recom-
mence, les débuts s'engagent sans difficulté, semblant
annoncer, enfin, une histoire sans drame. « Mais le lendemain, tu as la personne, il y a des choses qui vont se
créer. » Or « la personne » devient soudainement ingérable au matin, Sophie ne parvient pas à pénétrer son
univers. Elle se replie donc sur le sien, ses habitudes

et idées ordinaires, qui font ressortir avec plus de contraste encore son attitude de la nuit, devenue incompréhensible et étrangère. Aussitôt elle ne pense plus qu'à une chose, la fuite. « Il fallait que dans les cinq minutes je sois partie. Une peur générale. La fuite ! Partir ! partir au plus vite. » Pour se retrouver seule, chez elle. Pour se retrouver elle-même. Beaucoup d'eau est nécessaire pour tenter d'effacer la saleté morale, qui remonte de l'intérieur, par vagues blessantes. L'autre moi, démoniaque, maintient longtemps ses griffes intimes. « À chaque fois c'était la fuite, et dès que je rentrais chez moi, c'était la salle de bains, comme un endroit isolé, où je pouvais m'enfermer. C'était l'endroit où je pouvais me retrouver toute seule. Pas pour me regarder, pour me juger ! C'était pas faire l'amour, c'était tirer un coup. Je me considérais à l'époque comme une prostituée : il fallait laver tout ça. Je n'assumais pas du tout le lendemain matin ce que je faisais la veille. C'était le matin le moment pénible : j'étais face à un dégoût. » Un dégoût de l'autre moi, d'une moitié d'elle-même.

Sophie ne compte plus les matins détestables, de honte et de dégoût, malheur chronique jusqu'à sa rencontre avec Sébastien, où les choses se sont un peu mieux passées. L'histoire de Juliette est différente, elle n'a connu qu'une fois cette sorte de honte qui vous enfonce dans les matins noirs. Avec un représentant de commerce rencontré par hasard, et dont elle a oublié le nom, « l'homme marié ». « Faire l'amour sans sentiments, j'ai voulu voir ce que c'était. Bon ben, ça va le soir, mais le matin, c'est terrible ! » Il lui avait offert le restaurant, le repas fut agréable. « Il avait vingt-sept ans, j'en avais vingt, c'est le plus grand écart d'âge que j'ai jamais fait. Mais il était sympa. » Séducteur même, et très entreprenant. « Le soir ça allait, on faisait la fête,

un petit coup dans le nez, et puis c'était physique. »
L'absence de remords sur le coup ne rendit l'éveil que
plus difficile. « Mais le matin, ah ! je l'ai regardé : mon
Dieu, quelle horreur ! Ça m'a choquée ! Je l'ai regardé
et je me suis dit : Oh, putain, c'est pas possible ! » Haro
sur le moi excité de la nuit ! « Je me suis dit : Mais t'es
cinglée ! Mais ça va pas ! » Fuite vers la salle de bains.
« Sous la douche, j'ai cogité vite et je me suis dit : C'est
pas ta façon de vivre et de penser. J'ai dit : Stop ! on
arrête tout ! Terrible, horrible de se réveiller à côté de
quelqu'un comme ça. Tu te dis : Mais qu'est-ce que je
vais lui dire ? Je me sentais diminuée, sale. Je me suis
dit : J'ai fait l'amour avec lui, il est entré en moi,
merde ! » Enfin, la fuite étant impossible puisqu'elle
était chez elle, ukase des plus impératifs. « Et je suis
sortie de là, je lui ai dit : "Dégage !" Je lui ai dit : "Tu
te lèves ! Tu retournes chez ta femme !" » Juliette rêvait
qu'il ne dise pas un mot, qu'en moins d'une seconde il
disparaisse, qu'il s'évapore. Hélas, mille fois hélas, il
y avait entre eux divergence de positions, « l'homme
marié » se déclarait amoureux. Sincèrement ou pas,
mais il était évident qu'il voulait poursuivre l'aventure.
« Je ne l'avais pas vu comme ça, il était possessif. »
Elle le trouvait de plus sérieux, froid, dur et, pour cou-
ronner le tout, ennuyeux, âpre à la négociation pour
s'accrocher à elle. « Ah, là on était mal ! On était
mal ! » Elle le haïssait. Il concrétisait sa honte à chaque
instant et lui donnait encore plus d'ampleur. Juliette
n'avait pas imaginé de telles complications quand elle
s'était engagée la veille dans cette expérience. « C'était
juste pour voir. » Elle avait vu. Et compris que le premier matin n'est pas un événement ordinaire.

« *Partir sans dire au revoir* »

Presque tous les troubles et drames des premiers matins se ramènent à des questions de dissonance identitaire. Embarras dû au refroidissement et à la banalisation des liens après la chaleur de la nuit (comment adopter de nouveaux comportements ?), divergence de positions entre les deux partenaires (doit-on poursuivre l'histoire ?), honte du moi de la veille (qui est le vrai moi ?). Plus précisément, il y a double dissonance entre le moi du soir et le moi du matin, et entre les deux partenaires (même quand ils ont une opinion à peu près identique sur la relation, le matin révèle mutuellement l'étrangeté des manières de faire). Les repères de la pensée, de l'action et de la conversation deviennent incertains, source de malaise. Quand ce dernier est grand (l'exemple de Juliette le montre parfaitement), le rejet est donc double : rejet de l'autre et rejet (ou simple occultation pour les cas les moins graves) d'une partie de soi. Mais la façon de l'exprimer dépend totalement de la situation résidentielle. L'autre cristallise tout ce que l'on ne veut plus voir en soi, il faut s'en séparer radicalement pour gommer le trouble identitaire. Si la scène s'est déroulée chez lui, la seule solution pour résoudre le malaise est donc la fuite. Si par contre, comme pour Juliette, elle s'est passée chez soi, il faut expulser l'autre au plus vite, pour retrouver le calme de ses repères personnels. Dans ce cas, la sensation dominante (outre le malaise) est l'agacement, qui monte quand « la personne » persiste à s'incruster. Sensation négative, mais qui peut être libératrice si elle parvient à s'extérioriser. Le même caractère libérateur se retrouve dans la fuite, au moins à son début, dans la dynamique du mouvement : bouger remet les idées en place. Cela explique l'impatience, l'impolitesse et la

brusquerie de bien des départs quand le matin est chagrin, comme si la course était nécessaire pour retrouver
la sérénité du vieux moi.

Le point de départ est un sentiment de mal-être, pro-
venant de l'interaction avec le contexte et « la personne ». « Je n'avais qu'une hâte, c'était de décamper,
parce que j'étais pas bien là où j'étais » (Charles-
Antoine). Il faut changer de cadre pour retrouver une
paix intérieure ; le contexte n'est jamais un simple
décor. Il faut rompre radicalement, et rapidement.
L'impression qui domine est celle d'un sentiment
d'urgence, cultivé consciemment pour sa portée théra-
peutique. « Il y a des premiers matins, tu n'as même
pas envie de déjeuner, tu t'en vas en courant » (Charles-Antoine). Le mouvement, au moins dans l'imaginaire, se doit d'être ample et vigoureux pour produire
ses effets intérieurs : il ne s'agit pas de partir sur la
pointe des pieds. « Si ça s'est mal passé, t'as envie de
partir, partir ! vraiment partir ! » (Erika). Emporté par
son élan, Gildas en oublie le minimum de la politesse.
« Des fois je regrette ce que j'ai fait, et je pars. Ça
m'est arrivé deux ou trois fois de partir sans dire au
revoir. » Ce défaut de courtoisie est-il pénible ? « Pour
l'autre, je ne sais pas. Pour moi, oui. Après je m'en
veux d'avoir fait ça. » Gildas s'en veut doublement. De
s'être laissé entraîner le soir « sans réfléchir » par le
souffle du désir. Puis d'avoir été aussi incorrect le
matin, lui qui aime tant les bonnes manières. Le besoin
de fuite (ou d'expulsion de l'autre) emporte involon-
tairement quand le matin a été trop chagrin.

« T'as peur »

Le premier matin est plein d'émotions. Différentes de celles de la première rencontre, ou de celles de la nuit. En apparence elles sont plus discrètes et ordinaires ; en fait beaucoup plus subtiles et complexes. Et parfois violentes : le premier matin, malgré les airs qu'il veut se donner, n'est pas toujours un petit moment bien tranquille. Nous avons vu l'intensité qui est parfois celle du malaise, de la honte, du dégoût. Il est une autre sensation négative, déjà rencontrée, qui atteint en certains matins des sommets : la peur.

La peur est souvent déjà présente dès la rencontre, puis pendant la nuit d'amour. Peur de l'inconnu, peur de ne savoir pas faire, de ne pas être à la hauteur, de décevoir. Peur d'autant plus grande que l'on est attaché au partenaire ou impressionné par lui. Cette angoisse tend à s'atténuer avec l'âge et avec l'habitude concomitante des exercices amoureux, sans pourtant totalement disparaître. Elle est au contraire à son paroxysme chez les jeunes, la première fois : les premières histoires d'amour sont souvent marquées par le trac et l'anxiété [Le Gall, 1997]. Alban se souvient de la laborieuse découverte mutuelle avec Yasmine. « C'était dans une tente, c'était très folklorique. Il y avait quand même un stress, ça s'est plutôt mal passé. Il y avait la capote, bon on savait s'en servir, mais j'ai dû mal la mettre, elle a déchiré. Après il y a eu un petit stress. » Au réveil, l'appréhension diffuse persista, se transférant sur d'autres objets. « Donc le matin, c'était pas extraordinaire. »

La crainte principale est de ne pas agir comme il convient. Ce qui explique sa fréquence, puisque justement personne ne sait exactement quelles sont les nouvelles règles du jeu, qui restent à définir. Chacun marche à pas feutrés. « T'as peur de faire une connerie » (Alban). Peur aggravée quand, comme Tristan, on se veut très engagé dans la relation. « T'as peur, t'as peur, ça, t'as peur ! »

Heureusement, ce triste chapitre des matins chagrins va connaître une belle fin. Car les sensations et émotions négatives, y compris les plus dures, n'ont pas toujours que des effets négatifs. J'ai déjà dit un mot rapide de l'agacement, parfois libérateur. Dans une autre recherche [Kaufmann, 1997], j'avais montré (à propos notamment de la pile de linge en attente d'être repassée) comment il joue un rôle régulateur dans la vie quotidienne, permettant de couper court à la réflexivité quand elle se disperse, d'emporter la décision, de lancer le corps dans l'action. L'angoisse matinale, bien que pénible à vivre, a des vertus analogues. Elle incite à la prudence, mais aussi à l'effort. Elle est comme une énergie nécessaire au moteur de la séduction. « Monsieur ours », pour ne prendre que cet exemple, s'il avait été plus angoissé, se serait sans doute un peu débattu pour trouver quelques mots à dire à Virginie. Ou bien il aurait accepté de partager avec elle son sac de couchage au lieu de s'enfermer en solitaire. Et Virginie aurait connu le bonheur de ne pas figurer dans ce chapitre accablant, qu'il est temps de quitter, pour découvrir à l'inverse les matins les plus merveilleux.

Les matins enchantés

« Et au milieu de cette chambre crasseuse et garnie de vieilleries, dans ce répugnant et malpropre hôtel de passe, j'éprouvai tout à coup (aussi ridicules que ces mots vous paraissent) le même sentiment que si j'avais été dans une église, une impression bienheureuse de miracle et de sanctification. De la seconde la plus épouvantable que j'avais vécue dans toute mon existence, naissait en moi, comme une sœur, une autre seconde, la plus étonnante et la plus puissante qui fût. »

Stefan Zweig,
Vingt-quatre heures de la vie d'une femme[1].

« *C'était un grand bonheur* »

La mémoire est sélective. Elle garde les images qui sont dans la tonalité de l'événement, et oublie les autres. Prenez la météo. Les gens se souviennent des jours gris pour évoquer des malheurs, et des jours bleus pour les joies. Dans une enquête sur le ménage [Kaufmann, 1997], me fut signalée un nombre incalculable de fois une soudaine averse après le nettoyage des vitres ; je n'entendis pas parler de beau temps. À propos des matins enchantés à l'inverse, jamais de pluie, mais beaucoup de soleil radieux et d'oiseaux gazouillants. Les nuages ne furent évoqués que par métaphores, pour illustrer des sensations de bonheur (« sur mon petit nuage », « la tête dans les nuages »). Certes, les amours sont légèrement plus fréquentes au printemps et en été. La différence est toutefois minime ; en moyenne, on ne peut pas vraiment dire que la météo soit meilleure au premier matin. Le soleil et les oiseaux furent mis en avant parce qu'ils illustraient à merveille l'ambiance particulière des matins réussis, faite de lumière douce et de pépiements joyeux.

Il est de petits et de grands enchantements. Pour les

1. Traduction française d'Alzir Hella, © 1981, 2000, Alzir Hella et Éditions Stock.

petits, les causes en sont assez diverses. Notamment la fierté d'avoir réussi, de « l'avoir fait », particulièrement à la jeunesse. « Le sentiment, c'était d'être content de soi » (Manuel). « J'étais fière, d'avoir un beau mec comme ça dans mon lit. Je le regardais dormir, c'est vrai qu'il était très mignon aussi à dormir » (Anna). Pour les grands enchantements, par contre, la source est unique : la magie n'opère qu'à la mesure de l'engagement amoureux. Le merveilleux résulte de l'entrée dans la conjugalité ; et cette entrée s'accélère en retour avec le merveilleux. Il n'y a donc pas de secret, le charme des matins de grâce ne tient à aucun artifice, mais à l'amour lui-même, qui ne se donne jamais sans contrepartie. L'enchantement a un prix : l'abandon du vieux moi, celui qui justement produit des matins chagrins quand il refuse de quitter la scène. C'est en oubliant son autonomie et les anciennes frontières de son identité que chacun pénètre avec bonheur dans tout l'univers de « la personne », qui ainsi devient l'être aimé.

Le mouvement suit différentes voies selon que l'amour est ou non déclaré avant le grand soir (et le petit matin). Dans la procédure classique, l'engagement mutuel a été préalablement exprimé en bonne et due forme. La nuit n'a donc qu'une valeur de test et de confirmation. Les sensations éprouvées au réveil ne sont pas faibles pour autant. Dans les quelques secondes où chacun renoue le fil de sa vie, l'événement est vécu avec intensité. Les formes institutionnalisées des rites de passage tendent aujourd'hui à disparaître, mais cela n'efface pas les perceptions intimes du passage [Segalen, 1998]. Logiquement, les sensations les plus violentes sont généralement éprouvées à la jeunesse, lors du tout premier matin, qui croise découverte sexuelle, engagement amoureux, passage à la vie adulte, sensation d'autonomie. « C'était pas chez moi où il y avait mes parents : il était indépendant. Soulagement ! Liberté ! Vivre ton amour, ta petite vie » (Colombine). Erika s'enflamme : « Et puis une impression de grand bonheur, de se sentir femme, et puis d'avoir offert sa virginité à l'homme qu'on aime, c'était un grand bonheur. Il s'était passé quelque chose en moi. » Juliette en garde aussi un souvenir ébloui. Au seul fait de le réveiller, des années plus tard, son cœur se met à battre. Pourquoi un sentiment si fort ? L'amour pour Romano ? La concrétisation d'une histoire longtemps rêvée ? La surprise étonnée de se sentir à l'intérieur d'un couple au matin ? L'idée d'être devenue adulte et femme ? La perception nouvelle de son autonomie ? L'ensemble de ces raisons sans doute, intimement mêlées. Une telle intensité émotionnelle n'aurait pu toutefois être atteinte s'il n'y avait eu l'amour pour Romano. Ce qui ne signifie pas que les jeunes cherchent toujours l'intensité maximale pour leur première expérience sexuelle, l'angoisse les poussant parfois à séparer les épreuves [Le Gall, 1997]. Alban l'exprime dans le récit de son aventure avec Yasmine (déjà signalée à propos du stress qui fut le leur). « La toute première fois, c'était plutôt par rapport à la virginité, pour passer ce stade, que d'en avoir vraiment envie. » Le matin ne fut cependant pas uniquement chagrin. « On était content d'être devenus des adultes. » L'exercice avait été laborieux, mais l'objectif atteint.

Le souvenir qu'il garde du matin avec Lisa est très différent. Alban n'avait plus rien à se prouver à lui-même, ni aux copains. Lisa non plus. Ils étaient tout à leur amour, qui, comme le matin le confirmait, avait commencé à s'inscrire dans les faits. « Le premier matin avec Lisa, ça reste quelque chose d'important pour moi. Avant, c'était un flirt. Une fois qu'on a passé à l'acte, ça devient sérieux. J'étais heureux, heureux que ça débutait vraiment. » Dans le modèle classique de l'amour, le bonheur du matin est très lié à l'engagement conjugal lui-même. Gabrielle l'illustre parfaitement. Ce n'est pas parce que les faits sont anciens que ses souvenirs se sont estompés, mais parce que les faits concrets n'avaient pour elle aucune importance. Oublié le décor, oubliés les gestes et les conversations, oubliés les détails. Son tout premier matin n'est plus qu'une abstraction, autour d'un sentiment néanmoins très fort, procuré par sa nouvelle projection identitaire dans le couple. « J'étais plus sa femme quelque part. J'étais heureuse, j'étais bien. Vraiment l'euphorie complète ! » Elle ne se souvient que de son bonheur et de son euphorie. Alban ne se place pas exactement dans le même contexte, il est davantage influencé par les nouvelles formes amoureuses. Son bonheur provient aussi pour l'essentiel de la concrétisation de l'engagement. Mais il est en même temps très attentif aux détails du matin, qui intensifient encore les sensations. Aux réactions de Lisa notamment. « Je ne m'attendais pas à avoir autant de joie exprimée de sa part. » Le plaisir et l'enchantement ne sont pas donnés d'avance. Ils continuent à se travailler, à deux, au matin.

D'abord bien sûr dans le cocon-lit. Fanny s'était réveillée dans les bras de José, visage contre visage. Ils avaient ouvert les yeux presque en même temps. Elle avait plongé dans son regard. Plus rien d'autre au monde n'existait, elle était en lui. Plénitude vide, moment de grâce qui s'enchaînait merveilleusement avec les souvenirs de la nuit, sans la moindre rupture. Un rêve d'amour pur. Puis ce furent les rituels petits bisous et caresses du cocon-lit. Ils décrochèrent un peu leurs regards, et se virent davantage. L'enchantement ne diminua pas d'un pouce, changeant uniquement de nature : elle le trouva superbe. « Je l'ai trouvé beau, je me suis sentie bien. » Il lui semblait que José était transfiguré, encore plus rayonnant que la veille, vraiment différent, quasi divin. « C'était dans son regard, dans sa façon d'être, il était plus attentif. Je me sentais comblée. »

Peut-être aurais-je dû arrêter là son récit, pour rester sur une note aussi parfaite. Hélas, l'amour est fragile, de tels instants précieux sont rarement durables. Et la vérité m'oblige à dire que Fanny stoppa d'elle-même l'envoûtement, peu après, dès la sortie du lit. Elle redevint soudainement plus lucide, froide, distante, tout en faisant en sorte que José ne s'aperçoive pas trop de son revirement intérieur. Si je poursuis néanmoins son histoire, dans ce chapitre qui ne devrait être que bonheur, c'est parce qu'elle montre bien, y compris par la négative, comment le merveilleux est lié à l'engagement. À une autre époque, où tout premier matin devait obligatoirement être suivi par beaucoup d'autres, Fanny aurait pu se laisser aller avec délices à son transport amoureux. Aujourd'hui, cela est devenu beaucoup plus difficile. Car les choix les plus divers s'imposent désormais à nous, qui nous voulons maîtres de nos destinées ; le premier matin est donc devenu un événement crucial. Ce n'est pas le moment en effet de se laisser emporter n'importe où, avec n'importe qui. Ou bien au contraire ce grand moment est-il justement arrivé ? Mais alors il faut en être sûr, absolument sûr ! Et rapidement. Car l'on sent bien que, dans de telles situations, la vie peut entraîner très vite. Fanny aimait sentimentalement José avant leur nuit de sexe-amour, elle rêvait de faire sa vie avec lui. Rêve quelque peu abstrait, à la manière romantique. Au matin, sitôt sortie de l'emprise envoûtante du cocon-lit, elle se rendit compte que, bien qu'il y eût amour (et même amour semblait-il parfait), ce qui se jouait était très sérieux, trop sérieux pour qu'elle n'y réfléchisse pas au moins un peu. Il y allait de son avenir, de sa vie. Fanny se précipita vers la salle de bains. « Pour voir ce qui m'arrivait, que je réfléchisse. » Cela lui était venu d'un coup. Elle avait intuitivement compris, par le poids de la situation, que tout était en train de se jouer en ce tendre matin, après ce cocon-lit si merveilleux, elle avait compris que son sentiment préalable était un rêve un peu trop léger, qui n'avait peut-être pas été assez pensé concrètement. D'ailleurs, José n'éprouvait-il pas de son côté de semblables réserves ? N'avait-il pas eu après la sortie du lit des rires étranges, sympathiques, mais témoignant davantage d'un « style copains » ? Il était nécessaire de faire le point. « Au réveil, non, c'est pas la première chose qui te vient à l'esprit. Mais après oui, quand tu commences une relation, tu te demandes où ça va te mener. » Nous avons vu plus haut que la suite de l'histoire ne fut pas simple, la rupture de ton rendant leur conversation délicate. Pour remplir les blancs, ils s'embrassèrent beaucoup. Des baisers qui n'avaient plus le même goût que dans le cocon-lit.

« C'était intense et secret »

Si l'émerveillement matinal est conditionné par l'engagement dans la vie à deux, il est devenu rare aujourd'hui (comme dans l'histoire de Gabrielle) que les émotions se diluent dans l'abstraction, en se fixant uniquement sur le lien en lui-même. Le matin amoureux a une grâce qui lui est propre, et qui enveloppe l'ensemble des propos, des gestes, des objets, le moindre détail. Il existe incontestablement un style et un ton des matins heureux. « Il avait une petite chambre, toute petite, ça faisait petit nid. C'étaient des sensations de douceur, une sensation paisible, de sérénité, de bien-être, de plénitude, de réconfort, une sensation de bonheur » (Anna). J'ai déjà parlé du soleil et des oiseaux comme métaphores. Il faudrait ajouter la douceur, l'apaisement, le pastel des couleurs (dans les souvenirs), l'extrême gentillesse, l'attention mutuelle, la sensualité, la plénitude vide et l'ambiguïté des échanges, les rires entrecoupant les caresses, les senteurs matinales pleines de promesses, les impressions de lendemains infinis et sereins.

Et surtout : la rupture événementielle, le joyeux délire, le bien-être intense et secret.

La rupture événementielle tout d'abord. Le premier matin s'inscrit dans un contexte de socialisation très curieux. De nombreuses personnes interrogées ont, dans le flot de la conversation, glissé sur le terme employé par l'enquêteur pour lui préférer « petit » matin dans leurs réponses. L'adjectif avait une force d'évocation qui poussait à l'utiliser malgré soi, il témoignait donc d'un élément enfoui, inexpliqué. Cette sorte de mots automatiques largement partagés révèlent généralement des processus essentiels [Kaufmann, 1996]. Une explication étroitement linguistique de ce glissement est bien entendu possible. En français, « petit matin » est une expression pouvant désigner l'aube qui pointe, l'éveil du jour. Elle m'apparaît cependant très secondaire, insuffisante pour expliquer une telle force de remontée à la surface, d'autant que la plupart des scènes du premier matin ne se déroulent pas dès potron-minet, mais plus tard dans la matinée. En vérité, « petit matin » revient aussi souvent parce qu'il illustre et symbolise la tonalité en mineur caractéristique de cet événement particulier. Tout semble petit et discret au premier matin. Les émotions sont douces, les caresses plus tranquilles, les conversations brèves, les gestes et les objets ordinaires. Comme dans un moment de creux après le choc de la rencontre et la tempête de la nuit. Nous verrons ci-dessous que cette impression de sobriété banale et furtive peut être poussée à l'extrême, jusqu'à une véritable théorie implicite du non-événement : il ne se passerait rien, du moins rien de notable, au premier matin. Or, y compris les théoriciens extrémistes du non-événement finissent par reconnaître qu'il y a néanmoins une ambiance spéciale, quelque chose d'inhabituel dans l'air de ces matins-là. L'absence d'habitudes justement, de repères solides, le flottement, la sensation d'être ailleurs, d'être toujours soi tout en n'étant plus vraiment soi. Le premier matin est marqué par une rupture événementielle, mais qui le plus souvent reste non consciente. Un événement provient toujours d'un facteur extérieur, qui soudainement surprend. Il n'est toutefois intensément vécu que dans la mesure où l'individu est « pris » par lui, intégralement pris, jusqu'à oublier son identité habituelle. Le premier matin est un type d'événement étrange, où le facteur extérieur n'apparaît guère (il est intervenu avant, lors de la rencontre et de la nuit), faisant penser qu'il n'y a pas événement, rupture, dédoublement identitaire. Alors que la rupture et la reformulation de soi opèrent pourtant, discrètement, en profondeur. Le premier matin est un événement qui s'ignore.

Bien des signes (des « petits » signes évidemment) montrent pourtant que l'ordinaire est un faux ordinaire, que le tableau se joue dans un espace hors de la vie courante. Entre autres, le joyeux délire. Le premier matin enchanté est une fête, un carnaval, une subversion minuscule. Les rythmes conventionnels sont anéantis (jusqu'à passer une journée entière sous la couette). Les objets et les aliments détournés (spaghettis au lit, grosse boîte de gâteaux au chocolat). Entre rires et jeux régressifs, les amoureux du matin redeviennent des enfants. « On aurait dit un gamin, un enfant, il était heureux, il était tout bébête, il était bien » (Colombine). Juliette, qui a l'expérience de plusieurs matins (plus ou moins) merveilleux, a même tendance dans son enthousiasme à généraliser. « Ah, les premiers matins, c'est génial ! » Avant de les différencier un peu. « J'en ai eu de toutes sortes. Des premiers matins classiques aussi. Un premier matin classique (on se lève, on déjeune), ça peut être sympa aussi. » Sympathique mais (son ton monocorde l'exprime clairement) incomparable avec la libre exubérance des « matins foufous ». À nouveau le spleen doucement l'envahit, elle se souvient de Romano. « Quand j'y pense, c'est dingue : on jouait ! on jouait ! »

Bien sûr, les jeux et les rires ne sont pas toujours sans dissimuler des arrière-plans plus sombres. Les plaisanteries et les pitreries constituent en effet un instrument privilégié pour détourner l'attention et conjurer le malaise. On rit pour ne pas pleurer, pour ignorer les flottements, pour se libérer du poids de la situation. Quant à la régression infantile, elle correspond bizarrement au moment précis où un pas décisif vers la vie adulte et/ou (pour les moins jeunes) vers l'établissement familial est franchi. Là aussi, il y a incontestablement effet de compensation. Jouer comme des gamins permet de se masquer ce qui concrètement est en train d'être fait : poser la première pierre de l'édifice qui progressivement va fermer la parenthèse de la jeunesse. Même inversion concernant les routines. Le carnaval des matins enchantés tourne en dérision le répétitif et l'institué. Les tempos et les mouvements, les canons et les suites, tous sont devenus « foufous ». Pourtant sous cette cacophonie apparente au contraire, les ajustements et négociations implicites font rage pour définir le style et les manières du couple qui (peut-être) commence à s'installer. Le premier matin est animé par un intense travail de fabrication des futures habitudes conjugales. Les jeux et les rires ne sont donc pas systématiquement pur bonheur et légèreté. Mais qu'importe ! L'essentiel pour l'atmosphère des matins est qu'il y ait joyeux délire plutôt que de savoir ce qu'il cache. D'ailleurs, plus l'enchantement est vif, moins il y a de choses à cacher. Le rire masquant le malaise n'est pas celui du joyeux délire.

Interrogée (comme toutes les autres personnes) à partir d'une question introductive très ouverte, Erika évoque d'abord le souvenir d'une sensation, globale. « Une sensation de bien-être. » Bien-être est un mot à la mode, traduisant une préoccupation profonde de notre époque. Son emploi répété tend toutefois à le galvauder, alors qu'il s'agit d'une perception complexe et évolutive, difficilement mesurable objectivement. Un abîme sépare le bien-être élémentaire (sensation physique de confort) du bien-être existentiel (être bien), rapport de soi à soi qui est une quête sans limites. Il convient donc de distinguer des degrés dans la sensation de bien-être des premiers matins. De commencer par exemple par Charles-Antoine, qui trouva « appréciable » l'accueil de « la Hollandaise ». Sa première sensation du matin fut « agréable, un sentiment de bien-être ». Il en parle toutefois comme s'il décrivait un hôtel aux services parfaits, un week-end organisé à Venise, sur un mode consumériste. Erika, avec le même mot, tente d'exprimer des vibrations nettement plus ardentes. Tristan est moins dans l'univers de l'excitation. Son bien-être (dans le cocon-lit) est tranquille, à la fois presque vide et débouchant sur un sentiment très haut, détaché. « Tu savoures le moment présent, tu es sur ton nuage. » Il symbolise la béatitude du premier matin dans ce qu'elle a de plus pur. Pâle et néanmoins profonde, inerte et néanmoins entraînante. La métaphore du nuage traduit ce transport : Tristan est ailleurs, dans un univers flottant, hors du monde. Métaphore pour cette raison souvent reprise ; Colombine y ajoute un petit oiseau. « C'était... je sais pas... le bonheur total... J'étais un petit oiseau sur son nuage. » Il ne se passait pourtant pas grand-chose. L'image de bonheur de l'oiseau lui apparut au petit déjeuner, alors qu'ils s'échangeaient des futilités (« Il est bon, le pain au chocolat ? Oui, il est bon »). Mais ces apparences banales ne disent rien des violents bouleversements intérieurs, inexprimables, de l'intensité secrète procurée par la situation. Colombine se sent, intimement, enveloppée par sa nouvelle vie conjugale. « Chaque minute était vachement intense. C'était intense et secret. »

« Rien que les toucher »

Cela est bien connu, les couples heureux n'ont pas d'histoire. Logiquement la première partie de ce chapitre, certes agréable et permettant d'observer concrètement comment l'amour fonctionne, ne nous a donc pas offert de grosses révélations sociologiques. Car l'enchantement s'épanouit à la mesure de l'engagement conjugal : l'être aimé est merveilleux au matin parce qu'il est l'être aimé (et, à l'inverse, le matin se fait chagrin parce que l'un ou l'autre prend ses distances). La suite est (sociologiquement bien sûr) plus intéressante. Elle nous emmène dans l'univers insolite des banalités peu banales.

La première partie de ce livre (les cinq scènes du matin) nous a montré un dégradé. Depuis le cocon-lit, parfois simple prolongement de la nuit fusionnelle, jusqu'à la prise de distance de la salle de bains, et aux jeux de rôles calculés du petit déjeuner. Cette marche du chaud vers le froid et du privé vers le public est toutefois le propre des premiers matins moyens, ni trop chagrins ni trop câlins. Les vrais matins enchantés emportent dans une autre dimension, prodigieuse parce que inattendue, qui peut aller jusqu'à transformer les poussières en brins d'or.

Je commencerai là aussi par le plus simple, le plus loin du rêve, à nouveau avec Charles-Antoine, sorte de touriste averti des premiers matins savoureux, avec mention particulière, toujours, pour « la Hollandaise ». « Un petit déjeuner très agréable, une atmosphère sensuelle. Son appartement était assez sensuel, chaleureux. » Il précise que le plus appréciable, outre le décor, était l'autonomie de mouvement qu'elle savait lui laisser. « Elle n'était pas collante. » Nous sommes là très loin de l'enchantement créé par l'engagement amoureux, la distance étant au contraire constitutive du bien-être. L'ambiance particulière des premiers matins peut donc délivrer ses charmes (du moins un peu) à qui sait les cultiver, sans qu'il soit besoin de s'engager, et même en gardant ses distances. Mais pour cela il convient que l'offre soit de qualité. La personne, agréable et prévenante, attentive sans excès ; la décoration réussie ; les éléments de confort suffisants ; le petit déjeuner délicieux. Manuel, plus encore que Charles-Antoine, est devenu un véritable habitué, un consommateur de premiers matins, un client difficile sachant apprécier les prestations sortant de l'ordinaire. Il garde un souvenir tout particulier d'Ingrid. « Ah là, trois étoiles ! Ça se voyait qu'elle avait des sous. » La salle de bains était parfaite. « Très éclairée, très moderne, deux lavabos l'un à côté de l'autre. Très à l'aise dans la salle de bains. » Les aménagements de la chambre raffinés. « Une pièce très féminine, les couleurs, les objets. » Il ne faudrait pas croire toutefois, excepté pour gérer la séparation (tactique de l'amnésie), que Manuel soit un goujat, un utilisateur égoïste. Il apprécie vraiment, il aime. « Cette pièce, c'était elle, doux comme elle. » Il est toujours très câlin dans le cocon-lit (sauf « quand il y a eu erreur de parcours »). Puis, sorti du lit, il a une véritable curiosité, une culture et un plaisir de la découverte. « Je suis peut-être trop à l'aise chez les gens, je m'y fais très vite, vite familier. C'est très agréable, tu découvres. » De même qu'il collectionne les nuits sans lendemain, c'est un amateur de premiers matins.

Il s'agit là cependant d'un art très complexe, d'un exercice d'équilibrisme délicat, sur le fil du rasoir, nécessitant une certaine expérience. Car le non-engagement a habituellement pour propriété logique de briser l'enchantement. En refroidissant toutes les relations (à la personne et aux objets), et en créant le malaise par l'incertitude de la situation. Le charme des premiers matins touristiques, difficile à expérimenter, reste par ailleurs toujours limité. Il n'a ni l'intensité ni la qualité des vrais enchantements. Il opère par exemple sur les éléments de confort, objectivement mesurables, comme à l'hôtel. Alors que la magie amoureuse métamorphose n'importe quel objet, y compris le plus miteux. Les moindres détails de l'univers matinal, qu'ils soient riches ou misérables, sont sublimés.

Ils le sont d'abord par simple effet de l'amour porté à la personne, qui les irradie. Le premier matin de Colombine permet de bien le comprendre, paradoxalement parce qu'elle était seule. Souvenons-nous, elle avait été submergée par les parfums exotiques et s'était sentie emportée ailleurs, « comme dans un film ». Les objets étaient étranges, des bouddhas divers, des bâtons d'encens, des affiches et des écussons de karaté. Elle ne connaissait pas Franck ainsi, elle ne lui avait jamais senti cette odeur, et pourtant c'était bien lui. « Tu sentais la présence, la personne à travers cette odeur-là. C'était vachement agréable. » Il lui sembla qu'elle le découvrait, qu'elle se sentait plus intime qu'elle n'avait jamais été. « Même si j'étais seule, je le sentais très proche. » Cette sensation lui révélait à elle-même son amour, ou plus exactement le confirmait. Elle ne connaissait toujours pas clairement les sentiments de Franck à son égard. Mais, de son côté, l'enchantement du matin effaçait définitivement ses propres doutes. Matinée de pur bonheur. Elle se sentait libre et légère dans cet univers plein de chaleur et sans attaches. « Je me suis retrouvée toute seule et je me suis trouvée vachement bien. Je trouvais que la vie était vachement belle. Et en plus le soleil brillait. » Colombine se dirigea vers la salle de bains. Là une surprise l'attendait (la veille elle n'avait pas fait attention), un choc moins agréable. La société des objets était ici très différente de celle qui peuplait la chambre. Fini l'exotisme, le noir et les couleurs, le désordre chaleureux ; la salle de bains était impeccablement rangée, fonctionnelle. Et surtout, il y avait des étagères alignant d'impressionnantes quantités de produits de soin. « J'aurais jamais imaginé qu'un mec... une vraie nana ! » Elle eut même quelques secondes d'effroi : il y avait beaucoup plus de produits que chez elle, Franck ne penserait-il pas, quand il le saurait, qu'elle n'était pas à la hauteur, surtout pour une femme ? Heureusement, ce petit nuage gris se dissipa très vite. Elle se calma. Et, après les bouddhas et le karaté, pénétra dans ce nouvel univers. C'était un Franck encore plus inconnu. Étrange, voire incompréhensible, mais pourtant bien vrai, ces objets le prouvaient. Elle entrait dans son mystère. Elle détailla les produits, à nouveau surprise par le raffinement et les grandes marques. « Ç'a été marrant parce que j'ai découvert tous les trucs de parfum, les odeurs, de petites eaux de toilette, la marque du dentifrice. » Elle les sentit, les toucha. Sensation curieuse. Elle ne les touchait pas comme elle aurait touché des objets ordinaires. Bien entendu, ce n'était pas le corps de Franck, ils restaient des objets. Mais la part de lui qui était en eux (surtout s'agissant d'une part mystérieuse) transmettait des éléments très concrètement perceptibles. « Rien que les toucher ça donne, peut-être pas des frissons, mais quelque chose dans les doigts, qui fait bizarre en toi. »

Le paradoxe de l'ordinaire

Colombine avait commencé à pénétrer dans le paradoxe de l'ordinaire. Pour les objets de la chambre, ses sensations étaient assez faciles à comprendre : l'amour porté à Franck les avait métamorphosés. Mais il en alla autrement dans la salle de bains. Son premier réflexe fut d'ailleurs de les détester, ces objets non conformes à l'idée qu'elle se faisait de lui. Ce furent eux qui s'imposèrent à elle, par les confidences qu'ils lui délivrèrent. Tel est le début du paradoxe de l'ordinaire : des objets dérisoires, sans qualités particulières, ont leur mot à dire. Ils apprennent ce que l'on ne savait pas, et leur savoir implicite est immense.

En présence du partenaire, les objets jouent ce rôle en communion avec les gestes du quotidien. La salle de bains, le petit déjeuner ouvrent sur un univers infini de manières de faire que l'on était loin d'imaginer dans le lit. Mille dimensions de la personne se révèlent, parfois déplaisantes, souvent séduisantes (car on est très bon public en ces matins-là). La personne offre un corps qui n'est plus celui du lit, un corps ordinaire qui reste à découvrir. Découverte pleine de sensations subtiles très différentes du sexe-amour, de plaisirs minuscules qu'il faut savoir goûter.

Tristan sera notre guide. Nous l'avons déjà rencontré en théoricien du cocon-lit. Il avait alors évoqué les risques de la sortie de cette enveloppe protectrice. Quelques instants plus tard dans l'entretien, il développa une opinion plus positive : certes rien ne vaut la proximité chaleureuse de l'être-ensemble sous la couette ; mais la rupture de ton devient néanmoins secondaire quand on considère l'ensemble du matin dans son unité. Or cette dernière est fondée sur la force de l'insignifiant. « C'est assez jouissif, rien ne se passe, il n'y a rien de particulier, c'est très simple, mais c'est très intense. C'est plus un état que tu ressens, mais les petites choses que tu fais sont jouissives. » En d'autres termes, les sensations du cocon-lit peuvent être élargies à l'ensemble du matin. Tristan réfléchit, insatisfait. Il n'est pas parvenu à tout dire, il cherche ses mots, reprend. « Les petits matins te permettent de jouir pleinement de petites choses vraiment minimes. Après trois ans de vie commune, ces choses tu n'y fais plus attention, elles sont dérisoires. Au petit matin t'as une relation banale, pourtant, c'est bizarre, c'est ce que tu retiens le plus. » Nous voici arrivés au cœur du paradoxe de l'ordinaire. Les objets et les gestes révèlent la personne sous un autre jour ; une grâce singulière émane des éléments et des comportements les plus minuscules. Il y a cependant davantage, plus intrigant encore. La banalité la plus courante, qui va très vite s'oublier dans la suite de la vie conjugale en s'inscrivant dans des routines (pouvant devenir étouffantes), apparaît confusément à l'esprit, et de façon non critique, dans ce bref moment de transition. Il ne s'agit pas ici de l'étrangeté du partenaire (comme avec Colombine dans la salle de bains), mais de l'étrange étrangeté familière du couple lui-même, dans ce qui (très rapidement) va devenir sa banalité fondatrice. Pourtant le couple n'existe pas encore vraiment, il n'en est qu'au tout début, et parfois rien ne dit qu'il y aura une suite à l'histoire. La force des gestes simples tient à cette ambiguïté. Faire sa toilette ensemble, manger (tartines et café ordinaires) dans son petit chez-soi, génère des sensations indéfinissables. Pas aussi fortes que pendant la nuit, pas aussi caressantes que dans le cocon-lit, mais subtilement envoûtantes. Le regard sur soi est équivoque, à la fois intime et décalé, comme si l'on jouait au couple installé, en devinant vaguement que ce jeu a le pouvoir d'entraîner dans la réalité conjugale, que cette réalité peut-être existe déjà un peu. Les premiers gestes de la vie quotidienne accomplis en commun représentent un point avancé du processus de familiarisation qui débute. Une concrétisation de l'amour quotidien, étonnamment perceptible. D'où leur grâce particulière. D'autant que, contrairement à ce qui va se passer par la suite, chacun continue à se sentir libre et léger, extérieur aux routines ; un simple jeu.

« Je n'essaie pas de m'insérer »

Pénétrer dans l'ordinaire de la personne et dans le nouvel ordinaire conjugal en train d'émerger n'est pas une question annexe, une simple cerise sur le gâteau de l'amour. Il s'agit d'un élément crucial, qui va décider s'il y aura ou non vie commune. Dans l'hypothèse négative, c'en sera fini de l'histoire, ou bien celle-ci se focalisera sur le sexe-amour, chacun restant à distance, organisé chez lui pour le quotidien (couples non cohabitants). Le rapport aux gestes et objets anodins du premier matin n'est donc pas une mince affaire ; il y va de rien de moins que de l'avenir conjugal. Pour mieux comprendre ce curieux paradoxe, il est intéressant de prendre un exemple parlant par la négative, quand la magie n'opère pas. Ce qui aura pour effet, j'en suis vraiment désolé, de nous replonger un instant dans ce qui ressemble beaucoup à l'atmosphère aigre-douce des matins chagrins.

Rodolphe aurait presque pu figurer dans le chapitre précédent, son matin semblant se résumer à une suite de petits malheurs. Il faut dire qu'il n'avait guère été aidé par un certain nombre de facteurs extérieurs. Le frère de Charlotte par exemple, arrivé en pleine nuit, et qui était entré violemment dans la chambre (il avait bu), au plus mauvais moment, les surprenant « dans une position délicate ». Le malaise qui suivit, le départ anticipé au matin (le frère était toujours présent). Le chat, par contre, ne peut pas être considéré comme un véritable facteur extérieur. Certes, avoir un chat pour compagnon dans le lit lors de la première nuit ne serait pas sans poser problème à nombre de personnes. Mais le paradoxe de l'ordinaire est susceptible d'effacer toutes les agressions potentielles, y compris les plus griffues, quand il est appliqué à haute dose. Et même de créer le merveilleux à partir du plus méprisable. Généralement, un peu d'amour ordinaire suffit pour lisser les aspérités du quotidien, fluidifier les gestes et les pensées. Or pour Rodolphe, le chat fut immédiatement considéré comme un ennemi absolu, indigne de la moindre tolérance. « Elle le laisse toute la nuit ! Ah ça, c'est un truc que je ne peux pas supporter ! » L'animal lui rendit son hostilité. « Un coup de griffe sur la partie la plus charnue de mon anatomie. Ça fait très mal ! » Le matin, il fut réveillé tôt par la lumière entrant dans la chambre. « Elle dort les volets ouverts, ça je déteste. » Rodolphe vit d'abord le chat, sur le lit, tout près de lui. La journée commençait mal. Le regard circulaire sur la pièce ne recueillit que du négatif. La télévision dans la chambre : il trouvait cela vulgaire. Non moins inacceptable était le désordre. « Il y avait un beau fouillis ! Moi qui suis assez ordonné, quand j'ai regardé ça ! » En se rapprochant du corps à son côté, la récolte d'images ne se fit pas plus rose ; le détestable chat, encore et toujours, pelotonné sur elle ; et les yeux de Charlotte, bizarrement gonflés. Rétrospectivement, la critique s'élargit aux phases d'éveil pendant la nuit. « Tu te rends compte de ses habitudes nocturnes. Elle respire fort. Elle ronfle pas, hein ! mais elle respire fort. Elle prend beaucoup de place dans le lit. » Bref, le tableau était complet par sa quasi-noirceur, justifiant en apparence d'être classé dans les matins chagrins.

Mais Rodolphe, s'il n'y avait eu la présence du frère, n'aurait ressenti aucun besoin de fuite. Ce matin-là n'était pas vraiment chagrin. Il n'avait aucune honte, aucun regret, aucune gêne pour les exercices de la nuit, bien au contraire, il se sentait en disposition pour les poursuivre. « Moi, j'aurais bien continué toute la journée. » Il aimait Charlotte, sentimentalement et physiquement. L'éveil avait même été un moment intense. « J'ai eu droit à un regard très attendrissant. Pour elle je représentais quelque chose de très fort. Le côté agréable c'était ça : de se sentir important. Vu sa réaction au réveil, j'ai su tout de suite que ça ne serait pas pour une seule fois. Il y a des choses qui ne trompent pas. Le fait que tu découvres que la personne veut que ça continue, c'est très agréable. Un, tu te sens aimé. Et deux, si tu éprouves le même sentiment pour la personne, c'est un des meilleurs moments de la vie. Ç'a été vraiment très très profond. » Piégés dans le lit sans pouvoir recommencer à faire l'amour (présence du frère), ils discutèrent longuement. D'abord de banalités. Puis de confidences intimes ; un véritable enchantement conversationnel. « Ç'a été une des rares fois où j'ai parlé aussi profondément avec une personne. » Onze mois après les faits, Rodolphe et Charlotte déclarent vivre en couple, et s'aiment toujours. La vérité est qu'ils sont partagés entre deux vies, entre deux modalités corporelles. La nuit avait été aussi chaude et douce que le matin était froid et grinçant. Le corps sexe-amour regardait comme un étranger l'autre corps, celui des gestes ordinaires.

Michel Bozon [1993], analysant « la diversité des biographies sexuelles et des combinaisons possibles entre sexualité, couple et sentiment », en arrive à la conclusion qu'il existe des « dispositions extrêmement tranchées » et des hiérarchies de priorité très différentes entre individus. Il oppose notamment deux types d'« orientations intimes » dans la construction de soi [Bozon, 2001]. L'un est le fait de personnes ayant eu des rapports sexuels précoces, puis, dans la suite de leur parcours amoureux, un nombre de partenaires élevé (volatilité conjugale) avec lesquels elles ont développé un répertoire diversifié de pratiques sexuelles. Pour elles, l'amour se relie essentiellement au sexe, et peut être relativement séparé de la vie courante. Celle-ci (c'est moi qui ajoute) ne fait pas partie de leur univers amoureux, et peut même devenir rapidement un tue-l'amour. L'autre type de trajectoire au contraire inscrit la sexualité dans un ensemble plus vaste, diversifié, durable, stabilisé. Sexualité plus tranquille voire monotone, compensée par une attention aux autres dimensions de la vie conjugale. Et notamment (c'est moi qui ajoute) le sensible ordinaire. Cette typologie sépare les hommes entre eux et les femmes entre elles. Il est toutefois remarquable que les hommes soient plus nombreux dans la première et les femmes dans la seconde [Bozon, 1998]. Par ailleurs, dans le cycle de vie, la première est plutôt l'apanage de la jeunesse, et la seconde de l'âge mûr. L'analyse classique de l'amour (entre autres les travaux de Francesco Alberoni [1981, 1994]) a souligné le désenchantement sentimental corrélatif de l'installation dans la durée et de l'institutionnalisation. La routine génère l'ennui et l'affaiblissement du sentiment. J'ai moi-même repris ces analyses ; la critique que je formulerai est donc aussi une autocritique. Car je pense maintenant que ce diagnostic est en partie erroné. Certes parfois la routine génère uniquement ennui et affaiblissement du sentiment. Il n'y a plus rien d'autre dans le couple que les habitudes qui tiennent ensemble. Mais le plus souvent émerge une forme amoureuse particulière, très différente des tumultes émotionnels du sexe-amour, si discrète et diffuse qu'elle se fait presque invisible, pourtant intense et profondément structurante. Un amour conjugal fait d'apaisement, d'amitié affectueuse, de complicité, de soutien et de générosité mutuelle, de tendresse [Caradec, 1997]. Et aussi d'un art des petits plaisirs, d'une véritable culture de ce trois fois rien qui a le pouvoir de devenir si beau et de faire tant de bien. Or ce second périmètre conjugal commence à se travailler dès le premier matin. Le paradoxe de l'ordinaire est fondamentalement cela : une découverte précoce de la deuxième forme amoureuse (qui pourra s'épanouir par la suite). Rodolphe se situe justement dans une trajectoire très différente, illustrant les limites de la « relation pure » définie par Anthony Giddens [de Singly, Chaland, 2001] : il veut rester lui-même et ne pas se laisser prendre. Sexuellement attiré et véritablement amoureux de Charlotte en tant que personne, il semble qu'une frontière imperceptible change son regard dès qu'il porte sur les gestes et les objets ordinaires. Il devient froid et fonctionnel, opportuniste. « Je regarde les endroits stratégiques : la chambre, les toilettes, la salle d'eau. » Très rapidement critique (la télévision, le désordre), y compris sur la Charlotte d'après l'amour (yeux gonflés, souffle fort). Rodolphe déclare d'ailleurs ouvertement que non seulement ce quotidien ne trouve aucune grâce à ses yeux mais que très vite il lui pèse. « Je n'essaie pas de m'insérer. » Sa phrase complète est très exactement la suivante : « Je n'essaie pas de m'insérer dès le premier jour dans l'appartement. » Ensuite, il lui semble qu'il est plus ouvert, dans de meilleures dispositions mentales. En réalité, le premier matin est décisif et très représentatif de ce qui va suivre. Malgré quelquefois une volonté de changer, il ne parvient pas davantage à trouver moindre grâce à l'ordinaire. Depuis onze mois, Rodolphe et Charlotte vivent ensemble, chacun chez soi. Charlotte se console avec son chat.

L'empreinte

Les travaux d'éthologie (vulgarisés de façon un peu schématique par l'image des canards de Lorenz) ont montré la force et la rapidité de l'empreinte à la naissance. Le jeune animal incorpore le monde extérieur en se fixant sur quelque objet attachant, et ce faisant s'imprègne des catégories mentales structurant son action. L'éthologie humaine a souligné que cette « réceptivité aux événements », maximale à la naissance, pouvait connaître d'autres poussées dans des contextes particuliers [Cyrulnik, 1989]. Or c'est exactement ce qui se produit en certains matins, quand l'enchantement s'élargit à tout l'ordinaire. La réceptivité peut devenir si intense que les catégories perceptives du vieux moi sont effacées. L'individu vit alors véritablement une nouvelle naissance (il renaît dans une autre identité). Il y a mutation identitaire parce que empreinte, et empreinte parce que mutation identitaire : les deux sont indissolublement liées. Il est manifeste que tous les types de personnalités ne sont pas égaux face à cette potentialité de renaissance amoureuse. Les uns, fermement ancrés sur leur base identitaire, et se voulant maîtres absolus de leur destin, ne feront au mieux que quelques pas timides dans cette direction. Les autres seront prêts à se perdre, à se fondre dans le nouvel univers pouvant effacer d'un seul coup d'émerveillement leur existence ancienne. Ils y seront prêts dans l'amour physique et relationnel. Ils y seront prêts aussi dans l'amour ordinaire, incomparablement plus porteur d'un renouvellement identitaire que l'amour de la nuit et du cocon-lit bien qu'il soit plus discret. La puissance de l'empreinte se joue dans le merveilleux ordinaire, entre tartines et bol de café, entre linge sale et décoration bizarre, au premier matin.

L'effet d'empreinte est logiquement plus important pour celui qui est l'invité. Sorti de son contexte habituel, l'imprégnation qu'il éprouve peut même se révéler totale, et emporter « comme dans un film ». L'hôte des lieux doit quant à lui se contenter d'observer les manières de « la personne », de surcroît peu visibles car celle-ci reste très prudente, attentive à comprendre et respecter les règles indigènes. L'invité n'a apporté avec lui que quelques objets peu nombreux. Les autres viendront plus tard, progressivement [Alhinc-Lorenzi, 1997]. L'empreinte, moins brutale, peut cependant opérer, par bonds minuscules, dans l'enchaînement des matins suivants. José avait amené sa trousse de toilette pour la deuxième nuit. Pendant des jours, il y rangea ses ustensiles après les avoir utilisés, et referma scrupuleusement sa trousse. Fanny ne voyait que cette petite présence, bien rangée, refermée sur son mystère. Et puis un matin elle découvrit une brosse à dents, installée à la place qui allait devenir la sienne. « Je l'ai vue traîner sur le lavabo, c'était bien. »

Du côté de l'invité, les formes de l'empreinte sont également variables. Elle peut être globale, si merveilleuse qu'elle révolutionne instantanément le monde intérieur. Telle fut l'histoire heureuse du premier matin de Juliette chez Romano. Elle peut aussi être plus sélective ou évolutive, moins éclatante parce que la réalité à transformer est plus rétive. Telle fut l'histoire surprenante de Virginie. Commençons par elle.

Les premier et second matins de Léopold et Virginie sont clairement à ranger parmi les matins chagrins. Après les incompréhensibles propos sur les chèvres, après l'insupportable manie du sac de couchage solitaire, il semblait que leur histoire fût condamnée à la brièveté. Quelques semaines plus tard, ils étaient cependant toujours accrochés l'un à l'autre, et leur bringuebalante aventure se poursuivit dans la maison des parents de Léopold. Une description objective des lieux pourrait laisser penser qu'un nouveau pas vers l'horreur avait été franchi. C'est Virginie elle-même, très lucide, qui inventorie les objets de répugnance et d'exécration. « Il y avait des coins vraiment dégueulasses, t'avais le père qui crachait vingt-quatre heures sur vingt-quatre là-dedans. » Inutile de détailler davantage. Elle produisit un effort mental pour catégoriser la situation et faire la part des choses. « Ç'aurait pu éloigner certains de voir que son petit ami vit dans un truc bien crado. Mais si tes parents sont sales, c'est pas de ta faute » : Léopold était séparé du contexte. L'amour naissant qu'elle lui portait parvint même à rejaillir sur l'environnement, en estompant les reliefs les plus nauséeux. « En fait ça ne m'écœurait pas trop au début. Parce que tu t'en fous, t'es avec ton mec. Qu'est-ce que t'as à en faire de mettre ta manche sur une tache de graisse dans la cuisine ?

T'es pas écœurée parce que t'as toute l'attirance envers ton mec. » Malheureusement, il n'y avait pas que la saleté ambiante pour noircir le tableau. Le pire était peut-être le manque d'intimité conjugale. « Il y avait toujours du monde chez lui, c'était toujours plein de people, c'était vraiment pénible. » Pas un coin de la maison qui n'échappât à la foule, qui permît de vivre en face-à-face, seul à seul. Excepté (plus ou moins) le canapé-lit. Et surtout la salle de bains. « Ce monde qui nous empêchait d'être tous les deux, ça s'arrêtait à la porte de la salle de bains. » Leur paradis. Elle n'avait pourtant rien de mirifique. Elle était petite, sans fenêtre, sans décoration, guère mieux tenue que le reste, « pas très jolie, pas très propre ». La transmutation se produisit néanmoins, par la magie des gestes ordinaires et des corps ambigus, par la subtilité sensuelle de la nudité quotidienne, la proximité chaleureuse et douce de la banalité émergente du couple. « L'émerveillement du premier matin c'était d'être dans la petite salle de bains. » Virginie en garde un souvenir étincelant. Il serait sans doute exagéré de dire que le décor était devenu enchanteur, les corps rayonnaient bien davantage que les objets. Simplement, la saleté était masquée, le quelconque anodin enjolivé par le regard amoureux. Virginie s'approchait du degré d'enchantement à partir duquel même les poussières peuvent être changées en brins d'or.

« Ah ! j'étais heureuse ! »

Juliette l'avait atteint ce degré, avec Romano ; l'éblouissement fut intense et total. Elle était jeune (dix-sept ans), c'était son premier amour. Elle l'avait longtemps rêvé. Émotion très forte, explosion intérieure, véritable coup de foudre. « J'avais carrément flashé sur lui, mais dingue-dingue, ça ne m'est jamais arrivé comme cela. Puissance dix quoi, j'ai chialé et tout. » L'enchantement puisait donc sa vigueur d'abord dans le sentiment. Mais le matin fut particulièrement grisant, plus fort encore que les emportements sentimentaux antérieurs. « Ah ! la première fois, le premier matin, ah ! j'étais heureuse ! heureuse de l'avoir fait, d'être chez lui. J'étais accroc, hyper-accroc, mais vraiment hyper-accroc ! J'étais chez lui ! dans sa chambre ! J'avais attendu tellement longtemps. Et en plus on s'est bien marré. C'était un de mes plus beaux matins. » Son final déclinant surprend un peu : seulement un parmi d'autres beaux matins ? Juliette a-t-elle connu beaucoup d'émerveillements aussi intenses ? Non, celui-ci est le seul. En vérité, il est des choses qui restent inavouables, y compris à soi-même. Il convient ainsi de ne pas faire revivre trop fort un amour perdu ; juste ce qui est nécessaire pour éprouver une douce nostalgie, sans hypothéquer le présent. Juliette ne parle donc qu'à demi-mot (notamment pour préserver son tranquille accord actuel avec Guillaume). Mais son souvenir est trop plein d'un flot de frissons, et quelques instants plus tard les digues de sa retenue s'effondrent. « Ça, c'est un super-souvenir ! Mais vraiment le bien-être ! C'était du bien-être, t'es heureuse, je me sentais hyper-bien. Depuis, ça n'a jamais été aussi fort. »

De nombreux facteurs se conjuguèrent pour provoquer cette douce explosion émotionnelle. La longue attente, la concrétisation du sentiment (lui-même déjà intense), la tendre chaleur du cocon-lit, la sensation de l'autonomie et du passage vers la vie adulte, etc. Et même le joyeux délire, qui jamais ne brisa le charme. Dans cet ensemble, la matérialité de l'espace occupa cependant une place particulière. À cause bien sûr de la projection sentimentale (« J'étais chez lui ! dans sa chambre ! »). Mais la chambre en elle-même s'imposa à Juliette avec une force et une réalité d'évidence insoupçonnables, dans les moindres détails. Elle était dans sa chambre (à Romano), elle était dans sa chambre (à elle, Juliette), elle était la chambre, faisant corps avec tous les objets. Il n'y avait eu aucun choc, un émerveillement modéré et tranquille. « J'aimais bien regarder sa chambre, c'était hyper-chaud. » Mais l'empreinte avait été instantanée, l'incorporation complète. Le choc de la surprise ne pouvait avoir lieu puisque cet espace était déjà entré en elle. Elle le comprit les jours suivants, quand (c'est hélas la triste suite de l'histoire) elle se retrouva seule dans son ancienne chambre, pourtant gentiment décorée. La pièce était soudainement devenue froide, hideuse, étrangère, intolérable. Son regard critique se cognait dans chaque recoin, débusquant de nouveaux motifs d'agacement. Elle fermait alors les yeux, et rêvait à l'autre chambre, celle de Romano, la sienne, la leur. Rêve étonnamment concret : tout un peuple d'objets qui s'était subrepticement installé dans sa vie refusait désormais d'en sortir. D'autant que Juliette n'était pas convaincue de devoir les déloger. Elle préférait fermer les yeux, et demeurer dans son rêve.

Les matins anodins

« Il s'assit sur le bord du lit comme pour repousser l'étrangeté ambiante avec le volume de son corps.
"Nous devrions peut-être faire quelque chose d'ordinaire", dit-il.
Elle sourit. D'un sourire tendre, timide, plein de confiance. Et demanda :

"Que fais-tu d'ordinaire à cette heure-ci ?

— D'habitude, répondit-il, je prends une douche et je sors manger un hamburger au A & W, rue Osborne.

— Alors, allons-y. (Mais elle restait sur le lit, les yeux fixés sur lui.)

— Si tu veux nous pourrions trouver un endroit plus... plus (il essayait de trouver le mot juste), plus solennel pour l'occasion.

— Le A & W m'a l'air parfait. Et puis, c'est ton lieu, après tout." »

Carol Shields, *La République de l'amour*[1].

Après ces deux chapitres riches d'émotions fortes et diverses (du grinçant au merveilleux), voici venu le temps apparemment plus tranquille du voyage au pays des premiers matins calmes. Avec pour perspective de découvrir si ce calme ne dissimule pas des tempêtes intérieures.

La trajectoire de continuité

Dans quelle mesure un individu est-il libre d'inventer son présent et son futur ? Vieux débat philosophique, repris par la sociologie. Débat qui tourne mal quand chacun s'enferme dans une école de pensée radicale (liberté contre déterminisme), et invective les incroyants qui lui font face. Alors que la vérité se trouve dans l'articulation fine et permanente des deux mouvements : l'individu construit lui-même, chaque jour, les instruments qui ensuite participeront à guider sa pensée et son action [Kaufmann, 2001]. Le concept de trajectoire biographique est idéal pour comprendre ce pro-

1. Traduction française d'Oristelle Bonis, © Éditions Calmann-Lévy, 1993.

cessus à double sens [Dubar, 1998 ; Kaufmann, 1999].
Ego se trouve entraîné par la trajectoire de vie qu'il a
lui-même progressivement mise en œuvre, dans une
longue suite de décisions minuscules le plus souvent
implicites, sans conscience claire qu'elles engagent son
avenir.

L'histoire d'Éric et Anna (racontée par cette dernière) nous servira d'exemple. Le chercheur se doit
d'être extrêmement circonspect quand il recueille des
récits de vie [Bertaux, 1997]. Les acteurs ont en effet
tendance à rationaliser *a posteriori*, donnant un sens
volontaire là où le simple mouvement de la vie les avait
poussés. À l'inverse, ceux qui veulent intensément
s'inscrire dans des trajectoires d'évidence ont tendance
à effacer (y compris dans leur propre mémoire) même
les décisions les plus minuscules, en généralisant de
façon abstraite. Comme si le lien qui les unissait était
atemporel, hors de tout événement concret, sans qualités particulières. Anna commence ainsi sa narration :
« Il n'y a pas eu de première rencontre, on s'est toujours connu. » Ils se connaissaient en fait depuis deux
ans, et dans une suite de rôles sociaux différents, ayant
à chaque fois exigé une redéfinition de leurs échanges.
Ils furent amis, avant de devenir « très bons amis »,
puis de « sortir ensemble », et enfin amants, s'engageant plus ou moins consciemment dans une carrière
conjugale. Anna reconnaît cette évolution. Elle précise
toutefois qu'il n'y avait pas eu choix délibéré de mutation, les étapes s'étant « franchies toutes seules ». C'est
une fois franchies qu'elles devenaient rétrospectivement visibles. La description qu'elle fait du premier
matin est sur ce point révélatrice. « On se connaissait
depuis déjà deux ans, on était de très bons amis. Donc
le fait de passer un premier matin avec lui, c'était vraiment plus que de l'amitié, mais de l'amour, donc c'était

quelque chose de sérieux. J'avais l'impression d'avoir grandi, d'être devenue presque l'épouse symbolique. » Quelques instants plus tard, Anna change légèrement sa version. L'évocation d'un saut biographique même rétrospectif lui paraît exagérée. Oui, bien sûr, en y pensant, elle avait senti le passage de ce seuil symbolique. Toutefois le matin en lui-même ne marquait aucune rupture. Il avait été très simple, évident, presque banal. « C'était pas le changement brutal, c'était la continuité de la veille. » Tout au plus la nuit et le matin représentaient une concrétisation de ce qui devenait par ce fait un engagement. « Ça venait concrétiser ce qu'on était déjà en train de mettre en place. » En réalité, il n'y avait pas eu d'engagement clair et explicite. Juste un mouvement d'amitié se faisant de plus en plus tendre. Avec parfois des conversations plus engagées, dont la caractéristique était néanmoins d'être indirectes, à double entente. Dans leur période d'amitié, ils avaient ainsi beaucoup discuté de leurs conceptions de l'existence, se forgeant progressivement un point de vue commun. Ils en vinrent par exemple à définir une véritable éthique conjugale et familiale, sans s'avouer qu'ils travaillaient à construire leur projet personnel. « Maintenant, faire des projets de mariage, d'enfant et tout, on était plutôt contre. Déjà, dans nos discours d'amis, on disait : ils sont cons ceux qui se marient. Je ne me suis pas posé de questions sur ça. C'était juste : je veux que ça continue. » D'ailleurs, ces conversations diminuèrent quand vint le temps de la concrétisation (après dix ans de vie commune, ils attendent leur premier enfant, sans toujours parler de mariage). Les fondements avaient été posés comme par mégarde, il ne restait ensuite qu'à se laisser porter par l'évidence de la simple continuité.

« Je veux que ça continue. » Anna avait donc malgré tout exprimé un choix, mais un choix faible, enveloppé dans le cours de l'existence qui la poussait de façon irrésistible en avant. Son souhait ne faisait qu'accompagner une sorte de mouvement naturel de la vie. Y résister aurait représenté un vrai choix, exigeant de la volonté. Anna se contentait d'approuver le sens du long fleuve tranquille qui l'emportait. « Je me voyais comme un couple normal, banal. Il allait y avoir d'autres petits matins après, et ça allait continuer. Une continuité, c'était une histoire fondée sur la continuité. Et sur la sécurité, la confiance, l'un et l'autre. La sécurité du couple, être bien ensemble. » Puisqu'il y avait sensation de sécurité et de bien-être (les deux attentes les plus fortes dans la société actuelle), il était inutile de se poser des questions.

« Ce lien très profond »

Anna bricole son récit comme elle a bricolé sa trajectoire elle-même : en faisant intervenir des registres d'explication différents, intuitivement collés ensemble, tout en donnant (et en se donnant) l'illusion de l'unicité. À propos du premier matin, nous avons vu qu'elle avait par exemple oscillé entre expression du franchissement d'une étape et continuité parfaite avec la veille. À propos de la trajectoire considérée dans sa longue durée, elle hésite à nouveau, entre pure continuité (« C'était une histoire fondée sur la continuité ») et mise en avant d'un facteur plus actif : le « lien très profond ».

Le lien profond est celui qui est censé attacher deux personnes l'une à l'autre quelles que soient les vicissitudes de l'existence. Présenté ainsi, il devient un argument imparable, permettant de faire l'économie d'autres explications : inutile de chercher dans la complexité des échanges conjugaux puisqu'il y a le lien profond. Autrement dit, il se transforme très vite en opérateur magique, loin de toute réalité concrète. Anna nous a déjà dit qu'ils se connaissaient depuis toujours. Elle joue sur les sens du verbe connaître (la distance est infinie entre se connaître « de vue » et devenir amants). Et elle ment sur le « toujours ». Elle expliquerait sans doute qu'elle ne ment pas ouvertement, qu'à d'autres moments elle a dit « deux ans », que « toujours » est dans son esprit une métaphore. Le problème est d'ailleurs ici : dans le fait que les métaphores soient inscrites dans un langage à double entente qui les présente en partie comme la réalité. L'explication par le lien profond est généralement donnée *a posteriori*, pour conférer une logique claire et une cohérence à la trajectoire « On a été deux ans amis avant. On a été tellement amis qu'en étant amants il n'y... Il y avait évidemment une autre découverte, celle du corps, mais... En plus il y avait ce lien très profond, qu'on a toujours. » Le facteur invoqué peut alors devenir très abstrait et indéfinissable, situé hors de la réalité courante : le lien profond ne peut être décrit, il ne change pas avec les événements, il est indicible et éternel, presque divin. Il fonctionne comme une alternative efficace, plus moderne, à l'ancienne croyance en l'amour-destin qui était censé régler les rencontres (c'était écrit : ce devait être Elle et ce devait être Lui). Bien qu'on en rêve secrètement [Kaufmann, 1999], il est devenu difficile aujourd'hui de croire ouvertement en la prédestination amoureuse, les faits démontrant chaque jour le caractère aléatoire des unions. Le « lien très profond » est beaucoup plus crédible et présentable.

Et cela d'autant qu'il peut vraiment exister un attachement réel, concret et fort entre deux personnes, apte à se prolonger tout au long de la vie, quelles que soient les modifications des échanges. Un lien très profond donc. Mais une profondeur qui n'est jamais donnée, jamais immuable. Elle exige au contraire un travail permanent, pour reconstituer l'accord à chaque changement du contexte. Dans le seul registre de l'amitié, rester amis sur une longue durée implique un travail considérable de redéfinition mutuelle [Bidart, 1997]. On ne reste pas amis : on crée les conditions d'une amitié renouvelée, d'une amitié nouvelle entre des individus qui ont franchi des étapes biographiques et ne sont plus les mêmes. À plus forte raison donc, le « lien très profond » change profondément de nature quand les anciens amis deviennent amants. L'attachement interpersonnel se construit et se reconstruit chaque jour.

Le lien profond résulte d'un travail des acteurs bien qu'il puisse ensuite leur apparaître comme une abstraction. Il s'agit d'une réalité concrète, évolutive, et particulière : il n'est pas deux modalités d'attachement qui soient identiques d'un couple à l'autre. Vincent par exemple est insensible à toutes les déconvenues qui l'assaillent : elles glissent sur lui en n'ébranlant que la surface de son être. Car il a, intimement enracinée, la conviction secrète qu'il pourrait faire sa vie avec Aglaé. Est-ce de l'amour ? Il ne sait pas trop. Plutôt une sorte d'attachement intuitif mal défini, qui semble se jouer des difficultés. Cette résistance à toutes les turpitudes du premier matin ne prouve-t-elle pas d'ailleurs la justesse de son intime conviction ? Il peut se dire que si n'existait pas un lien profond, il aurait déjà claqué la porte. En vérité il ne fait que se fermer aux événements trop désagréables, qu'à remettre leur évaluation à plus tard. Il ne peut sérieusement évoquer un lien profond, ne connaissant que très peu Aglaé, depuis seulement quinze jours. Alors il fait comme si. Il joue à un amour-destin improbable et peu convaincant, en attendant que celui-ci fasse malgré tout son œuvre.

La force des actions faibles

Le lien profond n'est généralement évoqué qu'après coup, quand il est évoqué. La plupart du temps en effet, la continuité est gérée en elle-même (sans qu'il soit besoin de cet opérateur quelque peu magique), par la fabrication au jour le jour, et même minute par minute, d'un enchaînement du quotidien, le plus fluide possible. Pour cela il faut gouverner les transitions délicates, aplanir les aspérités, dissiper les malaises. Agir de telle sorte que chacun ait l'illusion qu'il ne se passe rien ou presque, que le matin n'est fait que de futilités dérisoires. Alors que l'existence entière est peut-être en train de basculer.

Mille petites ruses sont nécessaires. Les bisous qui masquent les blancs, les jeux et les rires, les conversations sur tout et sur rien. Vincent a opté pour la tactique du gros dos, le silence tranquille en attendant la suite. Mais quand le partenaire est plus bavard qu'Aglaé, cette tactique ne convient plus. Il faut imaginer des procédures de lissage des interactions et de structuration de la continuité. Les plus fréquentes consistent, après avoir banalisé et dédramatisé l'action (c'est un matin presque comme les autres), à se replonger dans la vie habituelle, en effaçant les traces et en atténuant les secousses de l'événement autant que faire se peut. « Même si c'était une nuit particulière, on est vite retourné à nos conversations d'usage. On était pas béat à se dire : putain, c'est incroyable ce qui nous arrive ! Fallait avancer dans le temps. On avait décidé d'aller en cours. Ce n'est peut-être pas par hasard (j'y pense maintenant) qu'on avait décidé d'aller en cours » (Boris). Ce n'était certainement pas par hasard. Les occupations de l'un ou de l'autre, des urgences diverses, sont souvent utilisées pour fuir l'incertitude de la situation, et les efforts qu'exige la reformulation identitaire. Il suffit de se donner rendez-vous pour le soir, et le tour est presque joué. Car la nuit tout redevient simple, et le deuxième matin, de petites habitudes sont déjà là qui permettent de trouver ses repères. Il n'y a plus ensuite qu'à se laisser porter. Fanny et José hélas n'avaient aucune occupation prévue, et le matin était plein de malaise : le flottement des définitions les prenait au dépourvu. Les silences succédaient aux silences. Ils y remédièrent au début par des baisers. Mais exagérer en ce sens aurait dévoilé la ruse à leurs propres yeux. Ils étaient donc condamnés à parler. Ils essayèrent des banalités, qui se révélèrent vite trop banales. Le face-à-face allait devenir pesant... C'est alors que l'idée leur vint, idée qui d'un coup les libéra, et rendit la suite beaucoup plus facile : il fallait organiser la journée, choisir des activités (cinéma ? balade ? restaurant ?). Des activités entre deux amis ou en couple ? Il n'y avait pas de différence, et c'est cela qui était commode : ils seraient plus proches le soir sans avoir eu à discuter du changement de ce qui les unissait. Ils ne parlèrent pas de ce rapprochement bien entendu, mais seulement, très concrètement et très passionnément, des activités elles-mêmes, du détail des films, de tel acteur, etc. Ils étaient loin des banalités de tout à l'heure : même à court terme, ils organisaient désormais leur avenir. Ils prenaient des décisions, allaient engager des actions. Des actions minuscules certes, se rendre au cinéma ou au restaurant. Mais l'important est que ces actions minuscules fonctionnaient comme des instruments de mise en route d'une trajectoire biographique qui commençait dès lors à les entraîner. Dans certains contextes, des choix ou des gestes microscopiques peuvent avoir un poids colossal.

La fabrication du non-événement

Les occupations habituelles, l'urgence commandant l'action, de micro-décisions diverses, etc. : tous ces petits éléments sont pris comme prétextes détournant l'attention, et permettent d'enclencher sans heurts la suite de la vie à deux. Le plus souvent un couple se forme non parce qu'il l'a décidé mais parce qu'il ne rompt pas. La seule vraie décision est la rupture. Pour former un couple, il suffit que ne cesse jamais le mouvement qui entraîne, mouvement de reproduction des habitudes. Il suffit de se revoir le soir après le premier matin, et la vie aura acquis un arrière-goût de déjà-vu rassurant. Les premières habitudes s'installent très vite pour peu qu'on les laisse tranquillement s'installer. D'où ce paradoxe : quand il ne se passe apparemment rien au premier matin, c'est qu'il se passe quelque chose. Et même, pour ceux qui ont choisi la méthode du matin anodin radical : plus il ne se passe rien, plus il se passe quelque chose. Les uns (comme Fanny et José) cherchent des dérivatifs, des prétextes, des micro-décisions. Il existe également une tactique beaucoup plus extrême : fabriquer la banalité absolue, le non-événement. Qui créent la simplicité et la force des évidences vides emportant dans leur courant, en masquant l'intensité des reformulations intérieures.

Certains cas très particuliers, bien que non représentatifs, ont l'avantage de faire ressortir les traits saillants d'un processus. J'ai ainsi utilisé le matin solitaire de Colombine pour mieux mettre en évidence le lien aux objets. Voici maintenant un autre cas singulier : le premier matin de Gabrielle et André. « On s'est fréquenté deux ans avant de... » André dormait dans son logement indépendant, Gabrielle chez ses parents. Pendant deux ans, elle le rejoignit chaque matin, avant le travail, pour une demi-heure d'activités communes. Un peu de flirt, mais surtout de la vie ordinaire : c'était leur petit chez-soi, leurs conversations de couple presque installé, tout un univers d'habitudes déjà régulières. Le petit déjeuner par exemple était très ritualisé. Aussi, le premier matin, n'y eut-il aucun malaise, aucune surprise ; ils se coulèrent dans les repères d'action et de pensée qu'ils avaient patiemment édifiés. « C'était notre première nuit, mais d'une certaine manière on a retrouvé nos habitudes du matin. Le matin, c'était un matin comme les autres. » Seule légère différence, ils gagnèrent quelques minutes de vie commune. « C'étaient nos petits matins qui s'agrandissaient. » Pas une rupture, une évolution sans heurts. Certes il y avait eu la nuit. Mais l'important était que le matin fût « un matin comme les autres ».

Évidemment une telle procédure est rare. Généralement au matin les repères sont au contraire incertains et flottants. Il faut improviser, s'ajuster mutuellement alors que l'on ignore ce que pense le partenaire (et souvent que l'on ne sait pas trop quoi penser soi-même), et surtout décider pour l'avenir alors que la réflexion se révèle difficile à mettre en œuvre. La seule solution qui se présente est alors de lisser la continuité et de fabriquer le non-événement, de s'enfoncer résolument dans le banal et l'ordinaire de la situation. Petit sourire rétrospectif sur la nuit, mais pour le matin : rien à signaler. « On n'avait pas de projet particulier ce matin-là, pas plus que les conversations que l'on pouvait avoir les autres jours quand on se rencontrait » (Erika). Un matin comme les autres sur le plan des actions concrètes. Concernant les pensées secrètes, Erika ajoute cependant qu'elle avait l'intuition diffuse d'un mouvement. Le non-événement s'inscrivait dans un cours de la vie qui les emportait tous les deux, en les unissant.

« Je savais que cela n'allait pas s'arrêter là, que ça allait poursuivre le cours. » Étrange « ça », qui les transforme alors qu'ils restent identiques. « Ça apportait un plus à notre relation, mais ça changeait rien à notre mode vie. » Illusion, bien entendu. Si leur relation changeait, c'est bien parce qu'ils avaient eux-mêmes, concrètement, révolutionné leur mode de vie. Mais il fallait le masquer par l'idée de la continuité et du non-événement pour que « ça » puisse réaliser son œuvre conjugale dans la sérénité.

Jouer de l'anomie

L'utilisation d'un très ancien concept de la sociologie, l'anomie, va nous permettre de mieux définir la particularité des premiers matins anodins. C'est Émile Durkheim qui le popularisa, notamment dans son étude sur le suicide [1897]. L'anomie caractérise une situation où un acteur ne parvient plus à s'inscrire dans des repères stables fondant sa pensée et son action. Il y a perte du *nomos*, ce cadre de vie qui donne le sens des choses en enfermant dans une réalité précise, contraignante mais reposante pour l'esprit. Les sociétés traditionnelles ne connaissaient pas l'anomie, car les individus y étaient justement définis par ce type de cadre, dans lequel ils s'inscrivaient fortement. L'anomie est une maladie de la société moderne, le prix à payer de la liberté individuelle, de la définition par chacun de sa propre vérité et de sa morale [Kaufmann, 2001]. L'auto-définition de soi crée un « mal de l'infini » [Durkheim, 1897], résultant de l'ouverture des horizons et de la mise en flottement des repères. Et sa conséquence iné-luctable : des effondrements psychologiques, pouvant aller jusqu'au suicide.

On ne se suicide pas au premier matin (heureusement !), on y connaît le malaise mais pas l'effondrement. La situation est pourtant typique de l'anomie. Car l'ambiguïté de la situation (est-on amis ou conjoints ? doit-on reprendre ses distances ?), amplifiée par les hésitations et changements permanents, se croise avec des manières de faire qui ne sont pas harmonisées entre les deux partenaires. Après l'excitation de la nuit et la douceur du cocon-lit, ils découvrent soudainement qu'il n'y a plus de règles du jeu. Tout est ouvert, et tout devient compliqué. Les deux partenaires se retrouvent dans un vide des définitions. « Tu as passé la nuit avec, mais le matin tu ne sais pas trop comment faire, comment discuter. La personne en fait, tu ne la connais pas. Il y a des personnes par exemple, il vaut mieux ne pas leur parler » (Fanny). Ne pas leur parler, ou trouver un thème de conversation apparemment neutre (avec José, le cinéma). Difficile de ne pas essayer de se situer un peu. Mais souvent les molles tentatives n'aboutissent qu'à l'échec et sont vite abandonnées. « Le petit matin c'est particulier, c'est très particulier, c'est une gêne... pas vraiment une gêne... Si, une gêne d'une certaine manière. On sait pas trop comment la personne va réagir, tu ne sais comment trop toi non plus tu vas réagir » (Rodolphe).

Les plus angoissés par le malaise se lancent dans des conflits feutrés de définitions (pour imposer un modèle d'action), qui n'aboutissent qu'à rendre chagrins les matins. Les plus amoureux se plongent avec délices dans le cocon-lit caressant et dans l'enchantement de la culture indigène à découvrir. Les plus habiles insuffisamment amoureux ont quant à eux la possibilité (outre la diversion, par le rire, ou par les occupations de la journée) de tenter un véritable coup de force : jouer de l'anomie. Non seulement ne pas en souffrir, mais la renforcer volontairement, l'amplifier pour rendre le matin encore plus anodin.

Les caractéristiques du lieu où se déroule l'action deviennent ici décisives. Prenons l'exemple de Sophie. Depuis des années, elle cumulait inexorablement les éveils chagrins, les hontes matinales, les fuites éperdues. Jusqu'à ce qu'elle rencontrât Sébastien. La rencontre en elle-même n'avait rien eu de remarquable. La nuit avait été semblable à beaucoup d'autres de ses nuits amoureuses. C'est au matin que tout fut différent, à cause du lieu, neutre, où aucun des deux partenaires n'avait laissé auparavant un gramme d'histoire personnelle. « Je me sentais avoir le droit d'être là. C'était une pièce qui me rassurait. Il n'y avait pas de passé, chacun y mettait ce qu'il voulait. Comme si on n'avait fait que passer, comme si cela n'allait pas laisser de traces. » Que souhaitait-elle pour l'avenir ? Continuer l'aventure avec Sébastien ? Elle ne le savait pas et ne voulait pas le savoir, ne pas réfléchir, et surtout ne prendre aucune option, ne faire « que passer », sans « laisser de traces », mais en même temps sans interrompre le mouvement. Ne pas fuir, s'installer dans l'expérience sans s'y installer vraiment. « Je n'avais pas envie de me sentir chez moi, de m'engager. Mais du fait que ce soit un endroit neutre, qu'il n'y avait rien, ça me rassurait, ça pouvait être une partie de chez moi. Donc j'avais moins envie de partir, parce que je pouvais mettre une partie de moi. Ç'aurait été dans sa chambre les premiers temps, ça ne se serait pas passé comme ça. »

D'autres facteurs permettent de jouer plus facilement de l'anomie. Par exemple, quand la scène (au matin) ne se joue pas en face-à-face mais entourés d'un groupe d'amis. Une autre définition de la situation (la dynamique de groupe, les plaisanteries amicales) s'impose aussitôt et permet de faire diversion. Le contexte est toutefois très différent de ce que nous avons vu avec Fanny et José. La diversion consistait pour eux à organiser leur journée. Petite décision certes, mais il s'agissait des vrais débuts de leur vie à deux. Le groupe d'amis, lui, n'a qu'une réalité très provisoire. D'ailleurs, si le couple se forme, il va très vite prendre ses distances et reformuler les liens amicaux [Berger, Kellner, 1988]. La socialisation amicale a donc quelque chose d'artificiel, qui ne trompe pas les deux partenaires : ils ne font que semblant de se prendre au jeu du groupe, se lançant de brefs regards complices, ou réfléchissant, chacun de son côté, à la suite de l'histoire. Ils ne sont plus dans leur vieille identité, sans être dans une nouvelle identité conjugale ; ils sont ailleurs. Ils ne sont pas non plus véritablement pris par le groupe ; ils sont nulle part. Dans une sorte de parenthèse, hors des réalités ordinaires de la vie. « Comme dans un film », avait dit Colombine. Jouer de l'anomie, c'est cela : s'évader hors des contingences normales pour brouiller les frontières du moi. À la différence qu'ici il n'y a ni parfums exotiques ni décors somptueux, le film est un ailleurs indéfini et incertain, un décentrement de soi supplémentaire, aggravant encore la non-définition de la situation.

Le double jeu

Jouer de l'anomie a toutefois ses limites. Un minimum de repères est nécessaire. Et il est difficile de résister à l'envie de savoir, de deviner qui est vraiment l'autre et ce qui va se passer. Il est impossible de s'empêcher de regarder (tout en donnant l'impression de ne pas regarder), d'analyser sans trop analyser, au détour d'un geste, d'une question anodine. « Il y a de la gêne, tu ne sais plus trop quoi dire. Tu te lèves, tu demandes, comme ça : "Tu veux un café ?" Mais t'es en train d'observer l'autre en fait » (Fanny). Les partenaires mènent un double jeu.

Il convient de bien définir cette expression. Généralement, elle signifie que l'on offre une apparence trompeuse pour mieux masquer ses opinions secrètes. Il ne s'agit pas de cela ici, l'anomie est sincèrement utilisée. Simplement, elle ne peut régir à elle seule toute la situation, et les partenaires sont amenés à jouer d'un double registre : un temps pour le flottement anomique, un autre pour une tentative de définition des règles de l'échange. Prenons l'exemple de Rodolphe. Il s'était plusieurs fois réveillé dans la nuit (avec Charlotte), une même idée en tête : « Tu ne sais pas trop quoi penser. » Le caractère presque obsédant de la réflexion ne lui avait pas permis d'avancer. En fait, il y pensait sans réfléchir vraiment. Nous connaissons la suite : il finit par se décider, à vrai dire à moitié (ils vivent en couple non cohabitant). Mais l'important est de savoir comment il se décida. Il fit comme il en a progressivement pris l'habitude, pour tous ses premiers matins avec une nouvelle partenaire, selon des principes érigés désormais en théorie. « Alors tu attends, et puis tu engages la discussion. Tu commences par dire des banalités, patati, patata... Et puis après t'essaies de trouver soit un prétexte pour rester, soit un prétexte pour partir. » Il faut suivre attentivement ce que dit Rodolphe. Une lecture rapide peut laisser penser à un double jeu classique (je ne prononce que des banalités cependant qu'intérieurement je réfléchis à la suite). Alors qu'il est tout à fait sincère dans les deux registres. Et qu'il est même vraisemblable que l'usage de l'anomie soit dominant dans sa stratégie. Il attend, puis engage, réellement, une conversation banale. Patati, patata. À ce moment précis, ses essais de réflexion n'ont guère été plus couronnés de succès que pendant la nuit. Il n'y voit toujours pas très clair, et n'a pas non plus tenté d'enclencher un type d'échange qui l'engagerait dans la trajectoire conjugale, ou au contraire marquerait une distance. Il se maintient dans la stricte neutralité des phrases banales. Patati, patata. En fait il continue à attendre, à attendre qu'un signe lui vienne de l'extérieur, un « prétexte », qui lui dira si c'est oui ou si c'est non. Sans doute a-t-il préparé intellectuellement ce prétexte, il ne saisit en fait que celui qui intérieurement lui convient. Mais il n'a pas conscience de ce travail cognitif. « C'est pas la peine de s'affoler, il y a un moment où ça devient évident, ça se fait tout seul. »

Pour Fanny, cela ne s'était pas passé tout seul avec Gilberto. Il y avait d'abord eu les banalités, comme avec José, les bisous pour masquer les blancs. Le matin anodin s'annonçait dans une anomie tranquille. Mais la suite fut différente. Les occupations prévues dans la matinée (chacun de son côté) les conduisirent en effet à se quitter précipitamment. Habituellement, il n'y a rien là de problématique. Au contraire, nous avons vu que cela pouvait représenter une méthode de lissage de la continuité. Pour Fanny et Gilberto, par contre, la difficulté fut qu'ils en étaient restés aux banalités jusqu'à la séparation. Ils s'étaient dit au revoir, affectueusement, mais sans autre commentaire. « Je ne savais pas s'il allait me rappeler, s'il allait revenir. » Seul lien les unissant encore : son vélo, qu'elle devait lui ramener. Le vélo ne constituait cependant en aucune manière un indice, elle pouvait le rendre tout aussi bien à un ami qu'à un partenaire conjugal. L'anomie avait peut-être été poussée un peu trop loin.

« *Dans la logique des choses* »

J'ai choisi de terminer ce chapitre avec l'exemple d'Isa, modèle presque parfait regroupant tout ce qui fait qu'un matin devient anodin : la trajectoire de continuité, le décentrement anomique, le non-événement.

D'entrée elle prévient : son histoire avec Tristan est celle d'une « relation bizarre ». Elle n'a pas été la seule à faire cette remarque. L'idée est en effet très répandue qu'il existe une norme de la formation conjugale, marquée par une rencontre amoureuse claire et fondatrice, voire par un coup de foudre instantané. Or la réalité est à des années-lumière d'une telle représentation. L'écrasante majorité des couples résulte d'une histoire au moins un peu « bizarre », où les acteurs ont joué sur les équivoques et les doubles sens, ont saisi des prétextes curieux ou des contextes décalés, se sont laissé entraîner par des actions minuscules. L'histoire de Tristan et Isa est donc simplement un peu plus bizarre que la moyenne. D'abord par cette habitude qu'ils avaient prise, depuis très longtemps, de dormir dans le même lit, « en copains ». Inutile de préciser avec quelle facilité Isa put ainsi vivre son premier matin comme un non-événement, sans rupture et surprise. « J'avais l'habitude d'être avec lui. On avait déjà notre petit univers à deux. » Le matin fut un matin comme les autres. Comme pour Erika, cette stabilité des repères n'empêcha pas cependant l'intuition d'un mouvement, qui irrésistiblement l'emportait. « C'était dans la logique des choses, ça se faisait parce que ça devait se faire. Je me disais que ça allait durer le temps que ça allait durer. Voilà, je ne me posais pas de questions. » Une logique des choses qui était pur mouvement, sans « lien très profond », du moins de son côté. Elle était très liée à Tristan, mais amicalement : à certains moments elle déclare ouvertement qu'elle n'était toujours pas amoureuse au premier matin. Lui par contre était beaucoup plus attaché à elle, et vivait le franchissement de chaque étape avec le bonheur que procure un rêve qui se réalise. Tristan : « Ç'a été un travail de longue haleine, mais comme je voyais de petits progrès, je me suis dit : ça va aboutir un jour sur quelque chose. » Isa : « Il était très heureux (il avait réussi à avoir ce qu'il voulait), et je le ressentais. Ça fait toujours plaisir de se rendre compte qu'on puisse rendre quelqu'un content, c'est flatteur. » Elle était heureuse de le voir heureux, mais, par l'amitié et par ce plaisir partagé, subissait insensiblement l'incitation à continuer le mouvement. « Et puis je ne pouvais pas refuser étant donné qu'il me pressait déjà depuis un moment. » La « logique des choses » était accélérée en sous-main par Tristan.

Il n'y aurait pourtant pas eu de nuit d'amour sans l'événement qui allait se révéler décisif : le départ d'Ursula pour l'Amérique. Ursula était la meilleure amie d'Isa, sa confidente. Sa soudaine absence la déstabilisa. Elle eut besoin d'un soutien rapproché pour combler le manque : Tristan se présenta comme un substitut idéal. « C'était pas une roue de secours, mais c'est vrai qu'il remplaçait un peu Ursula. J'avais toujours besoin d'avoir quelqu'un de très proche, et Tristan se trouvait là. » Visiblement il ne souhaitait cependant pas se cantonner au rôle d'Ursula ; et l'équivoque s'installa. Jusqu'à ce jour, Tristan avait tort de penser qu'être parvenu à dormir dans le même lit qu'Isa était un pas déterminant dans sa conquête. Une proximité qui s'installe dans une définition amicale peut paradoxalement en effet être plus difficile à transformer en relation amoureuse qu'une distance initiale. Avec une personne inconnue, il est possible de tomber amoureux sans efforts particuliers ; avec un ami, il faut d'abord briser les rapports anciens d'amitié. L'amour ne s'ajoute pas à l'amitié. Heureusement pour Tristan, le départ d'Ursula créa un trouble de type anomique : Isa ne savait plus exactement dans quelle sorte de relation elle était. Par ailleurs (et cela augmenta encore le trouble anomique), elle continua à se sentir très proche en pensée d'Ursula, elle maintenait le lien de confidence malgré l'éloignement, de façon virtuelle. Elle se racontait à elle-même ce qu'elle lui aurait raconté et ce qu'elle lui raconterait. Elle rêvait de quelque chose à lui dire, qui puisse être énorme et surprenant. Or ce quelque chose était justement en train de discrètement se produire. Quelle tête ferait Ursula en l'apprenant ! Isa tentait d'imaginer la scène. Si forte et si drôle qu'elle emporta sa décision. « La seule chose à laquelle j'ai pensé (c'est bête hein !), c'est mon amie en Amérique. Je me suis dit : mince elle va bien rigoler quand elle va revenir. » La destinée amoureuse tient parfois à des broutilles. « En fait c'est un truc compensatoire qui s'est transformé. »

Au premier matin, elle crut que sa relation amicale avec Ursula était toujours primordiale. En réalité, la confusion anomique était à son comble. Elle avait cédé, sous la pression de Tristan, pour avoir une bonne histoire à raconter à sa copine. Dans sa tête, elle restait d'abord l'amie d'Ursula. Ensuite l'amie (amie d'amitié) de Tristan. Plus, donc, depuis cette nuit, son amante, sans autre engagement ni reformulation des liens. « Au départ, je ne me suis pas vraiment investie en lui. C'est quelqu'un que j'aimais beaucoup, que j'adorais, mais amoureuse je ne sais pas. C'est pas parce qu'on était passé à l'acte que j'étais amoureuse. » Elle pensait que, dès qu'Ursula serait revenue, la vie reprendrait le « cours des choses ». Curieux « cours des choses » (la relation privilégiée avec Ursula ; la simple amitié avec

Tristan) qui devait se réinstaller tranquillement, alors que la pourtant très différente « logique des choses » (la formation d'un couple avec Tristan) l'emporta en fait, tout aussi tranquillement. « Je pensais que quand Ursula reviendrait, on reprendrait le cours des choses. Je pensais qu'on serait reparti dans ce jeu-là. » Quand Ursula revint, le couple, poussé par la « logique des choses », avait progressivement incorporé ses premiers repères. « Évidemment après il y a des habitudes de couple qui s'installent. » Obligeant Isa à renouer différemment le fil biographique, à se raconter une autre histoire. « Et puis quand Ursula est revenue, ben ça y est, j'étais tombée amoureuse. »

Dans l'entretien, Isa hausse le ton lorsque les questions arrivent sur le moment précis du premier matin. Une enquête sur ce thème la dérange. Car le premier matin est et doit être pour elle un non-événement absolu. Elle cherche ses mots pour exprimer la radicalité du vide existentiel de la scène. « Il n'y a pas eu de cassure nette, avant et après. C'est pas parce qu'on a fait l'amour que ç'a changé les choses. Il n'y avait rien de changé dans ses habitudes. Il n'était pas plus prévenant, pas plus... Non, rien ! Pas de gestes particuliers ! » Qui croire ? Tristan ou Isa ? Tristan nous avait expliqué, en théoricien du cocon-lit, toute l'intensité de cette intimité partagée, fondatrice de leur couple, tout le bonheur de la journée entière passée sous la couette. Tristan et Isa nous racontent deux versions totalement opposées des mêmes faits. Les descriptions concrètes sont identiques (la télévision, les spaghettis), ou proches (un peu plus tard, Isa rectifiera ses propos en avouant que Tristan avait été très caressant dans le lit : il y avait bien eu des gestes particuliers). Mais leurs interprétations sont diamétralement contraires. Ce qui nous amène à une question intéressante : le non-événement existe-t-il dans les faits ou est-il le seul produit de l'imaginaire ? Indéniablement, il est avant tout un effet de la représentation. Comment Isa pourrait-elle expliquer autrement que ce non-événement l'ait entraînée dans la vie à deux, contre les perspectives qu'elle avait en tête ? Il y avait bien eu des gestes particuliers, et le premier matin avait bien marqué une rupture. Simplement, elle ne voulait pas le voir clairement, elle s'en remettait (et s'en remet toujours) à la « logique des choses », qui évite d'avoir à penser. Il ne s'était rien passé d'inhabituel. La journée sous la couette ? Parce que Tristan est paresseux !

Le non-événement ne peut toutefois se ramener à un unique effet de perception ; les matins anodins, d'un point de vue objectif, ne sont pas identiques aux matins enchantés. Il m'aurait fallu être directement présent pour pouvoir préciser davantage à propos de Tristan et Isa : les lignes qui suivent sont donc de simples hypothèses. Je pense que leur premier matin n'a absolument pas eu la tranquillité lisse décrite par Isa (ou le bonheur suave décrit par Tristan). Au contraire, le conflit souterrain a dû faire rage, toute la journée. Car deux conceptions s'opposaient. Deux idées sur l'avenir, et deux visions du premier matin lui-même. Chacun essayant de faire prendre corps à ses conceptions, dans le moindre geste. D'ailleurs, pourquoi Tristan a-t-il finalement gagné ? Parce qu'il est parvenu à imposer la « logique des choses ». En allongeant le temps du cocon-lit, en imaginant de petites folies comme les spaghettis à la manière romaine, en diluant tellement la journée qu'elle s'enchaîna à la nuit suivante. Il avait concrètement construit les conditions de la continuité tout en vivant personnellement la rupture.

Il ne faudrait pas néanmoins se forger une image erronée du mode de formation de leur couple : Tristan prenant toutes les initiatives alors qu'Isa se serait contentée passivement d'accepter (voire se serait fait piéger). En réalité, tous deux produisirent un intense travail, d'autant plus délicat que deux conceptions du premier matin s'affrontaient. Lorsque les partenaires s'inscrivent tous deux dans la continuité et l'anodin, il leur suffit de se laisser porter par la « logique des choses ». Entre Tristan et Isa, il fallut à l'inverse négocier discrètement, bricoler continuellement les détails les plus minuscules, pour trouver une sorte de juste milieu où les deux associés-adversaires puissent ancrer leurs deux histoires très différentes. Isa n'aurait pu poursuivre dans la « logique des choses » impulsée par Tristan si les ruptures avaient été trop fortes ou les enchantements trop furieux. Heureusement le style de l'action, fait d'« attitudes toutes simples » (Tristan), était peu démonstratif et languissant, rempli de plénitude vide. Où Tristan voyait le plein (l'émotion silencieuse du couple naissant), et Isa le vide (l'ordinaire d'une journée comme une autre, juste un peu plus molle).

Tristan et Isa vivent maintenant ensemble depuis trois ans. Amour sans nuages. Il est étonnant de constater à quel point ils se racontent encore (à eux-mêmes) deux récits si éloignés l'un de l'autre. Tristan était amoureux « depuis toujours ». Le désir sexuel fut l'énergie qui le poussa en avant dans sa quête. La nuit cruciale n'avait pas été prévue, il s'empara cependant aussitôt de l'occasion, et organisa ce qui lui apparut être le plus beau de tous les cocons-lits : au premier, matin il savait qu'il ferait sa vie avec Isa. Pour cette dernière, l'amour n'est venu que progressivement. Au début il n'y avait que la stricte « continuité des choses ». « Au tout départ, c'était vraiment dans la continuité des choses. » Ces deux termes sont ses favoris, revenant à chaque instant sur ses lèvres. Les « choses », sorte de destin diffus et moderne, l'emportent dans leur « cours » ou leur « logique ». La « continuité », elle, n'est rien d'autre que le mouvement fluide de la vie, dans lequel les « choses » emportent, sans à-coups, sans ruptures. « Ça s'est fait naturellement, rien ne m'a marquée. » Dans l'ensemble de sa trajectoire avec Tristan, elle n'a le souvenir que de deux décisions personnelles, deux ruptures qui lui avaient donné matière à penser. D'abord, il y a très longtemps, avec leurs copains, quand ils se distinguèrent du groupe par l'affirmation d'une amitié privilégiée. Ensuite, six ou sept mois après le premier matin, quand Isa décida de s'installer chez Tristan. Il aurait préféré qu'elle vienne bien avant. Mais la « continuité » ayant besoin de lenteur dans son mouvement, Isa ne voulait pas précipiter « les choses », d'autant qu'elle ne savait pas encore très exactement où elle en était dans sa relation avec Tristan. Elle choisit donc l'indécision résidentielle. « J'étais entre deux appartements. Au départ je faisais la navette. » Le cours des choses se révéla alors fatigant à gérer. « C'est vrai, c'était pénible de dire chaque jour : qu'est-ce que je dois emporter pour me mettre demain ? » Une clarification devenait inéluctable. Or Isa ne concevait pas comment elle aurait pu revenir en arrière. Il lui fallait donc officialiser la marche en avant conjugale. « C'est moi qui ai pris la décision », dit-elle, assez fière de ce soudain accès de volontarisme. À vrai dire, la décision fut bien dans sa manière, savamment dosée pour ne pas être vécue comme une rupture insupportable. « Un jour je me suis dit : j'amène quand même la moitié de mes affaires chez Tristan. »

TROISIÈME PARTIE

LE COUPLE SE JOUE AU PREMIER MATIN

La bonne manière

« Quand je me suis réveillé, quelques heures plus tard, Tanya n'était plus dans le lit. Il n'était que neuf heures du matin. Je l'ai trouvée assise sur le divan, qui descendait une bouteille de whisky.

— Ben dis donc, tu commences tôt.

— Je me réveille tous les jours à six heures, et je me lève.

— Je me lève tous les jours à midi. Il va y avoir un problème. »

Charles Bukowski, *Women*[1].

« Ah tiens il a un petit côté comme ça ? »

L'étrangeté des choses dès le réveil crée la surprise. « Ah ! la tapisserie marron et orange ! c'était affreux ! J'étais vraiment étonnée » (Juliette, chez Guillaume). Il faut vraiment que le matin soit très enchanteur, ou très anodin, pour que les objets s'estompent et n'entrent pas soudainement à l'avant-scène. Comme s'ils étaient pressés de livrer tous leurs secrets. Qu'ils soient énigmatiques, insuffisamment ou excessivement rangés, hideux ou magnifiques, ils vont dès lors, dans les blancs de la conversation, guider le bal des pensées.

Souvent un élément se dégage en premier, sorte d'arbre ne devant pas cacher la forêt, mais qui peut se

1. Traduction française de Brice Matthieussent, © Éditions Grasset, 1981.

faire obsédant par les questions qu'il pose. À peine avait-elle vu la photo qu'Agathe ne cessa d'y réfléchir. « Il avait été avec une autre fille avant, pendant trois ans, et il avait gardé une photo d'elle dans la chambre. Et j'ai fixé ça longuement. Qui c'est celle-là ? Bon, je savais que c'était elle, mais qu'est-ce qu'elle faisait encore là ? Même si je savais pas sur quoi ça allait déboucher tout ça, j'étais vachement jalouse. » La photo empêcha Agathe de se laisser porter tranquillement par les événements comme elle l'aurait souhaité. Elle était sur le fond très indécise. « Je ne savais pas si ça allait durer longtemps. » Alors, pourquoi cette brusque jalousie ? Sa réaction en tête à tête avec la photo (rien n'avait été discuté avec John) l'obligeait à clarifier ses idées et préciser ses projets. En réalité, ses pensées allaient plutôt dans tous les sens (Suis-je mieux qu'elle ? Pourquoi se sont-ils séparés ? Pourquoi m'est-il impossible d'arrêter de penser à cette fille ?), sans qu'elle puisse détacher son regard de la photo problématique. Un seul objet peut prendre une place énorme au premier matin.

Mais il ne sera jamais aussi intéressant que la forêt discrète des objets ordinaires. Étagères, affiches, torchons, brosse à dents, balai, casseroles, etc. : tout un monde, d'une étrangeté particulière, inconnu sans être froid ni hostile, à double sens. L'univers muet des choses longuement manipulées révèle qui est la personne, en dehors de ce que l'on savait d'elle dans les échanges amoureux. « Bon, c'est une chambre masculine, pleine d'objets masculins. C'était très anglais, et très typiquement masculin, plein de choses éclectiques. En regardant comme ça je me suis dit que c'était une personne qui bougeait beaucoup et très branchée » (Agathe). Il ne s'agit pas d'un simple petit ajout d'informations marginales ; parfois, les objets du matin reformulent profondément la perception de la veille. « Je ne le connaissais pas trop avant, je ne l'avais jamais vu dans son contexte quotidien. Je découvrais une autre personne, tout avait changé pour moi. Ce n'était pas du tout la même personne » (Agathe). Le choc de la surprise est toutefois assez rare, et l'étrangeté particulière. Car la nuit a tellement rapproché que ces objets, même bizarres, ne peuvent être perçus comme totalement extérieurs à soi. L'amour (ou au moins la bonne disposition envers l'autre) incite à entrer avec empathie dans ce monde insolite. Les objets étranges sont aimés avant d'être compris.

Aimer sans comprendre est d'autant plus facile que la personnalité se dédouble aisément au premier matin. Le moi aimant est libre et léger, apte à ne s'offusquer de rien et à devenir instantanément autre (c'est plus tard qu'il réglera ses comptes avec le moi habituel). Colombine s'était senti emporter, « comme dans un film », imprégnée de tout son être (le moi aimant) par les couleurs et les senteurs exotiques. Puis très vite, en même temps que son moi habituel refaisait lentement surface, des questions s'emparèrent de son esprit. À propos de Franck. Qui était le vrai Franck, que révélaient de lui les objets du matin ? Cette nouvelle face de sa personnalité était-elle aussi digne d'amour ? Colombine scruta la pièce dans les moindres détails. « Les objets reflètent le personnage. Ah tiens, il a un petit côté comme ça ? Ah tiens, gna-gna-gna-gna... Là il y avait des statues de karaté, de moines Shao-Yong-je-ne-sais-pas-quoi. Moi, je n'y connaissais rien. Je me suis dit : mais quel zozo celui-là avec toutes ses statues ! » Colombine prit d'abord le parti d'en rire, avant de s'interroger, car elle n'apprécie guère la soumission et le fétichisme, grotesques à ses yeux, des rituels religieux. « J'ai rien contre les gens qui ont une passion pour ce genre de choses, mais ça fait un peu ridicule, vénérer quelque chose. » Elle fixa derechef les statues, ses pensées évoluant dans un sens moins critique. « En y réfléchissant, je me suis dit : ça lui ressemble. » Si elle devait aimer Franck, alors il lui fallait non seulement accepter mais aussi aimer cette autre face, étrange, de sa personnalité. De même que le fil biographique est renoué au matin, la découverte de l'autre par ses objets implique de recomposer l'histoire personnelle dans ce moment de bouleversement, et de dégager ce qui fait sens. Colombine trouva l'argument décisif pour opérer le lien entre elle et ce nouvel univers : la force. « Moi ce qui m'attirait le plus chez lui, c'est la force. Et avec toutes ses sculptures asiatiques, ses sabres, ses machins, j'ai fait la relation. » L'essentiel du cadre de perception étant désormais établi, Colombine put poursuivre son investigation plus posément, accumulant les observations de détail, privilégiant les notations positives. « C'était pas quelqu'un qui vivait comme un vieux garçon. La première fois que je suis venue, c'était nickel alors que c'était pas prévu. Les serviettes bien pliées, le linge bien lavé. Plein de petites choses comme ça. »

« J'étais un peu empoté »

Colombine était seule en son tout premier matin, ce qui facilita son inspection tranquille. « Au départ, c'est une maison inconnue, avec des placards inconnus, de la bouffe que t'as pas l'habitude d'avoir. La découverte quoi, totale. » La présence de l'autre au contraire précipite le processus, impliquant de s'adapter et de se subordonner aux règles du lieu, sans trop avoir le temps d'observer ni de réfléchir. « J'étais un peu empoté, je la laissais ouvrir les armoires, je la laissais prendre les trucs, je voulais pas me servir » (Boris). L'action est prudente, réservée, maladroite. En raison de la mémoire des choses, l'invité occupe un rôle discret de second plan. Encore plus si la famille est présente. « Je me suis sentie très très étrangère. Il y avait beaucoup de monde, et je me suis sentie toute petite, minuscule. » Bien que la famille fût « chaleureuse » et la maison « confortable », Anna ressentit un profond malaise. Elle ne savait pas comment se comporter, avait peur de commettre des fautes. Car chaque objet est potentiellement un piège, sa fonctionnalité apparente cachant une culture indigène extraordinairement précise et difficile à découvrir. Ce n'est qu'au troisième matin que Vincent comprit son erreur concernant le lavabo. « J'avais utilisé le lavabo de gauche ; et j'ai su après qu'en fait c'était le lavabo de son père. Nous, il fallait qu'on utilise celui de droite : elle, son frère et sa mère. Je trouvais ça spécial, je comprenais pas trop. »

Sans entrer dans des abîmes de réflexion, il faut, au premier matin, parvenir à décrypter grossièrement les mystères du lieu et composer avec les manières de faire du partenaire, voire s'aligner dessus. À nouveau, c'est le dédoublement qui permet cette souplesse. Autant l'identité ordinaire est solidement ancrée à ses habitudes, autant la rupture événementielle du premier matin transforme l'individu de l'instant en caméléon. Bien qu'il soit très précisément inscrit dans le concret (il n'est plus seulement « comme dans un film »), cette réalité est comme parallèle à ses repères usuels, oubliés pour un temps. Anna n'avait pas l'habitude de se laver aussi vite ; elle suivit néanmoins le rythme imprimé par Éric. Charles-Antoine, qui pourtant est incapable de parler avant d'avoir pris sa douche, est prêt à tous les compromis. « D'ailleurs ce qui est marrant, c'est que ces petits matins-là, il se peut que je déjeune d'abord et que je fasse ma toilette après. Alors que si je suis seul chez moi, je prendrai toujours ma douche avant. » Seul chez lui, Charles-Antoine reprend ses habitudes, constitutives de son identité basique. Isa également avait réussi à développer une souplesse d'adaptation grâce au dédoublement. Pendant six ou sept mois, elle ne cessa de « voyager entre deux maisons » (chez Tristan et chez ses parents). Sans qu'il n'y ait jamais équivalence entre les deux domiciles. « Ça n'a jamais été vraiment chez moi. D'ailleurs il disait tout le temps "mon appartement", je ne le sentais pas comme chez moi. Quand on me demandait, je disais que j'habitais chez mes parents. » Chez Tristan, elle était une autre Isa, différente de l'Isa habituelle bien organisée dans ses affaires personnelles. Ce qui l'aida à accepter beaucoup de choses, les rythmes mous, la lenteur du matin, les curieux petits déjeuners petit-suisses ou spaghettis. Lorsque plusieurs mois plus tard elle s'installa vraiment, son regard sur l'espace, sans qu'elle en ait vraiment conscience, se transforma profondément. « Quand j'ai ouvert ma valise, là j'ai eu envie de ranger à mon idée. » Mais bien des habitudes avaient déjà été prises dans le nouveau logement conjugal. Le dédoublement est un processus ambigu. Il opère avec souplesse parce que la décontextualisation donne l'impression d'une réalité éphémère, extérieure au vrai moi, comme si les enjeux étaient dérisoires. En vérité il n'y a pas de vrai moi, définitivement structuré dans une réserve identitaire. Une nouvelle identité commence à se forger, dès les premières secondes du premier matin. Plus l'événement apparaît léger, extérieur, futile, plus paradoxalement la reformulation est rapide. Il faut se méfier de l'insouciance des matins amoureux.

Le choc des manières

L'empreinte des matins enchantés, la continuité des matins anodins, ou le dédoublement identitaire : tout joue dans le sens d'un lissage des aspérités du quotidien qui sinon provoqueraient un affrontement, un choc entre manières de faire. Fanny n'a découvert que plus tard combien José était différent d'elle. Au premier matin, pas un seul geste ne l'avait choquée ni même surprise. « José a vraiment une façon de vivre complètement différente de la mienne, mais je ne m'en suis pas aperçue. » Il est toutefois difficile de mener l'enquête *a posteriori*, de plonger dans la finesse contradictoire des pensées. Car souvent, sans que rien massivement ne surprenne ni ne choque, des indices sont vaguement repérés, des curiosités notées, distraitement, au passage. Rien n'a choqué, mais des choses ont été vues, enregistrées, qui pourront remonter par la suite à la conscience. Quand le regard est accroché plus fort, il peut arriver que la réflexion se mette en branle dès le premier matin, à propos d'une attitude, d'un geste particulier, trop dérangeant pour ne pas poser immédiatement des questions. « Il y a quand même des choses qui sont quand même bizarres au matin. Par exemple, le nombre de fois où c'est moi qui ai dû aller faire le petit déjeuner alors que j'étais chez la personne. Oui, ça, ça m'a surpris » (Rodolphe). L'ordre ou le désordre, la participation aux activités ménagères naissantes sont parmi les motifs les plus fréquents de surprise et de réflexion instantanée. « Je ne suis pas tombée amoureuse de lui, il y a sans doute d'autres raisons, mais ça, ça a joué, de me dire : je ne pourrai pas vivre avec quelqu'un qui a besoin de se faire servir » (Sophie).

Le frottement des manières différentes génère de

façon diffuse des sensations à peine perceptibles. Agacement pour celui qui a les repères les plus exigeants ; gêne pour l'autre, qui ne se sent pas à la hauteur. Parfois une crispation, mais qui tend à rester épisodique et localisée, sauf bien sûr dans les matins chagrins. « Des fois dans les premiers matins, on se braque, à tort, sur certaines choses, un peu ridicules. On a des petites exigences un peu maniaques qui sont le travers de chaque personne. » Tristan prend l'exemple de quelques broutilles. Il ignore par contre qu'Isa fut de son côté horripilée quand elle le vit aller se moucher dans les WC avec du papier hygiénique, une vieille habitude. Elle ne lui avait rien dit car elle trouve exagéré de s'irriter de la sorte pour si peu de chose. Quand les aspérités du quotidien accrochent un peu malgré tout, les partenaires font leur possible pour les ignorer et passer outre. La vraie découverte des différences viendra par la suite, très progressivement, matin après matin. Ce qui avait été juste remarqué du coin de l'œil, ou avait provoqué un agacement microscopique, peu à peu se fixe et s'installe dans la relation, jusqu'à devenir parfois le geste qui agace, cristallisant toutes les rancœurs. « J'ai rien remarqué les premiers matins, c'est après que tu remarques des petits travers qui t'énervent. » Tristan ajoute qu'au début cette découverte prend souvent la forme d'un jeu, taquineries ludiques favorisant l'expression des critiques. « Après les petits défauts, tu les remarques, mais c'est plus un jeu, une provocation. » Enfin, dans le couple installé, les insatisfactions, sauf irrépressible bouffée d'agacement, se font de plus en plus silencieuses. Il est en effet devenu risqué et inutile de s'exprimer. Risqué car l'agacement explosif est communicatif. Inutile car le geste qui agace, d'abord ignoré, puis considéré comme une galéjade, est devenu désormais indéboulonnable, fixation rituelle des désaccords conjugaux. Par leur pâleur douceâtre et joyeuse, les premiers matins masquent ce qu'ils recèlent pourtant déjà en secret.

Une confrontation plus brutale des manières de faire ne se développe en général dès l'origine que lorsque les matins sont chagrins : le refus de s'engager libère la vision critique. « Les trucs qui t'énervent, je la désirais tellement que j'ai pas fait attention à ça. Avec d'autres filles, je les ai vite remarqués, ça m'a vite braqué » (Tristan). Ou dans des cas très particuliers, telle la méthodologie développée par Gildas : il force volontairement le trait pour débusquer au plus tôt d'éventuels désaccords futurs. « J'ai mes habitudes et comme je fonctionne comme ça, cette personne-là, il faudra bien qu'elle me supporte comme ça. Comme j'estime que pour vivre en couple il faut avoir les mêmes habitudes, le même savoir-vivre, j'essaie de l'accentuer encore plus ce matin-là qu'un matin où je vais être tout seul. » Ou dans des matins complexes, tiraillés entre forces contraires. Boris était partagé. « C'est un matin de joie mais avec des appréhensions. En même temps tu te trouves nul et t'es content d'être là. » Angoissé, mal à l'aise, et cependant heureux, désireux de faire sa vie avec Prudence. La division identitaire ouvre des brèches au regard critique, les séquences contrastées faisant alterner tolérance amoureuse et irritation. Boris, malgré son attachement sincère, dresse une liste impressionnante de tous les détails qui l'avaient agacé. La radio. « Elle c'était plutôt Europe 2, des trucs comme ça, moi c'était France Inter. C'était chiant à la fin ! » Les chats (il sympathiserait à l'évidence avec Rodolphe). « Les chats ! Même un matin comme ça elle a passé au moins cinq minutes à les caresser ! J'ai jamais compris qu'on puisse consacrer du temps à des chats. Ça m'a énervé ce matin-là. » Boris et Prudence restèrent ensemble un an et demi avant de se séparer. Le choc des manières du premier matin ne s'était jamais résorbé.

Il ne faudrait pas toutefois en conclure que tout désaccord initial constitue un signe négatif pour l'avenir du couple. L'issue dépend de la dynamique d'évolution dans laquelle il s'inscrit et de la position individuelle des acteurs. Bien qu'il ait eu très sincèrement envie de s'engager avec Prudence, Boris n'était pas disposé à céder, ni sur la radio, ni sur les chats, ni sur bien d'autres choses. Leurs désaccords initiaux ne firent donc qu'empirer. Mais ce triste dénouement n'est pas inéluctable. Parfois le désaccord s'exprime dès le début parce que le frottement des manières est trop intense pour être lissé comme dans les premiers matins classiques. La volonté de se révolutionner personnellement, pour sauver le couple, peut toutefois produire des miracles. Les différences sont travaillées au corps, dans une lutte à deux, chacun livrant son combat contre lui-même, contre son vieux moi. Si la lutte contre soi l'emporte sur l'expression du désaccord, le couple parvient à s'engager dans une trajectoire atypique où le geste qui agace tend plutôt à s'effacer avec le temps. Telle est la belle histoire de Franck et Colombine, qui, après trois ans de vie commune, sentent aujourd'hui les irritations s'atténuer. Le premier matin (le premier matin à deux, Colombine s'étant réveillée seule le jour précédent) avait pourtant commencé de façon abrupte, sur une confrontation immédiate. Il faut dire que leurs systèmes de valeurs et leurs repères d'action étaient particulièrement éloignés. Colombine s'était déjà posé un certain nombre de questions suite à son inspection minutieuse, lors du tout premier matin solitaire. Elle était parvenue à régler dans sa tête l'épineux problème des statues religieuses. La salle de bains, déjà évoquée, fut plus difficile à traiter. « Il y a un truc qui m'a étonnée, c'est qu'il y avait énormément de produits de beauté. Pour moi ça paraissait incroyable. Déjà un mec d'ordre normal : son dentifrice, sa brosse à dents, sa mousse à raser, point. Mais là ! Il y avait des trucs pour la peau, pour les cheveux... mais des trucs de marque en plus ! Presque de gonzesse ! Mais je me suis dit : C'est pas possible, il doit pas vivre tout seul ! Il était tellement rustre d'apparence que par rapport aux produits c'était pas cohérent. Mais là j'ai vraiment paniqué, je me suis dit : Mais comment je vais faire ? Moi, je me fous une crème sur la tronche et puis basta, j'ai pas ces rapports de tous ces produits-là. J'en suis restée sur mon cul. » Elle parvint toutefois à atténuer son trouble, en remettant la solution du problème à plus tard, et en prenant un plaisir concret à toucher les produits de beauté. Le matin suivant (véritable premier matin conjugal), la découverte des différences prit une forme plus dure : la confrontation fut soudaine et brutale. « Il s'est levé, ça je me le rappelle, hein ! ça m'a marquée ! Il m'a regardée, et il m'a dit : "Je n'ai jamais vu mon appartement dans un tel bordel !" J'ai dit : "Ah bon ?", moi je déconnais. Mais il me dit : "Mais comment tu fais pour étaler tout ça, les fringues partout..." J'ai halluciné ! J'avais envie de lui bouger le cul, lui dire : "Ouvre, respire, vis, éclate-toi dans le lieu où t'es !" Il avait retrouvé son truc dans un chantier pas possible, et moi je me sentais vachement bien dans ce bordel. Et je me suis dit : Putain, alors là comment on va faire ? Parce que moi, ranger mon bordel, c'était quelque chose de quasiment infaisable. » Leur destin conjugal se joua sans doute à cet instant, quand Colombine, par amour, décida d'entrer en guerre violente contre elle-même, discrètement soutenue par Franck. « Mais je me suis dit : Là quand même il faut que ce soit moi qui agisse, qui fasse le premier pas, le sacrifice (je me suis dit : Ça commence déjà !). Putain, fait chier ! Et tout ! La cuisine, la totale, on n'avait pas un point en commun ! Et je ne sais pas comment j'ai pu faire, c'est ça qu'est fabuleux. J'ai été mégabordélique pendant un mois, et je me rendais pas compte. Lui il avait des réticences, mais il m'a laissée vivre, il suivait mon chemin. »

« C'est tout de suite toute une organisation »

Le premier matin n'a jamais la simplicité qu'il affiche ; il en crée seulement l'illusion. L'anomie par exemple donne l'impression d'un vide. Alors qu'elle résulte d'un trop-plein, d'un conflit de définitions incohérentes entre elles. L'autre est-il un ami de passage ou un futur partenaire ? De quelle façon gérer le choc des manières : en occultant les contradictions ? en privilégiant le vieux moi (comme Gildas ou Boris) ? en se lançant à corps perdu dans la nouvelle identité conjugale (comme Colombine) ? Toutes ces négociations, réflexions et ajustements implicites, dont la portée sera souvent considérable, se mènent avec une faible conscience des enjeux et dans l'urgence de l'action immédiate. Ce qui n'empêche que les observations, même effectuées à la dérobée, soient très pointues ; tel geste est épinglé, telle phrase surprenante est enregistrée avec précision. Or les dés sont pipés. Car ce travail d'orfèvre s'applique à des comportements et à des expressions calculés et artificiels, plus ou moins éloignés du mode de vie courant. Alors que l'observation mutuelle des moindres détails peut avoir une importance cruciale pour l'avenir, les deux acteurs-observateurs se mettent en scène dans des attitudes inhabituelles, trompant l'autre sur leurs véritables pensées et manières. Rien n'est vraiment simple au premier matin.

Pourquoi une telle tromperie, alors que le premier matin n'est que rêve d'innocence et de naturel ? Pour mille raisons, assez légitimes.

Quand il n'est pas chagrin, le premier matin est tout amour, douceur et gentillesse. Il serait pour le moins paradoxal de vouloir rester strictement et authentiquement soi-même, dans ses petits travers ordinaires, alors que l'envie taraude d'être spécialement aimable et de faire plaisir. C'est donc très logiquement que chacun fait effort sur lui pour ne pas se laisser aller à ses éventuelles rudesses et incivilités. Rodolphe, qui inventa un jour le prétexte des croissants pour s'enfuir, sait de quoi il parle : « Si ça s'est mal passé, bon ben, c'est pas que je vais être infâme, mais je vais être moins gentil. Si ça s'est bien passé, je vais tout faire pour remercier la personne avec qui j'ai passé un moment privilégié. » Il est tout à fait capable d'être prévenant et généreux. Comme d'être séducteur, ce qui ne revient pas exactement au même. « Les premières fois, t'essaies de faire un petit plus, d'éviter les habitudes, de provoquer un effet de surprise. Tout est une question de séduction. » Car séduire peut entraîner dans des stratégies d'artifice et de duperie pure, qui sont rarement de mise au premier matin. La séduction y est plus honnête que d'ordinaire ; tant vient d'être dévoilé qu'il serait incongru de se cacher derrière des masques. L'objectif est d'être attentionné et de plaire. Colombine, sans doute impressionnée par les produits de beauté de Franck, passa un temps interminable dans la salle de bains, puis (elle qui s'habille généralement à la hâte) pour choisir le chemisier idéal. « Je me suis pomponnée. Pour lui plaire. On pense toujours être la plus belle. » Virginie explique comment l'envie de séduire pousse à être gauche quand on est amoureux. Au contraire avec Raoul, elle ne souhaitait pas s'engager. Elle fut donc très à l'aise, et davantage elle-même, par exemple, qu'avec Léopold. Ce qui ne l'empêcha pas pourtant de se mettre en scène sous un jour favorable en quelques occasions. « J'ai fait quand même un ou deux petits trucs, ma petite pétasse. »

Le premier matin en effet, en dehors de la question amoureuse, est un face-à-face (très rapproché) entre deux individus, qui suit les règles de tout face-à-face, dont ce principe essentiel : faire bonne figure [Goffman, 1974], surtout quand la personne est inconnue. Dans toute interaction, chacun essaie d'afficher une apparence correspondant aux attentes, et même de montrer le meilleur de lui-même quand la personne qui lui fait face occupe une place importante dans ses pensées. « T'essaies de faire gaffe à ce que tu fais » (Rodolphe). « Il y a des efforts » (Virginie). « T'as envie de pas décevoir, t'essaies de montrer le meilleur de toi-même » (Tristan). « Habituellement le matin, c'est pas que je tire la gueule, mais je parle pas trop. Là, je me force à discuter. C'est un effort, je suis attaché à l'image que je dégage » (Gildas). Effort le plus courant : le rangement (quand la visite a été prévue). « J'avais envie de faire attention à ce qu'il n'y ait rien à traîner » (Fanny). L'on range déjà pour un visiteur ordinaire. Comment dès lors imaginer que l'on n'ait pas envie de faire le grand ménage, d'effacer le désordre courant, quand l'invité va s'introduire dans les plis les plus intimes ? Charles-Antoine se transforme en véritable tornade blanche à chaque fois qu'une nuit d'amour est plus ou moins en projet. Aglaé, elle, avait mal calculé pour Vincent. « La veille, elle savait que je venais, donc elle avait fait le ménage, elle avait tout rangé. En fait le lendemain, c'était pas prévu que je vienne. Donc c'était pas rangé, il y avait tous ses petits trucs. »

Même quand la nuit a été improvisée et que règne le désordre usuel, il est de toute façon impossible de rester strictement soi-même au premier matin. Parce que la particularité de la situation impose d'inventer des réponses adaptées, dans cet environnement bizarre, étranger-familier, sous le regard de l'autre. « Même si on est à l'aise, on n'est pas exactement la même, on ne fait pas les mêmes choses » (Virginie). « Tu te réveilles, la première chose, c'est que t'es pas toute seule : c'est tout de suite toute une organisation » (Fanny). Il faut en effet (sans trop en avoir conscience) prendre mille décisions : dégager un compromis entre les manières de faire différentes, établir un *modus vivendi* à deux permettant à chacun de se sentir toujours lui-même. Bref, mettre en place, comme le dit très exactement Fanny, toute une organisation. Entreprise qui se fait plus délicate à mesure que les enjeux conjugaux s'élèvent, l'intensité émotionnelle propulsant dans une action mal contrôlée. Prenons le cas de Colombine. Choquée par les reproches sur son désordre, elle décida aussitôt de faire un effort, pour éviter à tout prix une rupture aussi précoce que pour elle désastreuse. Il lui était évident que le *modus vivendi* entre elle et Franck devait passer par une réforme rapide et radicale de ses conceptions ménagères. Poussée par une irrépressible injonction, elle s'attela donc immédiatement à la vaisselle du petit déjeuner. Elle se sentit alors étrangère à son propre corps, habituellement si docile ; comme si elle avait voulu trop bien faire. « C'est quelque chose qui est sur le vif, et qui va te pousser à avoir des réactions, où tu te pousses à faire des choses. Par exemple, tu vas faire la vaisselle, et t'es vachement émotive par rapport à ce petit matin-là, et tu prends la vaisselle et tu fous tout en l'air. C'est vachement révélateur. Ça va être la façon de déjeuner, la façon de marcher, la façon de s'exprimer. » Elle ne reconnaissait pas ses mouvements, évoluant sur des chorégraphies saccadées. Ses gestes étaient ceux d'une autre Colombine.

« *Mon Dieu, mon Dieu,*
qu'est-ce que je vais faire ? »

L'angoisse amoureuse avait bouleversé sa personnalité, dans ses soubassements les plus élémentaires. Voici donc à nouveau la peur. Celle qui rend maladroit au premier matin. Celle qui pousse à s'inventer autre pour ne pas décevoir. Plus le matin est angoissé, plus le comportement affiché devient artificiel.

Divers motifs sont source d'angoisse. La crainte de ne pas être à la hauteur par exemple, quand on se sent soi-même incompétent, ou quand la personne est trop intimidante (par son aisance, ses manières de propreté, sa culture). Gildas est facilement impressionnable. « La plupart de mes premiers matins, c'était du type découverte de la personne, avec toutes les angoisses que ça peut comporter. Moi, en général, le premier matin je ne suis pas moi. » Surtout quand il se sent en position d'infériorité. Lorsque l'invité échoue à l'examen du petit déjeuner, Gildas se replie plus rapidement sur ses repères habituels (il redevient lui-même), et invente des tactiques pour congédier l'importun, poussé par l'agacement qu'il sent monter en lui. Quand à l'inverse le candidat est trop brillant, l'angoisse se substitue à l'agacement, l'incitant à composer un personnage. Heureusement, il est passé maître dans l'art de sa propre mise en scène. « Même quand je suis impressionné par la personne, je suis très bon comédien, je joue très bien le rôle d'être très sûr de soi. »

Un second motif d'angoisse est plus étonnant : l'amour. Plus le désir de s'engager est fort, plus la peur se fait envahissante, ce qui jusque-là est assez compréhensible. Les conséquences le sont moins : l'amoureux transi est plus qu'un autre incliné à se construire une apparence fausse. Il ne peut se sauver de ce paradoxe que si l'amour est ostensiblement partagé. Au moindre décalage entre les positions, dès que le plus petit doute affleure, l'amoureux, qui pourtant aspire aux sentiments les plus purs, se lance dans les calculs les plus alambiqués pour construire des apparences supposées répondre aux attentes. Boris a un handicap de départ : la peur le travaille, quel que soit le style du matin. « Je ne suis pas très à l'aise avec mon corps, donc pour moi premier matin rime avec... Je suis souvent le premier réveillé pour pouvoir gérer ça. » Il « gère », comme il le dit très bien, ses comportements sont supputés et combinés à l'avance, l'engageant parfois dans de savantes et longues réflexions. Surtout quand il est amoureux, qu'il a envie de s'engager. « Si tu espères que ça va durer, c'est beaucoup plus dur. Parce que tu sens que l'entreprise de séduction est loin d'être acquise. Il y a des choses à pas montrer. » Curieusement, chacun, comme Boris, se dévoile moins facilement lorsque les enjeux amoureux sont importants. Avec Prudence, malgré des agacements divers (les odeurs, la radio, les chats), ils étaient très élevés ; Boris avait très peur qu'elle ne le rejette. Le contrôle tatillon de ses attitudes les plus diverses ne lui laissa pas une minute de répit. « C'est une nuit où j'ai pas beaucoup dormi : j'avais peur de ronfler. Je ne ronfle pas pourtant. »

L'angoisse génératrice de mise en scène plus ou moins artificielle est encore amplifiée quand le matin se déroule en présence de la famille. À nouveau, en effet, il faut se montrer à la hauteur. « Je me suis dit :

195

s'ils me voient pour la première fois la tête complètement..., des poches, pas lavé ni rien, c'est pas la peine. Parce que je pense que la première image, c'est celle qui reste. Si je les avais rencontrés, je ne serais jamais revenu » (Vincent). Il faut non seulement être à la hauteur, proposer une bonne image, mais celle qui correspond précisément aux attentes. Or l'exercice s'apparente à la quadrature du cercle. Déjà il était impossible de définir un rôle clair dans le simple face-à-face (hésitations sur la nature de la relation, conflits de manières, etc.), et la tendance à se réfugier dans l'indécision anomique était forte. La présentation à la famille implique à la fois de soudaines clarifications, et l'entrée dans un nouveau rôle (politesse, bonne tenue), peu compatible avec l'atmosphère d'impertinence débraillée du face-à-face. « Tout a été un effort, j'avais vraiment très peur. Mon Dieu, mon Dieu, qu'est-ce que je vais dire ? Mon Dieu, mon Dieu, qu'est-ce que je vais faire ? » (Anna). En réalité, c'est surtout dans le visionnage préalable des scènes à jouer que l'angoisse atteint ses extrêmes. Au cœur de l'action, les problèmes trouvent plus facilement leur solution. « Alors que ç'a été très convivial, j'ai pas été le centre du monde. Ils étaient dans leur conversation : Bonjour, et voilà ! J'étais un peu vexée ; et un peu soulagée ! Ça paraît simple mais c'était très compliqué avant » (Anna).

« Tu joues un rôle »

Au matin donc, chacun des deux partenaires, même s'il est sincèrement amoureux (surtout s'il est sincèrement amoureux), même s'il s'est confié comme jamais au creux du cocon-lit, entre dans un rôle de composition. Il devient acteur et scénariste de sa propre vie en train de se jouer par les déformations qu'il lui imprime.

« C'est sûr, c'est pas naturel, tu joues un rôle » (Gildas).

Les mises en scène de soi sont d'abord minimalistes ; il faut éviter les erreurs et les maladresses, contrôler ses gestes. « Je faisais attention à ce que je faisais plus que d'habitude » (Fanny). « Au premier matin tu fais attention de ne pas être trop gauche dans tes gestes, trop brusque tout ça. Au premier matin, tu as fait un geste maladroit, tu es gêné. Deux ans après, tu le remarques même pas » (Tristan). Les protagonistes ont conscience d'être observés. Ils pèsent le pour et le contre, réfléchissent avant de dire n'importe quoi. Donnant l'impression qu'ils ressentent les enjeux sous-jacents. « On n'est pas naturel. Moi déjà je parle toute seule. Là je vais pas le faire et je vais faire attention à ce que je dis » (Virginie). N'y a-t-il pas ici une nouvelle contradiction ? Nous avons vu en effet que l'ambiance des premiers matins se caractérisait par un petit carnaval de gaieté débridée. Les partenaires s'amusent comme des enfants, insouciants et légers. Les deux éléments sont en fait présents, étroitement mêlés, aussi actifs l'un que l'autre. Colombine est à la fois celle qui, avec la plus grande aisance, entraîne Franck à sortir nu de l'appartement ; et celle qui, par peur d'être mal jugée, ne peut faire la vaisselle sans casser un bol. Le premier matin est un tissu de contradictions. « C'est bizarre parce que... tu déconnes complètement... Bon des fois c'est pour faire passer le malaise. Mais des fois tu déconnes vraiment, rien que pour déconner. Tu déconnes, quoi ! Comme un gosse, t'es libre, t'es bête et heureux sans penser à rien, tu fais le con. Et en même temps c'est bizarre parce que tu fais vachement gaffe, tu prends des poses, t'es pas comme t'es normalement. T'es sur tes gardes » (Gérard).

Mais le rôle que chacun doit jouer ne se limite pas

à éviter les erreurs ou à faire un effort de contrôle sur soi. Il faut aussi réfléchir à des stratégies raffinées, imaginer tout un scénario. Mettre en place très concrètement l'organisation dont parle Fanny, deviner les attentes pour tenter d'y répondre, définir les attitudes les plus susceptibles de plaire. « Qu'est-ce que je pouvais faire pour l'impressionner ? Qu'est-ce que je pouvais faire pour qu'on passe une super journée ? Comment je dois être ? Est-ce que je dois être calme ? Est-ce que je dois être excitée ? Est-ce que je dois lui parler de moi ? Est-ce que je dois lui poser des questions ? » (Agathe). Il devient dès lors impossible de se laisser aller trop longtemps à des actions spontanées. Les pitreries sans retenue ne s'épanouissent qu'à l'intérieur de séquences de temps délimitées. Au contraire, d'autres séquences impliquent une réflexion préliminaire, y compris pour des gestes courants. Le rôle est longuement élaboré avant d'être joué, notamment dans les scènes les moins privées, le petit déjeuner ou la prise de contact avec la famille. « Qu'est-ce que j'allais bien pouvoir dire aux parents en sortant de la chambre ? Comment j'allais devoir leur dire bonjour ? Est-ce que j'allais leur serrer la main, est-ce que je devais leur faire la bise ? Est-ce que s'ils me tutoyaient je devais les tutoyer ? » (Anna). Il n'est pas rare toutefois que le plus intime aussi fasse l'objet d'une définition préalable à l'action. « Je sais que je pensais : Qu'est-ce que tu vas faire après ? Est-ce que tu vas lui tenir la main ? Est-ce que tu vas pouvoir l'embrasser sur la bouche pour lui dire au revoir ? » (Boris). Une telle réflexivité (se développant par bouffées) est inéluctable en raison de l'anomie qui interdit aux conduites de s'inscrire dans un cadre stable. L'avenir n'est pas écrit, il se joue justement dans les décisions d'action les plus minuscules. D'où, parfois, nouvelle étrangeté de ces premiers matins pourtant si ludiques et si doux, une impression de grande fatigue mentale (aggravée bien sûr par la brièveté du sommeil). Agathe en garde le souvenir, notamment à propos de la conversation. « Comment dire des choses en dehors des banalités ? Très fatigant, très fatigant ! »

Colombine n'avait pas réfléchi avant de se lancer dans sa vaisselle impétueuse. Ou, plutôt, elle avait réfléchi sur la question plus générale de l'écart entre leurs deux éthiques ménagères, et sur la nécessité qui était la sienne de révolutionner son comportement. Le soudain élan vers l'évier, lui, n'avait pas été prémédité. Elle s'était sentie emportée par une évidence, son corps seul guidant ses pas. « C'est un truc plus fort que toi, t'as même pas le temps d'y penser que t'es déjà les mains sous le robinet. » Pourtant, rendue à ce stade, elle ne put que constater qu'elle jouait un rôle éloigné de ses rôles habituels. Un rôle habituel perd son caractère d'extériorité, il fait corps avec soi, créant la facilité et l'aisance de l'action [Kaufmann, 1995]. Colombine au contraire sentait la distance la séparant du rôle qu'elle jouait, bien qu'elle ne l'ait nullement élaboré à l'avance. Le dédoublement de soi caractéristique du premier matin permet de donner une puissance inaccoutumée aux jeux de rôles redéfinissant l'identité. Sans y avoir réfléchi au préalable, sans avoir écrit avec précision ce point du scénario, l'individu entre dans des rôles inhabituels, qui lui deviennent néanmoins en partie familiers. Il est lui, un nouveau lui, plus ou moins bien (mal pour Colombine) dans sa peau et dans ses gestes, tout en n'étant pas le vrai lui régulier. « Dans la foulée, moi tout seul, j'aurais lavé mon bol. Alors que là j'ai laissé la vaisselle pour plus tard » (Pierre). Glissement sans conséquences ? Tout au contraire. Une nouvelle norme d'action peut s'introduire très vite à partir du moment où un enchaînement de gestes trouve sa fluidité et son évidence. « J'ai débarrassé la table. Un geste très nouveau pour moi : débarrasser la table, faire la vaisselle et ranger. J'ai trouvé ça normal. Mais chez moi je fais pas (et je fais toujours pas) : j'attends une heure ou une heure et demie. Je mets ça dans l'évier et j'attends. » Vincent conserve son ancienne référence. Dont la sphère d'application s'est cependant beaucoup rétrécie. Depuis trois ans, il vit en effet avec Aglaé. Ce qu'il considéra le premier matin comme normal est devenu au quotidien sa normalité.

« Peut-on péter le premier matin ? »

La réflexivité permanente, l'élaboration de rôles et la mise en avant d'apparences ont quelque chose d'insupportable au premier matin. Tristan nous a expliqué (à propos du cocon-lit) que peut-être à aucun autre moment la communion intime n'est plus intense et franche que lors de ce matin-là. Dans cet entre-deux insolite, entre la fureur du sexe et la froideur de la vie ordinaire qui bientôt va ressaisir, les deux personnes sont sans doute plus à nu que jamais, livrées à leurs réalités d'être les plus dépouillées. Qu'importent les silences ou la banalité des mots prononcés. Il est des messages forts qui passent, disant l'envie d'être soi, encore plus soi, face à l'autre. Vrais tous les deux, sans masques. Il ne peut y avoir d'état de grâce ni d'enchantement sans cette sensation de vérité sincère et profonde. C'est pourquoi, je l'ai dit, la séduction est ici plus honnête que de coutume. Mais nous avons vu toutefois (surtout quand la peur tenaille, quand l'amour fait craindre de ne pas plaire) que ce désir de séduction peut entraîner à multiplier les artifices, à s'inventer autre que l'on est. D'où parfois le développement d'une réaction contre les prudences et les contrôles exagérés, les faux-semblants ressentis comme particulièrement contre-nature au premier matin. Au diable les calculs et les retenues ! Le rêve est d'être vrai et naturel.

Mais jusqu'où peut-on aller pour être vrai et naturel, n'existe-t-il pas certaines limites ? Beau débat philosophique, que nous avons déjà rencontré à propos des W-C. Nous le retrouvons ici sur une question proche mais circonscrite aux délivrances d'ordre gazeux, dont la particularité est de pouvoir s'opérer dans l'ensemble du logement, y compris à l'intérieur du lit. D'où la portée très large de cette question plus précise. « Peut-on péter le premier matin ? Péter ou ne pas péter, telle est la question. » Pastichant une œuvre littéraire nullement comique, Walter déroule sa phrase dans un grand rire, comme s'il s'agissait d'une pure plaisanterie. En fait, il est bien placé pour savoir qu'il n'en est rien, que si la question pousse irrésistiblement à rire, elle n'en recouvre pas moins un sujet réel et important. Le vent lui avait échappé dès l'éveil, un seul, cependant bien net et sonore. Diane avait bondi hors du lit, déchaînée. « Elle m'a traité de tous les noms : "Mais ça va pas ! mais t'es complètement cinglé !" Moi j'ai rigolé, je rigolais, il n'y avait pas de quoi en faire un drame. Bon j'avais pété, c'était pas bien, d'accord. Mais elle pétait les plombs. » Leur premier matin était du type indécis, où l'avenir reste très ouvert. Ils ne savaient ni l'un ni l'autre s'ils seraient amenés à se revoir. Ce contexte explique sans doute la grande liberté des propos qui suivirent. Une polémique farouche en effet s'engagea, chacun campant sur ses positions. « Ç'aurait pu être drôle ça aussi, parce que c'était un vrai débat philosophique, tu vois (je me revoyais au bac), la liberté, tout ça... à poil autour du lit. Mais elle riait pas du tout. Après coup je me suis dit que c'était une vraie question. Si tu me la poses aujourd'hui, je ne saurais pas quoi te répondre. Le mieux c'est de ne pas avoir envie de péter. »

Une telle discussion est rare sur le sujet. La conversation se limite à de brèves phrases d'agacement, ou à des silences lourds de sous-entendus. Elle est d'autant plus rare que l'événement lui-même est accidentel, ne se produisant qu'exceptionnellement et par inadvertance. Car la règle qui prévaut est quand même très largement d'éviter ce genre de licence au premier matin. « Les mecs, c'est des mecs quoi, ils rotent, tout ça, tranquilles. Mais je sais qu'il se retenait, il était vachement précieux. Il faisait vachement gaffe à ça. Bon, je dis pas que cinq mois après... » (Colombine). Ce ne sont pas tant les faits en eux-mêmes (rares) que la simple hypothèse de leur manifestation qui est intéressante du point de vue du droit coutumier primomatinal. L'envie de liberté et de naturel, qui a déjà tellement de mal à se dégager face aux contraintes molles mais lourdes du contexte anomique (sauf dans les séquences les plus carnavalesques), trouve donc de plus très rapidement ses limites. Une écrasante majorité se dégage : on ne doit pas péter au premier matin.

Le problème se posera plus tard, dans la suite de l'histoire conjugale. Tristan possède (comme pour le cocon-lit) une théorie bien établie. « Au début tu fais un peu attention, parce que tu cherches un certain esthétisme dans la relation. Si tu fais attention à ça (ne pas trop péter en allant aux toilettes), faut pas que ça dure. Parce que si ça dure, c'est qu'il n'y a pas de complicité. C'est le début de mauvais rapports. Tu vas faire attention, ça va pas mettre à l'aise, t'auras pas un comportement naturel. Maintenant je suis complètement naturel, on déconne là-dessus, si j'ai envie de péter au lit... » Tristan a pris une option assez radicale : le libre pet comme indicateur de l'authenticité conjugale. Il regrette même que les contraintes propres au premier matin imposent une retenue initiale. « L'idéal serait de ne pas y penser dès le début. » Sa référence est celle d'un couple favorisant l'épanouissement et le confort personnels, ce qui représente effectivement une tendance forte dans l'évolution des comportements contemporains. Mais il en existe une autre, directement contradictoire, tout aussi prégnante dans les mentalités : la volonté de respect du partenaire, le refus d'abandonner, au nom de la liberté et du confort, les attitudes de séduction, voire de politesse élémentaire [de Singly, 2000]. Contrairement a ce qu'affirme Tristan, la question du pet est des plus épineuses dans les couples établis (il semble bien d'ailleurs qu'Isa soit une adepte beaucoup moins enthousiaste de la théorie du naturel libertaire). Bien que le débat soit rare, ce sujet étant de ceux où l'expression est délicate, les divergences d'opinion s'agitent en secret. Il suffit que les manifestations flatulentes dépassent un seuil de tolérance implicite pour que l'indignation explose. « Ça dépend de la manière. Un truc qui t'échappe parce que t'as mangé des fayots, bon ben on n'est pas en réception avec le président de la République. Mais Fernand, au bout d'un moment, il avait carrément pris ses aises ; il a fallu mettre les choses au point. La première fois, t'imagines pas un truc comme ça, c'est encore pire que si t'étais avec le président de la République » (Marlène). Au premier matin en effet, le regard sur soi et l'autocontrôle sont à leur comble. Les transports enchanteurs ou les délires carnavalesques ne doivent pas tromper : on se surveille, on ne fait pas n'importe quoi ces matins-là.

« *Révéler une personne différente* »

Rester soi-même, libre et naturel ? Mais qui est-on vraiment au premier matin ? Le débat sur les apparences mensongères et la vérité biographique est alors biaisé par le dédoublement identitaire, qui change la donne en mettant en mouvement les repères habituels : est-on davantage soi-même dans le vieux moi ou dans le nouveau en cours d'expérimentation ? L'idéal d'authenticité peut en réalité conduire au pire comme au meilleur. Tentons de clarifier cette question complexe.

Pour y parvenir, il faut souligner d'entrée la diversité des modalités d'engagement dans la trajectoire conjugale après le premier matin : il existe différentes manières d'enclencher la vie à deux. Seul un élément demeure constant : le changement de l'identité personnelle. Les procédés permettant d'opérer cette révolution identitaire sont par contre multiples. Nous avons vu par exemple, dans les matins enchantés, la méthode de l'empreinte. Par la force de la nouvelle socialisation qui l'emporte, la personne oublie instantanément son vieux moi (en vérité, grâce au dédoublement, elle se contente peut-être de le mettre provisoirement entre parenthèses), et s'accroche aux nouveaux repères avec une aisance « naturelle » qui la ravit. Il n'est hélas pas donné à tout le monde de connaître des matins aussi enchantés. Heureusement, ajouteront d'autres, tenant avant tout à maîtriser fermement leur avenir. Pour tous ces exclus ou ces adversaires de la féerie matinale, ou pour ceux qui ne l'utilisent qu'à faible dose, un procédé très différent est cependant possible. Il consiste à produire des efforts pour se présenter sinon s'inventer autre. Quitte à ne produire des effets que sur les apparences, à multiplier les poses en trompe-l'œil, à entrer dans de savants calculs de mise en scène. Le paradoxe étant que tout ce faux mis en avant peut finir par produire la nouvelle vérité de l'individu s'engageant dans le couple. Par la magie du dédoublement, le faux se transforme en vrai, sans même que la personne en ait toujours conscience.

Les phases élémentaires du processus permettent déjà de mieux le comprendre, malgré son caractère surprenant pour qui est habitué à penser que l'identité est un bloc. Faire effort sur soi signifie d'abord, tout simplement, être plus attentif et gentil que de coutume, attentionné, affectueux, généreux. Éviter la mauvaise tête du réveil. Ne pas hésiter à débarrasser la table ou à passer le balai. Choisir des mots aimables plutôt que des phrases sèches. Garder pour soi ses critiques. Savoir être gai. « J'ai essayé de la faire rire, de parler beaucoup, de la mettre à l'aise. Des efforts de parole et mentaux » (Tristan). Or cette disposition (qui souvent ne correspond guère aux attitudes ordinaires) a rapidement tendance à être contagieuse, à déclencher des comportements analogues chez le vis-à-vis, à engager les deux partenaires dans un cercle vertueux. Tristan conclut : « T'essaies de montrer le meilleur. » Tout en restant lui-même, chacun des deux partenaires occulte sa face sombre pour offrir le plus appréciable. En théorie sans mentir, puisque cette bonne part est vraie même si elle n'est pas tout.

Tristan réfléchit quelques secondes, avant de se reprendre, avec une grande honnêteté et précision d'analyse. « T'essaies de montrer le meilleur... Enfin, le meilleur de ce qui lui plaît. » La petite variante linguistique introduit dans une dimension radicalement différente : le glissement identitaire. La personne en effet ne montre pas le meilleur d'elle-même de façon abstraite et universelle. Elle mène l'enquête pour deviner ce qui pourrait plaire et être apprécié. Or elle n'a pas toujours cela dans sa besace, ou seulement en faible quantité. Elle doit donc entrer dans le mensonge, ou plus exactement, dans l'invention d'apparences ni vraiment fausses ni vraiment vraies : elle force le trait, reformulant des réserves identitaires approximatives. S'aventurant parfois cependant dans des mises en scène totalement nouvelles, de pures inventions de soi, mais dans lesquelles elle peut trouver rapidement de la familiarité, une nouvelle réalité. Le mensonge, si mensonge il y a, n'aura duré que le temps d'une transition entre deux vérités.

Après quelques instants, Tristan devient encore plus précis, il met les points sur les i. « Tu fais en sorte de lui montrer le meilleur de ce qui peut lui plaire, même si ça te correspond pas forcément. Tu sais ce qui lui a vraiment plu, donc t'as envie de donner cette image-là, même si c'est pas comme ça que tu serais. » L'image finit toutefois par s'imprimer dans les faits. D'abord par l'extérieur, les pratiques affichées, cependant que l'individu a le sentiment qu'il conserve une réalité secrète différente au plus profond de lui. Tristan en est exactement à ce stade concernant les sorties. Ayant constaté qu'Isa et lui n'avaient pas le même avis sur la question, il s'est efforcé de mener le combat contre la part de lui-même la plus récalcitrante, non seulement pour se forcer à sortir davantage, mais pour donner à Isa l'impression qu'il le faisait naturellement, sans effort. Il lui arrive encore aujourd'hui de « continuer dans cette voie-là, alors que des fois t'as pas forcément envie de sortir le soir, d'être peinard. Là je faisais l'effort parce que je savais qu'elle aimait ce genre de vie ». Après trois années de lutte, le vieux moi n'a donc pas été totalement effacé. Il n'empêche qu'il est devenu très minoritaire, peut-être sommeillant et prêt à être réveillé dans un autre contexte. Mais pour le moment le Tristan essentiel est vraiment devenu celui qui sort souvent, sans trop se forcer. Ce qui au début n'était qu'une apparence pour plaire à Isa s'est transformé en fondement presque naturel de son action.

L'image donnée à voir, même quand elle paraît très artificielle, l'apparence très fabriquée peuvent donc être tout et son contraire au premier matin. Soit une pure protection sous forme de masque mensonger, soit un instrument de renouvellement identitaire, permettant d'engager le vieux moi dans l'aventure conjugale. Les repères habituels deviennent glissants ces matins-là. Tristan et Isa nous permettront de le constater à propos de l'aisance. L'aisance est un facteur de réussite essentiel des aubes amoureuses. La gêne et le malaise se développent à partir d'un écart entre soi et le contexte, d'une non-adhésion à une situation [Kaufmann, 1995]. Il faut donc tout faire pour tenter de donner facilité et souplesse aux gestes, sous peine de matin chagrin. C'est ce qui explique d'ailleurs les rires si fréquents et les jeux enfantins : à défaut de pouvoir effacer toutes les sources de crispation et d'angoisse, il est bon de se détendre à certains moments. Or chacun, selon son histoire familiale, part avec des atouts ou des handicaps en ce domaine. Avant la nuit capitale, Tristan avait constaté ou cru constater qu'Isa n'offrait pas les meilleures garanties. « Je la connaissais avant, je voyais plus une personne timide, où il faut faire beaucoup d'efforts pour la mettre à l'aise. » Lui-même se sentait particulièrement angoissé, plus contracté que d'ordinaire. Mélangeant nuit et matin, il témoigne de son stress : « Le premier matin, c'est vrai, t'as quand même le stress. Moi parfois avec Isa je faisais des blocages. Sexuellement ça collait pas, parce que j'étais quand même très très stressé. Il y avait quand même un stress très très fort et les performances n'étaient pas géniales.

Et t'essaies de compenser le lendemain, par de petits gestes attentionnés, par beaucoup d'attentions, de paroles, etc. » Depuis plusieurs jours il s'était préparé au pire, et pour le conjurer, avait prévu de multiplier les efforts pour parler et rire. *A posteriori*, il lui semble aujourd'hui que ses préventions étaient exagérées. Il se serait en effet trompé sur Isa dans son évaluation préalable. « Je m'étais trompé en fait : les petits matins permettent de révéler une personne différente de ce qu'on a pu imaginer. Elle s'est révélée différente de ce que j'avais imaginé, totalement différente. Notamment dans son côté à l'aise, entreprenant. »

Nous ne serons pas étonnés d'apprendre qu'Isa, là encore, raconte une tout autre histoire : Tristan ne s'était pas trompé. Elle était figée par la gêne, morte de peur à la seule idée de son embarras (non pas à cause de l'enjeu conjugal, inexistant pour elle, mais peut-être parce qu'elle le connaissait depuis longtemps en tant qu'ami). Tristan ne lui avait cependant pas laissé le temps d'exprimer cette confusion intérieure. Il était omniprésent, parlant et plaisantant en tous sens (là les deux récits se recoupent), dégageant une aisance naturelle (nous avons vu qu'elle fut au contraire mise en scène) si débordante qu'elle était très communicative. Pour être à la hauteur, Isa se mit donc en scène à son tour dans un rôle d'aisance extrême, se forçant à des gestes très nouveaux pour elle. Elle n'était pourtant pas sûre d'être convaincante, ayant même peur d'être prise en flagrant délit de simulation. Elle aussi se trompait. Tristan avait cru à son petit théâtre, comme elle-même avait cru au sien. Le premier matin révèle une personne différente, comme le dit Tristan. Cependant pas de la façon qu'il imagine. Il ne la révèle pas en forme de vérité profonde enfin libérée de ses masques. Il la fabrique le matin même, avec les instruments disponibles.

Par un travail intense et subtil des deux protagonistes de l'action, grâce à l'invention de scénarios qui, s'ils sont bien interprétés, peuvent transformer les apparences provisoires en nouvelle réalité. La future identité personnelle qui peut-être s'épanouira dans le couple n'est pas définie à l'avance ; l'avenir n'est pas écrit, et l'identité est particulièrement malléable dans de telles circonstances. Les mises en scène du premier matin, y compris quand elles sont plus ou moins mensongères, sont décisives.

La bonne distance

Si les partenaires savaient tout ce qui se décide et comment ils hypothèquent leur avenir ce matin-là ! Sans avoir l'impression de trop réfléchir, ils opèrent un nombre de choix inouï, selon des paramètres multiples : les manières de se comporter, le degré d'engagement conjugal, mille autres choses encore. Voyons pour finir une énième mise au point qu'ils exécutent : le réglage de la bonne distance.

La question se pose, de façon épidermique, dès le cocon-lit : jusqu'où peut-on multiplier les embrassades et les enlacements ? En vérité, celui ou celle qui embrasse et enlace d'abondance ne se la pose guère. Il ou elle a tout au plus la vague sensation d'en faire peut-être un peu trop. « J'avais besoin de caresser, de l'embrasser, de le toucher. J'étais à la limite collante même » (Erika). C'est plutôt en face que le problème surgit, quand l'embrassé a soudainement la sensation d'être mal et d'étouffer. « Je me sentais pris au piège, serré dans un étau, moite. Là tu te dis : Mais qu'est-ce que ça veut dire, j'ai fait tout ça pour en arriver là ? Le pire, c'est que tu peux pas le dire, que ça ne te plaît pas, t'oses pas te dégager » (Walter). L'incompris(e) est alors condamné(e) à inventer un prétexte ; besoin urgent nécessitant une visite à la salle de bains, ou, encore mieux pour le trop enlacé masculin, croissants à aller chercher pour faire plaisir à sa belle. Parfois il suffit de quelques petits gestes pour indiquer le désir d'éloignement. Ils sont toutefois d'une exécution extrêmement délicate. Car, aussi doux et petits soient-ils, ils peuvent être surinterprétés, très négativement, comme un refus des caresses, une marque de rejet, voire l'annonce qu'il est inutile d'espérer un second matin. Nous vivons dans l'illusion que les amoureux, en ces choses, se comprennent. C'est faux. « Tu sais pas vraiment si tu dois la prendre contre toi, si ça lui fait plaisir ou pas. Et tu sais pas, c'est un premier matin, tu sais pas ce qu'elle investit » (Boris). L'accord sur la bonne distance n'intervient qu'à certains moments, par tâtonnements et un peu par hasard. La plupart du temps au contraire les deux partenaires doivent gérer une dissonance entre eux, plus ou moins importante. Et qui change en permanence.

La distance idéale est en moyenne très différente d'un individu à l'autre ; la rencontre entre un(e) collant(e) et un(e) indépendant(e) génère habituellement une guerre de positions feutrée mais implacable. Mais l'important à souligner d'abord est l'extrême variation de cette référence idéale pour chacun, qui évolue sur un rythme balancé, et se modèle différemment selon les espaces. « C'est drôle cette histoire-là. Parce que normalement t'es là pour ça, pour coller à la nana. Et d'un seul coup c'est trop collant » (Walter). Colombine était dès le début très attachée à Franck. Elle vécut très mal sa froide réserve quand elle l'assaillit de baisers au matin. Pourtant elle-même (à un autre moment) avait senti jouer en elle le rythme alternatif. « T'as tendance à t'éloigner parce qu'on t'a touchée de plus près. » Elle ajoute : « parce qu'on t'a pénétrée de plus près », phrase qui doit être bien comprise. Elle ne parle pas des rapports sexuels mais de sa personnalité dans son ensemble, sa vie, en plein bouleversement ; le besoin de distance est une réaction légitime de reconstitution identitaire. Ce retour sur elle-même avait toutefois aussitôt provoqué chez Colombine réflexions et remords. « T'as eu ton truc et d'un seul coup t'en veux plus. C'est difficile, tu doutes. » N'était-ce pas un signe lui révélant des failles dans son amour pour Franck ? Les variations de la bonne distance, très délicates à gérer pour le nouveau couple, le sont aussi au niveau strictement individuel. À l'intérieur du lit, il faut jouer serré et avec prudence, très diplomatiquement. Savoir parfois rester collé quand on rêve de grand air, ou au contraire se détacher quand l'envie de caresser démange. Sitôt sorti, les espaces de l'appartement offrent une plus grande souplesse, particulièrement la salle de bains. Les cheminements apparemment fonctionnels permettent en fait de réguler les variations du désir de distance. « C'est pour ça que je suis partie prendre une douche d'ailleurs. Allons-y ! moi et moi ! Bilan positif, très positif ! Et j'avais envie de ressortir très vite de la salle de bains, pour être plus avec lui. » Succession de renversements dans la tête d'Agathe. L'exigence d'isolement lui était apparue soudain irrépressible. Pourtant (quelques instants plus tard dans la salle de bains), une dose minime de solitude avait suffi pour qu'elle ne rêve plus au contraire que de proximité intense avec John. Il faut dire que la petite pièce avait des charmes limités (dénuement, flexible de douche trop court, eau froide, serviette sale). Mais l'essentiel était sans doute ailleurs : le bref écart lui avait permis de mieux mesurer son désir de rapprochement. Dans le meilleur des cas, les apartés de l'un permettent à l'autre d'exercer dans le même temps sa respiration personnelle. « Il va prendre sa douche. Pendant ce temps-là, ça me laisse le temps de ranger, de fumer ma clope peinard. J'ai besoin de ce moment, j'ai besoin d'avoir ce moment de calme » (Gildas). Les contenus mis dans la distance sont toutefois multiples ; nouvelle complexité.

Gildas a besoin d'être tranquille pour ranger à sa manière, hors de portée du regard de l'autre, de se libérer de la pression de la surveillance mutuelle ; sorte de décompression physique et mentale après l'effort. Il en profite cependant pour réfléchir à l'expérience en cours et à l'hypothétique avenir de la jeune relation. C'est ainsi, à l'issue d'un bref soliloque dans la salle de bains portant sur l'abominable slip de Julien, qu'il décida la rupture immédiate. Il avait ressenti plus que de coutume le besoin de s'isoler ; les sensations les plus concrètes et physiques sont en relation étroite avec le degré d'engagement souhaité. Un rejet du contact, une envie de distance dès le cocon-lit signalent souvent une réserve. Il n'existe pourtant aucune corrélation mécanique. Et la réserve est parfois uniquement ponctuelle, concrète, provisoire. Une petite distance momentanée peut être la respiration nécessaire permettant ensuite de s'engager davantage. Forcer la proximité est alors susceptible de produire l'effet contraire de ce qui est recherché : la respiration individuelle se manifestera plus fort et souvent de façon moins bien contrôlée ultérieurement, sur fond d'insatisfaction rentrée.

« J'étais collée à lui »

Décrypter la signification exacte de la distance au premier matin est donc un exercice des plus difficiles bien que cette distance soit toujours en lien étroit avec le désir d'engagement. Notamment parce qu'elle se manifeste aussi en rapport avec un élément d'une nature très différente : la structure de la personnalité. Certains sont des collants, des ouverts, des éponges, et pas seulement dans le domaine des relations amoureuses. Ils ne s'expriment et ne vivent bien que par une interaction intime et permanente avec leur milieu et leur entourage. Particulièrement dans une expérience aussi intime que le premier matin. D'autres au contraire sont des indépendants, des fermés, des sélectifs, qui ne s'aventurent avec prudence dans l'échange que si leur base strictement personnelle n'est pas en danger. Pour les uns ou les autres la distance n'a pas du tout le même sens. Ici elle est immédiatement un signe de froideur et d'échec, là à l'inverse elle provoque le repli sur soi quand elle ne parvient pas à se concrétiser. Chœur de voix des collants. « Il n'y avait rien que ça qu'existait. Être seule, non ! Du moment que j'étais avec lui, j'étais bien. C'était même trop ; on ne se quittait jamais » (Gabrielle) ; « J'avais pas envie de me retrouver toute seule, je voulais rester avec Éric, qu'il me tienne la main » (Anna) ; « J'étais collée à lui, je ne le quittais pas » (Erika). Réponse des indépendants. « Ce qui est important, c'est de garder une certaine indépendance. Je ne veux pas tomber dans quelque chose qui étouffe » (Pierre) ; « Il faut laisser un minimum de liberté à l'autre, c'est important. J'aime pas qu'on soit trop collant. Cette Hollandaise-là était très bien : on avait juste la petite distance qu'il fallait au réveil le matin. Un peu d'attachement mais pas trop » (Charles-Antoine). Il était d'ailleurs resté plus longtemps avec elle qu'avec d'autres partenaires parce qu'elle lui laissait cette respiration individuelle. La distance ne témoigne pas toujours d'un refus d'engagement.

Il est évidemment impossible de tirer cet embrouillamini au clair dans le (doux) feu de l'action. Chacun interprète donc les faits comme bon lui semble, profitant de la complexité de la chose pour choisir les arguments qui lui conviennent, avec des renversements intellectuels parfois aussi soudains qu'étonnants. Pierre était tout surpris de se sentir merveilleusement bien, étroitement collé par Marinette, au creux du cocon-lit. Brusquement il fit le lien avec un possible avenir conjugal. « J'avais deux choses dans la tête. Le moment présent ; on était bien et tout. Mais je me suis demandé si elle était pas trop attachée. » Or il ne voulait pas d'un couple étouffant, où il est impossible de faire un pas sans avoir l'autre sur ses talons. La proximité collante se fit aussitôt moins agréable. Il arrive que les longues et lentes trajectoires biographiques croisent des micro-événements capables de les ébranler. Le premier matin s'inscrit dans un enchaînement où grandes tendances structurelles et poussières de vie, au hasard de leur rencontre, peuvent peser d'un même poids sur ce qui va se décider. Une seule poussière suffit parfois pour bouleverser toute une existence.

La suite des événements

« Ensuite, ils se retrouvèrent allongés côte à côte, nus et épuisés sur le divan. Il faisait déjà nuit. Il lui demanda où elle logeait, il voulait la raccompagner en voiture. Elle répondit d'un air gêné qu'elle allait se chercher un hôtel et qu'elle avait déposé sa valise à la consigne.
La veille encore, il craignait qu'elle ne vînt lui offrir toute sa vie s'il l'invitait chez lui à Prague. Maintenant, en l'entendant lui annoncer que sa valise était à la consigne, il se dit qu'elle avait mis sa vie dans cette

valise et qu'elle l'avait déposée à la gare avant de la lui offrir.

Il monta avec elle dans sa voiture en stationnement devant l'immeuble, alla à la gare, retira la valise (elle était grosse et énormément lourde) et la ramena chez lui avec Tereza. Comment se fait-il qu'il se soit décidé si vite, alors qu'il avait hésité pendant près de quinze jours et qu'il ne lui avait même pas envoyé une carte postale ?

Il en était lui-même surpris. Il agissait contre ses principes. »

Milan Kundera, *L'Insoutenable Légèreté de l'être*[1].

« Ça marque une étape »

Comment naît une histoire d'amour, comment se forme un couple ? Nous avons tous sur ces questions notre petite idée (tous plus ou moins la même), sorte de modèle de référence offrant une grille de lecture des expériences ordinaires et un filtre de perception de notre avenir éventuel. Or ce modèle est en décalage avec les faits, et ce décalage tend historiquement à s'accentuer. Il est donc temps désormais de déchirer le voile, au risque de perdre quelques vieux enchantements. Car la souffrance due à l'aveuglement est infiniment plus cruelle que le renoncement à ce qui n'était en partie que chimères. La vie pourtant nous apprend tous les jours combien les échanges avec autrui sont aléatoires et chaotiques ; nous ne savons jamais vraiment qui est l'autre et si nous réalisons avec lui pleinement notre bonheur. De plus, nous avons secrètement conscience de combiner nos petits arrangements avec le modèle

1. Traduction française de François Kérel, © Éditions Gallimard, 1988.

idéal de la rencontre amoureuse et du parfait déroulement conjugal censé lui faire suite. Or, malgré cette expérience quotidienne, l'ancien modèle résiste, s'accrochant au tréfonds des mentalités. Nous continuons à nous raconter des histoires à propos de l'amour.

Cette constatation étant faite, mon rôle ne peut être que des plus ingrats : dire haut et clair que l'amour est souvent très loin des trop belles histoires que nous nous racontons. Nous verrons toutefois à la fin de ce livre que cette conclusion ne doit entraîner aucun désespoir : une nouvelle forme amoureuse émerge. Ce n'est pas parce que les vieux sentiments sont en train de mourir que l'amour est mort ; une autre façon d'écrire sa vie et de vibrer d'émotion se fait jour.

L'ancien modèle amoureux, qui a longtemps dominé la littérature et réussi à partiellement s'inscrire dans les faits, a été résumé avec précision (et passion) par Francesco Alberoni [1981, 1994]. Nous y reviendrons dans le dernier chapitre. Disons simplement pour le moment qu'il s'articule autour d'un moment fondateur, d'une évidence initiale créatrice du sentiment qui emporte la décision de s'engager. Tous les événements qui vont suivre sont relégués au rang d'étapes, dans une trajectoire contrainte par le sentiment, entre le point de départ, le choc amoureux, et l'issue mi-heureuse, mi-désenchantée : le couple installé. Beaucoup de choses sont justes dans les analyses de Francesco Alberoni, notamment à propos du processus d'institutionnalisation conjugale. Ce qui est dit par contre des débuts de l'amour correspond bien davantage à un modèle (par ailleurs déclinant) qu'à la réalité. Il n'est encore agissant que dans certains groupes d'âge (adolescence) et chez des personnes qui l'ont profondément inscrit dans leur éthique existentielle. Anna et Pierre sont de ceux-là. Comme beaucoup, ils préfèrent rester flous et discrets sur le « choc amoureux » originel. « Il s'est passé quelque chose entre nous », dit Anna, et nous n'en saurons pas davantage. Même pour ces adeptes du vieux modèle, le déroulement fort et régulier de la trajectoire, inéluctable comme une destinée, apparaît plus important que les élans passionnels. Dans ce cheminement fataliste, la nuit amoureuse est une étape. « J'avais l'impression d'avoir franchi une étape, importante dans ma vie. Quelque chose de concret, et l'impression que ce serait du solide, quoi. » Solidité, sérieux, constance et durée de l'engagement, ces mots reviennent sans cesse : le premier matin n'est pas une plaisanterie. Bien qu'indépendant soucieux de ne pas étouffer dans le futur couple, Pierre ne badine pas avec ces choses-là. « Les relations que j'ai eues avec les femmes ont toujours été des relations sérieuses. C'était pas pour la nuit. Si on se réveillait ensemble, c'est qu'il y avait eu tout un historique, un parcours avant. Ça marque une étape. »

Colombine est moins sérieuse, et extrêmement attentive au moindre détail susceptible d'influer sur son jugement ; elle refuse de s'enfouir en aveugle dans une trajectoire emportant toute son existence. Pourtant elle est, elle aussi, très proche du modèle ancien, peut-être à cause de l'isolement affectif qui fut le sien. Elle avait eu très peu d'expériences amoureuses avant de rencontrer Franck, condamnée à ne les vivre que par procuration fictionnelle, la tête embrumée de beaux rêves. Quand il croisa son chemin et son regard, ce fut évidemment un moment fort, magique ; il ne pouvait en être autrement. « Que je plaise à quelqu'un et que ce quelqu'un me plaise à moi, je trouvais ça magnifique ! Parce que cela m'était arrivé tellement rarement. » Qu'y avait-il exactement dans cette magie de l'instant ? Le pur amour ? La concrétisation à tout prix du modèle tant rêvé ? Le soudain antidote à la trop longue attente angoissée ? La réponse à la pression du groupe des copines déjà en couple ? Qu'importe, l'émotion était bien réelle, intense même. Colombine n'hésita pas une seule seconde : « Je voulais absolument cet amour. » La structure de cette dernière phrase est toutefois révélatrice : malgré l'émotion ambiante, il s'agissait d'une décision délibérée, d'un projet de vie, établi dès le premier regard. Elle avait été éblouie par la facilité déconcertante avec laquelle Franck s'était approché d'elle ; en quelques secondes il lui semblait que plus aucune barrière ne les séparait, ils étaient dans le même monde. « Je suis tombée amoureuse. Et je l'ai senti tout de suite proche, familier, super à l'aise. »

« *Là, c'est l'amour* »

Pendant un mois la belle histoire s'écrivit avec une étonnante facilité ; finalement, c'était peut-être tout simple, l'amour. Mais Colombine sentit arriver une échéance décisive ; tout n'était pas encore joué. Ce soir-là l'émotion fut à son comble, beaucoup plus encore que lors de la première rencontre. Elle vécut une véritable explosion intérieure, ne parvenant plus à maîtriser ni ses mots ni ses gestes. L'amour peut-être, la peur sûrement, étaient au rendez-vous. « Le soir où on est sorti, il est venu vers moi, et c'était la peur, la timidité, un truc incroyable ! Quand il s'est approché de moi, je lui ai dit : "Qu'est-ce que tu veux ?", hyper-agressive. Lui, il a pas entendu, heureusement, parce qu'il se serait barré, ça c'est clair. Parce que j'étais mal à l'aise, il fallait que je dise une connerie. Une réaction de rejet alors que tu veux pas, c'est assez curieux. » La soirée s'éternisa, ils burent beaucoup, ses résistances s'estompèrent. Ses souvenirs aussi. « Je ne me souvenais plus très bien de la nuit, pas à cent pour cent. Parce qu'on avait fait pas mal la bringue. » Au matin elle se réveilla seule, dans une scène d'enchantement asiatique qui nous est désormais familière. Puis vinrent les doutes (vite dissipés) à propos des statues, les craintes à propos des produits de beauté, le tour de l'appartement se concluant sur un bilan extrêmement positif, enveloppé par le sentiment merveilleux, le projet de vie devenu encore plus concret. « Tu te dis : c'est mon petit nid d'amour qui est là-dedans. » Enfin, Colombine vit les clés. Et son cœur fit un nouveau bond des plus agréables. « C'étaient trois clés. Et d'avoir ce petit trousseau que j'avais tellement vu avant, traîner dans un bar ou autre, l'avoir pour moi ! c'était quelque chose ! J'étais vachement contente. De pouvoir y rentrer, même toute seule. Tu te dis : J'ai fait un pas de plus. Là, c'est l'amour. Et j'ai fait un pas de plus dedans. »

Sa trajectoire de vie aurait pu continuer sur la même ligne, lisse et régulière, à l'ancienne. C'est alors qu'elle bascula, brusquement, dans la modernité amoureuse, faite au contraire d'intrigues cruciales, de retournement des idées et des sentiments, d'observations et de réflexions, de scènes décisives. Alors que, les pensées-rêves sur leur petit nuage, elle revenait tranquillement vers le lieu de travail de Franck pour lui rendre ses clés, Colombine n'imaginait sans doute pas qu'elle allait vivre une telle scène. Un bruit, entendu de loin, lui avait donné le signal. Un rire. Ou plutôt un ricanement, dont elle situa immédiatement la provenance. C'était à l'évidence « Big Max », le collègue et « ami » de Franck. Elle le détestait, elle l'avait toujours détesté. Elle soupçonnait son obésité d'être à l'origine de sa méchanceté et de sa bêtise ; il devait souffrir intérieurement. Mais cela n'excusait pas son manège autour de Franck : il était toujours à le prendre à part, et à ricaner sous cape en lui racontant on ne sait trop quelle version des faits. Instantanément redescendue de son nuage, le rire de Big Max la traversa d'un chaud et froid, glaçant tout en faisant bouillir sa colère. Comment Franck allait-il réagir ? Seule comptait cette réaction, c'était cela l'important. Sa vie peut-être, sa vie sans doute, en dépendait. Tout allait se jouer en quelques secondes. Quel camp allait-il choisir ? Celui du soi-disant « ami », ou le sien, le camp de l'amour ? Avant même d'arriver, Colombine entendit (faiblement, mais elle l'entendit) le rire de Franck répondant à celui de Big Max. « Ils m'ont vue arriver, ils se sont mis à rigoler, à ricaner, le truc un peu crétin, comme d'habitude, c'est clair. Je lui ai donné les clés vachement brutalement. Je l'ai regardé avec beaucoup d'affection, comme j'étais brutale, parce que j'étais gênée. Et lui c'était pareil. Je lui ai donné les clés un peu comme si je n'allais plus le revoir, alors que dans mon regard il y avait des flammes monstrueuses. Je me suis demandé si cela allait continuer, s'il y aurait une suite après ça. Et la façon dont j'ai donné les clés, sans un bisou, sans rien, il est resté con, quoi. Et je l'ai lâché comme une crêpe sur le feu en train de cramer, avec ses clés comme un con, et je me suis barrée comme une conne. Après je me suis arraché les cheveux. Je me suis dit : T'as encore tout foiré, comme d'habitude. » C'en était fini et c'était de sa faute, elle s'était braquée trop vite. Rage et désespoir. Soudain un calme s'installa en elle. « D'un coup il y a eu comme un détachement. Je ne le connaissais pas du tout, c'est ça le problème. » Elle comprit que tous ses rêves n'étaient que contes de fées ; elle s'était raconté des histoires. Il lui fallait revenir à la réalité. L'atterrissage était dur, mais sans doute salutaire. Puis, aussi subitement que le calme était venu, une image s'installa dans ses pensées : le regard de Franck. Elle visionna la scène, tentant de l'analyser objectivement. Il était très étrange de constater à quel point elle était contradictoire. Franck avait été odieux dans son comportement ; mais elle-même avait réagi de façon maladroite et blessante. Cependant, est-ce que leurs regards ne disaient pas tout autre chose en secret, à l'abri des oreilles de Big Max ? Elle avait voulu y mettre des « flammes monstrueuses ». Franck les avait-elles vues ? Oui ! En visionnant et revisionnant interminablement la scène, elle finit par s'en persuader : il les avait vues et leur avait répondu. « Ç'a été un regard qui a été vachement important pour moi. Je m'en souviens encore. » Et il y eut d'autres matins.

La puissance de l'événement

Colombine avait été prise dans un tourbillon. La vie est désormais ainsi. Des événements, petits ou grands, brusquement nous saisissent et nous entraînent. L'événement est un phénomène qui rompt avec les habitudes ordinaires. Il nous saisit et nous entraîne justement parce qu'il rompt avec l'ordinaire. Il existe des événements de toutes formes. Des joies ou, plus souvent, des drames, médiatisés au point d'émouvoir à l'unisson la planète entière ; ou de minuscules et secrètes subversions. Le premier matin est du genre apparemment mineur, privé, discret. Il n'en est pas moins pour celui qui l'éprouve un événement comme tout événement, sans doute même plus puissant que beaucoup d'autres dans ses conséquences à long terme.

Le principe de l'événement est d'entraîner en produisant une division de la personnalité. Alors que le vieux moi reste silencieusement ancré à ses habitudes, en réserve, une décharge informationnelle, une rupture du contexte, une surprise dans l'interaction, transportent de façon inattendue vers un ailleurs différent. Généralement, surtout pour les événements médiatisés ou ceux auxquels on assiste en spectateur, le processus ne dure qu'un temps, telle une parenthèse, et le vieux moi reprend ses droits aussi vite qu'il avait été abandonné. La décontextualisation et la division identitaire vécues de l'intérieur ont au contraire le pouvoir d'impulser des modifications durables. Point n'est besoin d'éclats ni de hurlements, de sang à la une : le simple déplacement d'une valise ou d'une brosse à dents introduit déjà un début de glissement des repères. Il est rare toutefois qu'une brosse à dents à elle seule crée l'événement. Malgré la douceur et le dénuement des premiers matins, il faut quand même en général quelques éléments plus saillants, marquant la rupture, indiquant qu'on est bien dans une séquence de vie très particulière, que cette vie-là n'est pas la vie ordinaire.

Prenons Agathe. À l'évidence, son premier matin avec John l'entraîna dans un univers qui ne lui était pas habituel. Douche froide accroupie, sandwich à la saucisse, elle se trouva inscrite dans un monde un peu fou, devenant elle-même un personnage imprévu. Mille autres détails accentuèrent l'effet de rupture. La présence d'un colocataire troublant encore le jeu de rôles. « C'était en même temps drôle. Mais on peut pas être soi-même pareil, rire, tout ça. » La musique violente. « Il va pas mettre de la musique douce, il va mettre hou !!! techno !!! allez ça bouge !!! OK, d'accord. » Il devient plus facile de s'improviser de la façon la plus déroutante qui soit dans ce type de matin-là. Car, pris dans le mouvement, un peu comme dans une fête ordinaire, le vieux moi a rompu ses amarres. À la différence d'une fête ordinaire cependant, il risque ensuite de ne plus pouvoir revenir en arrière.

L'événement est parfois encore plus minuscule ou aléatoire. Grain de sable ridicule, qui provoque des révolutions. Ou enchaînement serré de situations et de sensations, finissant par nouer une intrigue. C'est parce que sa meilleure amie était partie en Amérique qu'Isa avait cédé aux pressions de Tristan ; et à la pensée de la bonne histoire qu'elle pourrait lui raconter à son retour qu'elle avait vaguement eu envie de poursuivre. Mais à la vérité elle restait très divisée. Il n'y avait pas que ses affaires qui s'accrochaient désespérément au chez-soi parental ; son vieux moi aussi était entré en résistance. Elle ne s'engageait que du bout des lèvres. Tristan à l'inverse cabriolait d'excitation et d'impatience. C'est alors qu'il en fit trop, qu'il commit l'erreur qui aurait pu lui être fatale. Il demanda à Isa, et redemanda encore, avec sérieux et insistance, si elle l'aimait. Elle lui répondit sèchement, et tout aussi sérieusement, par la négative. « Il me posait des questions. Quand il me demandait si j'étais amoureuse de lui, je lui disais non. Peut-être que je me sentais un peu malhonnête vis-à-vis de lui. Parce que lui était amoureux de moi. Moi, je l'étais pas forcément. Le fait que je passe à l'acte, peut-être qu'il s'est dit que j'étais amoureuse de lui, alors que je ne l'étais pas. Peut-être une gêne vis-à-vis de cela. » Il était si gentil, si doux, si caressant au premier matin, si touchant dans sa persévérance. Et si à l'aise en plus, tellement qu'elle sentait en retour ses propres gestes se délier. Des remords lui vinrent d'avoir répondu avec tant de fermeté et de violence, de méchanceté face à sa gentillesse. De la pitié aussi, qui sait peut-être même de l'attachement. Et elle resta toute la journée sous la couette pour se faire pardonner. Pour Isa et Tristan aussi les matins suivants furent nombreux.

L'enchaînement des matins

Le premier matin n'est jamais un événement isolé. Parfois il commence brusquement. Mais toujours il s'inscrit dans une suite. Il est d'ailleurs un peu réducteur (il faut cependant l'être pour expliquer simplement les choses) de parler de premier matin au singulier. La plupart du temps en effet, le couple se joue dans une succession de plusieurs matins, conservant toutefois, un peu atténuées, les singularités du tout premier matin. Moins de surprise bien sûr pour les deuxième et troisième matins. Souvent par contre autant d'indécision et de mises au point. Il arrive même qu'à l'occasion d'une variation du contexte résidentiel (la découverte du chez-soi de l'autre), une sorte de premier matin à retardement surprenne encore, des semaines après la nuit d'amour inaugurale. Il n'y a guère que Gildas pour penser que tout puisse se régler en un seul test, au petit déjeuner.

Le tout premier matin est marqué par la rupture soudaine du système d'habitudes, l'inscription dans un ailleurs mal défini agité par l'événement (surtout quand il n'y a pas eu avant, comme dit Pierre, « tout un historique »). Les matins suivants sont davantage une sorte de dégradé tentant de bricoler prudemment une gestion de sortie de cet événement. De retour à une normale qui ne peut être que chimérique puisqu'il n'a lieu qu'en cas de repli sur soi, caractéristique des matins chagrins. Quand l'expérience conjugale se poursuit, au contraire, la retombée sur les repères plus stables de l'existence ordinaire opère en même temps qu'une profonde mutation identitaire. En reprenant ses marques, le moi découvre qu'elles ont changé.

Très curieusement, cette soudaine révolution de l'identité ne provoque que des résistances faibles. C'est la force de l'événement, la magie du dédoublement identitaire : l'individu a l'impression d'être « comme dans un film », de jouer un rôle, sur une scène parallèle qui n'est pas sa véritable existence. Or, une fois pris au jeu, il suffit que les péripéties s'enchaînent pour qu'il se trouve irrémédiablement entraîné. Un couple ne se forme pas parce que l'un ou l'autre le décide, ou parce que l'Amour a décoché sa flèche. Il résulte majoritairement d'un concours de circonstances ayant provoqué la rencontre, puis de l'évitement d'une décision négative : un couple se forme parce qu'il ne rompt pas. Dans l'enchaînement des matins, se succèdent toujours des hauts et des bas, des exaltations et des doutes. C'est pour l'essentiel dans ces moments de creux que se joue l'avenir de la relation.

« Je lui ai dit "On se rappelle". Et d'un seul coup tu te vois dans l'histoire où on se dit "On se rappelle" mais ça veut dire "On se rappelle pas". » Gérard ne savait que penser de son matin avec Monique. Elle avait rappelé. Il l'avait revue. Ils vivent ensemble depuis trois ans. « Je sais pas, je crois qu'en fait, moi, je l'aurais pas rappelée. Quand tu te retrouves chez toi, tu vois plus les difficultés, t'abandonnes la partie, tu n'as plus envie de faire d'efforts. » La saisie par l'événement à l'inverse entraîne sans laisser le temps de réfléchir, la simple succession des gestes, sentiments et anecdotes imprévues crée une sorte de mouvement générant son propre mouvement : la vie se fait flot qui emporte. La mise en retrait solitaire ouvre par contre des brèches à la réflexion critique, qui à tout moment a le pouvoir de stopper le mouvement. L'exemple de Vincent est frappant. Il n'avait connu que déboires depuis son réveil, d'abord les animaux maléfiques, puis le silence grincheux d'Aglaé. Pas le moindre petit rayon de bonheur. Pourtant, tout semblait glisser sur lui sans laisser de traces, il était d'un calme imperturbable, attendant la suite des événements et autres petits drames, persistant à vaincre les épreuves. Leur histoire aurait pu s'écrire ainsi, dans une sorte de continuité déroulant implacablement sa logique malgré les innombrables déconvenues. Vincent proposa des activités pour la journée, en vue de meubler la délicate transition avec la nuit. Aglaé refusa. « Mais en bons termes, hein. Elle a dit : je te rappelle ce soir. » Pris dans la contrainte des situations concrètes, il se serait laissé emporter. Rentré chez lui cependant, Vincent fut envahi par le doute. Tout le négatif qu'il n'avait pas eu l'impression d'enregistrer remonta à ses pensées, pêle-mêle : le Van Gogh avec le lait de vache, le mutisme acariâtre avec les araignées. D'ailleurs, allait-elle téléphoner ? Lui ne téléphonerait pas ! Elle téléphona. Il s'excusa : il préférait rester chez lui ce soir. Il avait besoin de faire le point. À la vérité il n'y parvint guère. Et, de guerre intellectuelle lasse, revit Aglaé le surlendemain, pour une nuit et un matin qui se déroulèrent dans de meilleures conditions. Ils vivent ensemble depuis trois ans. Vincent avait frôlé la rupture.

Le sentiment, surtout s'il est *a priori*, abstrait, détaché de l'expérience, aide évidemment beaucoup pour ne pas abandonner à la première difficulté. Il y avait sans doute de cela dans son entêtement obstiné. Mais le sentiment est impuissant face à la réflexion critique quand cette dernière n'est pas engourdie par le flot des événements, les relances actives qui font oublier les moments de creux et de doute. En trois matins successifs, Colombine n'a cessé d'être ballottée entre hauts (très hauts) et bas (très bas). Le stress du soir, puis l'enchantement asiatique du premier matin solitaire, puis l'angoisse soudaine des produits de beauté, rapidement calmée par la vue du trousseau de clés, puis la scène dramatique avec Big Max, les retrouvailles le soir, l'explosion de joyeux délire pendant la nuit (avec promenade nus dans la ville). Au deuxième matin, un observateur (il n'y en avait pas) aurait pu penser qu'après ces fortes émotions contrastées, l'euphorie et les rires de la nuit précédente allaient déboucher sur un éveil enfin plus serein, une stabilisation de la nouvelle référence conjugale. C'était d'ailleurs sans doute ce que pensait Colombine. Hélas Franck apparut désagréablement froid et figé, distant. Sans doute justement parce qu'il sentait le processus s'enclencher et qu'il cherchait à réfléchir. « Il ne montrait aucun sentiment par rapport à moi. Je me disais : Ça se trouve c'est juste pour une nuit. Tu doutes. » Ne pouvant contenir sa surprise et son impatience, Colombine entra dans la crise bondissante que nous avons vue, sautant « comme une puce » aux quatre coins de la chambre, toujours nue. Elle dévala l'escalier, ouvrit la porte de la cuisine, et se trouva ainsi face à la famille ébahie. Nouveau creux, Colombine se sentit plus bas que terre. À ce moment précis elle aurait voulu disparaître de cette maison et de la vie de Franck, tout abandonner. Elle n'osa pas. Il lui fallut au contraire prendre le petit déjeuner avec les parents, qui s'efforçaient de jouer à ceux qui n'avaient rien vu. Puis « la journée continua mauvaisement ». Mais elle continua quand même, s'enchaînant cahin-caha jusqu'à la nuit suivante. Le calme et le dénouement heureux tant attendus advinrent alors, au troisième matin, dans l'ordinaire des échanges minuscules où s'installent douillettement les profondes évidences : « Il est bon, le pain au chocolat ? Oui, il est bon. »

Comme Vincent, Colombine avait été aidée par le fil de l'histoire qu'elle voulait opiniâtrement se raconter. Excepté dans les pires creux, elle avait eu ce fil pour se raccrocher. Or il n'en va pas toujours ainsi. La suite narrative de l'histoire de vie personnelle tend même de plus en plus à être subordonnée à l'expérience. Pourquoi faudrait-il se raccrocher à des fils qui risquent de ligoter dans des pièges encore plus douloureux ? Mieux vaut savoir où on met les pieds avant de se raconter une histoire ; tel est un des principes de la modernité. Mais, au premier matin, les repères n'en deviennent que plus incertains. Et l'enchaînement des situations plus décisif encore. Virginie par exemple n'avait aucune histoire à se raconter à propos de Léopold, dit « Monsieur ours », qui avait refusé de partager son sac de couchage après l'amour. C'est parce qu'elle était seule, et ses amies en couple, qu'elle avait accepté malgré tout de poursuivre pendant les derniers jours de vacances. Essentiellement pour faire bonne figure. Apparemment Léopold n'avait guère progressé (la scène du sac se rapporte à la deuxième nuit). Pourtant quelques petits détails méritaient d'être notés : il était devenu très légèrement moins ours à la fin des vacances, elle avait appris un peu à le connaître. À la rentrée, dans un univers complètement différent, l'occasion se présenta de le revoir. Après avoir hésité, ces broutilles positives (et toujours la peur de rester seule) effacèrent ses réticences. La suite des événements avait été très décousue, un rien était parvenu à la relancer. Ils vécurent alors une expérience très éloignée des scènes estivales ; leur véritable premier matin (elle le désigne d'ailleurs souvent ainsi dans son récit). Si au tout début, pendant l'été, quelqu'un avait annoncé à Virginie qu'elle ferait un long bout de sa vie avec le pitoyable personnage qui lui tenait d'obscurs discours sur les chèvres, elle ne l'aurait jamais cru. C'est en laissant jouer la suite des matins, avec une infinie patience, qu'elle s'était laissé entraîner dans la trajectoire conjugale.

Les histoires parallèles

La division identitaire au premier matin se produit sur plusieurs plans. Il y a d'abord un dédoublement simple entre vieux moi et l'éventuelle nouvelle identité en cours d'expérimentation. Mais cette dernière se divise aussi en deux composantes : la force de socialisation de l'événement qui emporte, et la réécriture plus subjective dc l'histoire de vie. Ou, pour le dire d'une autre manière, l'extériorité des faits qui s'imposent à soi, comme par effet de surprise, dans leur mouvement entraînant ; et le travail plus intérieur de réflexion permanente sur ce qu'est sa vie et vers où elle va. Ces deux éléments se déroulent en parallèle, avec parfois plus d'intensité sur l'un, ou sur l'autre (le basculement identitaire comme simple effet du contexte, ou au contraire résultant de l'histoire qu'on se raconte), et cependant des échanges fréquents entre eux. Nous avons vu quelle pouvait être la puissance propre de l'événement. Pour garder un bon équilibre, il faut donc dire quelques mots maintenant du travail réflexif et narratif de construction de soi.

L'histoire de vie amoureuse est un récit reconstruit *a posteriori* (avec souvent beaucoup de liberté prise avec les faits précis). Dans le présent de l'action toutefois, les acteurs ont une nécessité absolue de repères narratifs. Ils écrivent et réécrivent donc sans cesse des bouts d'histoire, qui pour la plupart seront très vite oubliés. Ils ne renouent pas le fil seulement quand ils s'éveillent, mais après chaque micro-événement, ou après une réflexion impromptue, un doute. Renouer le fil est d'ailleurs une expression un peu trop claire, et par ce fait trompeuse. Car la narration prend plutôt la forme d'une tresse, où s'entremêlent une infinité de fils (ou de bribes de fils) ayant chacun sa spécificité et renvoyant à un aspect biographique particulier. Certaines histoires, à l'intérieur de l'histoire globale, se racontent par séquences entre lesquelles peuvent s'étaler de longues plages de sommeil cognitif, d'autres n'ont en tout et pour tout qu'un seul épisode.

Reprenons l'exemple de Vincent, en son premier matin avec Aglaé. L'essentiel de ses préoccupations était de tenter de rétablir le lien, dans le brusque changement de contexte entre urbain et rural ; il lui fallait assimiler le bruit des vaches et le goût du lait, dégager une nouvelle voie de sens dans ce monde étrange. Mais mille autres détails occupèrent aussi à certains instants ses esprits, parfois très brièvement. Ainsi, dans un premier temps, il était parti à la salle de bains sans se poser trop de questions, comme il le fait chez lui, se bornant à enfiler un caleçon. Par la reproduction de ses gestes habituels, il était spontanément entré dans la familiarité des lieux, et déroulait de cette façon une histoire sans accrocs. Puis il vit la fenêtre. Et un scénario d'horreur l'envahit, l'obligeant à faire demi-tour pour recommencer d'une autre manière son départ vers la salle de bains. « C'est là que j'ai pensé aux parents, de savoir s'ils étaient là ou pas. Donc pour aller à la salle de bains, j'ai mis mon jean et mon tee-shirt, parce que je me suis dit : si je les rencontre, je serai mal à l'aise. Déjà habillé je serais mal à l'aise, alors en caleçon j'oserais plus revenir ! » De nouveaux personnages étaient entrés en scène, dont il lui fallait tenir compte pour élaborer les ébauches de la suite narrative. S'il n'y avait pas eu la fenêtre, ces personnages seraient apparus à une autre occasion, car ils étaient incontournables. D'autres en revanche surgissent par les hasards les plus surprenants, et peuvent entraîner dans des divagations très éloignées des problèmes du moment. Les fils de l'histoire alors s'effilochent. Sa nourrice par exemple : pourquoi était-elle venue occuper ses pensées au premier matin ? L'irrésistible saut dans son enfance s'était produit quand il avait vu les araignées sur les poutres. « Il y avait de petites poutres sur le plafond de sa chambre. J'ai une peur affreuse des araignées, alors je regardais. Parce que quand j'étais petit, j'étais en nourrice en campagne et il y avait des araignées sur les poutres. Donc c'est la première chose que j'ai regardée, c'est les poutres. Mais elle ne s'en est pas rendu compte. » Il croyait avoir oublié cette enfance, cette angoisse, ces araignées, cette autre campagne peuplée des mêmes vaches. Curieusement le flash-back lui donna l'impression qu'il renouait sur la plus longue durée avec un fil de vie familier et logique. Poutre après poutre, son histoire faisait sens. Il s'attarda exagérément dans son rêve. En fait il n'y avait aucun lien excepté le décor rural et les araignées. La scène d'enfance ne lui donnait aucun instrument valable pour savoir comment il allait tricoter la suite de son fil narratif, en ce premier matin, avec ou sans Aglaé. Il n'arrivait pas à bien réfléchir, ses pensées se noyaient dans ses rêves. Le soir, rentré chez lui, il préféra ne pas revoir Aglaé pour tenter de les mettre au clair. « Je me suis posé des questions. Savoir si c'était bien ce qu'on avait fait ou non ? Savoir si c'était le bon choix ou pas ? » Mais les bouts d'histoires et de réflexion allaient désespérément dans tous les sens. À peine croyait-il avoir réussi à commencer une tresse narrative que ce qui n'était en fait qu'un vague écheveau se défaisait.

Les trajectoires soudaines

Le conjugal à l'ancienne avait quelque chose de mentalement reposant ; une fois donnée l'impulsion initiale, il suffisait de se laisser porter par le cours logique des choses amoureuses. Le premier matin n'était qu'une étape. Aujourd'hui, il est un gouffre de questions. Telle est la révolution principale. Il en est une autre, liée à la première : souvent les trajectoires de vie à deux commencent brutalement, sans lente ni longue préparation. Pas toujours certes. Parfois, les deux partenaires se connaissaient avant. Mais l'histoire réécrite ensuite oublie de signaler qu'ils ne s'étaient pas vraiment déclaré leur amour. Plus rarement il y a, encore aujourd'hui comme autrefois, engagement formel préalable. La nuit et le matin prennent toutefois le caractère d'épreuves, confirmant l'engagement et sanctionnant désormais l'incontestable début du couple. Y compris dans cette modalité, le premier matin est décisif.

À travers la diversité des cheminements d'approche du premier matin, se dégage une sorte de modèle pur des trajectoires soudaines qui, s'il n'est pas appliqué par tous et n'a sans doute pas vocation à se généraliser à l'ensemble des candidats au couple, illustre une façon radicalement nouvelle d'entrer dans la vie à deux. Agathe est devenue en quelque sorte une habituée : « À chaque fois en fait ça n'a pas été prémédité, l'acte en lui-même, donc le premier matin non plus. » À l'origine est le hasard d'une rencontre, et le désir sexuel, qui débouchent sur des matins chagrins ou enchantés, un arrêt immédiat de l'histoire ou d'innombrables autres matins. Le sexe commanderait-il tout, serait-il désormais premier par rapport au sentiment ? En partie oui, il joue incontestablement le rôle de déclencheur d'expérience. Mais seul il n'est que faiblement opérant, il ne prend toute sa puissance que s'il s'intègre dans un événement, une rupture de l'ordinaire. Le désir est une sorte d'énergie qui ne parvient à se réaliser que dans les contextes favorisant son expression. Déclencheur d'expériences conjugales, il a lui-même besoin d'un déclencheur. Plusieurs personnes interrogées dans l'enquête nous ont parlé d'un « élan » dans la soirée ayant précédé les faits. Élan sentimental ? Élan sexuel ? Pas exactement. Plutôt rupture des habitudes et dynamique événementielle qui emporte. Il est impossible de faire des statistiques avec un échantillon restreint de méthodologie qualitative. On ne peut toutefois pas ne pas noter qu'une proportion très largement dominante des personnes interrogées (environ les trois quarts) ont signalé une « fête » dans la soirée, vraie fête entre amis ou manifestation plus intime animée par l'alcool et autres stimulants. La division identitaire commence là, dès le soir, au rythme des mouvements de la fête. Nous voici bien loin de l'image romantique des débuts de l'amour.

La fête n'est pas une dérive, un substitut à une rencontre ne trouvant pas de moyens plus légitimes pour s'instaurer. Elle est bien devenue un élément constitutif essentiel de la fondation conjugale : par le dédoublement qu'elle instaure, elle débouche au matin sur l'émergence de nouvelles vérités. « Vu qu'on avait fait la fête la veille, ç'aurait pu être complètement faux comme matin. En fait c'était le contraire, c'était très révélateur » (Vincent). Il suffit parfois d'une musique un peu forte ou de quelques verres pour se sentir emporté par l'envolée festive. D'autres décontextualisations aident cependant à produire une rupture plus forte. L'ambiance estivale notamment, la frivolité des vacances. « C'était en vacances, c'est un peu dans la suite logique des choses, c'est la fête » (Isa, il ne s'agit pas de Tristan). Le camping, qui a l'autre gros avantage d'offrir un cadre résidentiel très neutre, a été plusieurs fois cité. Sophie par exemple, qui ne vivait que matins chagrins sur matins chagrins, attribue clairement le meilleur réveil avec Sébastien à l'environnement ludique (soirée méchoui avec tentes), hors de l'espace habituel. « C'était comique, ça faisait diversion. » Alban en a même fait un principe. « Pour moi c'est essentiellement tente, c'est comme ça que ça se passe. » Quant à Virginie, il n'y aurait jamais eu d'histoire avec Léopold sans le camping. « T'as rien de personnel, c'est l'insouciance, tu te dis : L'été commence bien, tu ne penses pas au couple. » C'est justement parce que l'on pense moins aux engagements (durables) que les engagements se font plus faciles.

« Dans le regard des autres »

Fête, vacances. Et amis. Ils sont quasi inévitables au début (une fête à deux est plus difficile à organiser) ; le couple naît du groupe. Il arrive donc parfois que les amis soient encore là au matin. Ce qui n'est pas toujours problématique, comme l'est généralement la présence de la famille. Car l'effervescence joyeuse du groupe de copains peut permettre de diluer les difficultés du face-à-face et de la redéfinition de soi. « Le petit déjeuner, ç'a été une grande partie de rigolade. » Alban se souvient de son premier matin avec Yasmine : la plongée dans la tribu amicale les avait délivrés des tensions et malaises. « Au réveil, c'était tout de suite se retrouver avec les copains. On te charrie, mais c'est pour rigoler, on rigole de bon cœur. » Les problèmes à régler entre eux deux avaient été mis entre parenthèses. « C'était pas un petit déjeuner à deux. Il y a des choses qui sont du couple et des choses qui sont du groupe. Là on était de retour avec les copains. C'était un contexte où c'était banalisé entre nous. » Plus profondément, la présence du groupe renforce la rupture événementielle. « Un week-end entre copains, tu oublies tes habitudes. Il n'y a pas d'habitudes, ça change de la routine. Il faut que ce soit déroutant justement. Là t'essaies pas d'avoir quelque chose de rassurant dans tes habitudes. Parce que du fait que tu sois avec des copains le matin, il y a toujours quelque chose de déboussolant, quelque chose qui change l'ordinaire » (Alban). Le groupe intensifie l'événement et reporte à plus tard la reformulation du nouveau moi stabilisé. Assez souvent, il renforce aussi l'attirance par la norme conjugale qu'il impose [Le Gall, 1997] : Virginie n'aurait jamais connu Léopold s'il n'y avait eu ses copines. Au premier matin dans la caravane partagée par deux couples, elle considéra même le regard du copain comme plus important que celui de son partenaire de la nuit. « Pour ne pas qu'il aille dire à Léopold qu'il sortait avec une pouffe. » Le groupe est donc une sorte de catalyseur de la rencontre. Il ne joue toutefois ce rôle incitatif qu'au tout début. Par la suite, au contraire, il se transforme en facteur de complexité dans la redéfinition de soi. Il faut en effet rompre ou reformuler les anciennes relations amicales pour s'inscrire dans la trajectoire conjugale [Berger, Kellner, 1988]. Quand le matin se déroule en face-à-face, ce qui est le plus souvent le cas, cette difficulté apparaît plus vite. Si le jeune couple parvient à la régler aussitôt, le groupe, en officialisant l'union, continue à jouer son rôle propitiatoire. « Qu'est-ce qu'il va falloir dire aux autres ? Ça, on en a parlé au petit déjeuner. On n'avait pas le choix ; on avait quitté des gens qu'on allait revoir le lendemain » (Boris). Mais il est rare qu'une redéfinition des identités et des rapports couples-groupe soit aussi nette et rapide. Généralement les deux partenaires cherchent à maintenir leurs anciens liens d'amitié, dans lesquels est inscrit et résiste le vieux moi. Ce qui au début avait favorisé la rencontre se transforme alors en frein à l'établissement conjugal. « Je me suis posé la question :

comment j'allais concilier la vie de couple avec les copains et tout ça ? J'allais apparaître non plus en tant que tout seul mais à deux. C'était le premier obstacle, auprès de mes copains, dans le regard des autres. Tu perds une part d'individualité à deux, c'est clair, de personnalité. T'as pas autant de force, d'impact. » Tristan n'avait pas eu besoin de la dynamique du groupe pour s'engager, son cheminement avait été solitaire. Les copains n'occupèrent son esprit (négativement) que plus tard. « Comment j'allais faire pour que mes copains me trouvent pas trop changé ? C'était la première angoisse. »

Les petits arrangements de l'amour

Le modèle pur des trajectoires soudaines commençant sans préméditation dans la fête ou l'alcool est peu présentable ; il ne correspond guère aux idées romantiques que l'on se fait de l'amour. Dans les récits réécrits ultérieurement, il est en conséquence délicatement enroulé dans une histoire plus conforme au code dominant ; la soirée se réduit à n'être plus qu'un épisode parmi d'autres.

Le premier matin ouvre généralement sur une suite d'autres matins, où progressivement prennent forme la relation et les sentiments. Une méthode courante de réécriture biographique consiste donc à valoriser les épisodes ultérieurs. L'événement fondateur (fête-nuit-matin), sans être totalement oublié, est dilué dans un ensemble qui lui confère *a posteriori* une signification, jusqu'à ne plus occuper parfois que le statut d'anecdote marginale. Virginie par exemple, si elle ne se fait pas prier pour parler (en riant) du camping, a tendance à présenter néanmoins son histoire de telle façon que le vrai début de la relation avec Léopold soit fixé à l'automne. Elle définit même souvent comme « premier matin » celui de son enchantement dans la salle de bains, des semaines après les véritables premiers éveils, plus chagrins. Exactement de la même manière, Charles-Antoine coupe en deux son aventure avec « la Hollandaise ». L'été est délibérément renvoyé dans le ludique et l'insignifiant. « C'était très superficiel. On a pris cette aventure-là sur le ton de la plaisanterie au départ. » À tel point que, plus encore que pour Virginie, il a tout effacé de sa mémoire. À chaque fois qu'il parle du « premier matin », il évoque celui qui se déroula en Hollande, des mois plus tard, et qui était en fait environ le dixième ou le douzième matin. Pis, il parvient à raconter son histoire comme si tout avait commencé à l'automne, à travers leur correspondance amoureuse, comme s'ils ne s'étaient déjà rencontrés pendant l'été. « On s'est un peu surpris tous les deux. En s'écrivant, en se téléphonant, on a découvert qu'on avait un intérêt l'un pour l'autre et qu'on avait envie de se rencontrer. » Certes l'attirance mutuelle s'est sans doute réactivée dans le jeu de la distance, il s'est vraiment passé quelque chose à travers leur correspondance. Mais rien n'aurait été possible sans la fête, le camping, l'été ; si vite oubliés.

Le rôle crucial de l'événement est encore plus facile à masquer quand l'histoire a commencé avant, quand d'une façon ou d'une autre il est possible de faire débuter le récit plus loin dans le temps. Ce qui est le cas le plus fréquent ; les trajectoires soudaines débutant totalement à l'improviste entre deux parfaits inconnus restent minoritaires. L'histoire d'amour racontée à qui vous interroge devient dès lors beaucoup plus facile à bricoler dans le sens du code dominant. Deux manipulations principales sont opérées. D'abord le lien préalable est réinterprété. Souvent il était seulement amical, voire de simple inter-connaissance, tout au plus l'un ou l'autre avait des désirs sexuels ou des hypothèses secrètes plus amoureuses. Les hypothèses se transforment facilement en certitudes après coup ; les simples proximités en complicité. Et sans même tricher sur le passé, il est possible de jouer habilement sur le flou et l'ambiguïté de la généralisation. « On se connaissait depuis très longtemps » (Alban). Seconde manipulation : l'événement fondateur est relégué au rang d'épiphénomène, de simple étape dans un déroulement au caractère quasi inéluctable. Or il n'en est rien. L'inter-connaissance ou l'amitié favorisent les conditions sans les créer de façon déterminante. Il faut qu'il y ait véritable engagement amoureux explicite et partagé pour que le sexe devienne une simple étape. Or ce modèle de formation du couple est devenu très minoritaire. Sans doute même moins fréquent que les trajectoires soudaines, les nuits impromptues.

Boris, lui, était clairement amoureux. Il commence toutefois son récit par une tartuferie manifeste. « On se voyait beaucoup avant ; ce matin-là a été une confirmation. » Ils se voyaient certes régulièrement depuis trois mois, mais le matin ne pouvait être une « confirmation » pour Prudence puisqu'elle n'était pas amoureuse. Elle n'avait jamais rien dit en ce sens, n'avait pas eu le moindre geste évocateur, ils ne s'étaient jamais embrassés. Boris, qui n'avait rien dit non plus, était seul à savoir qu'il était amoureux. Il était devenu le confident et le soutien psychologique de Prudence après que celle-ci ait subi une rupture et n'ait pu se faire à cette idée. « En fait j'espérais que ça allait casser son histoire. » Boris est très laconique sur l'évocation de la fête. « Et puis, suite à une soirée, on a fini la nuit ensemble chez elle. » Il est très révélateur qu'il soit discret sur la fête uniquement quand il raconte son histoire d'amour (à d'autres moments de l'entretien en effet il détaille à quel point la soirée fut arrosée). Rien ne prouve pourtant que leur histoire se serait concrétisée (pour reprendre son terme) s'il n'y avait eu cette occasion. « J'avais déjà un bout d'histoire et là ça se concrétisait. » Il a quand même l'honnêteté de parler de « bout d'histoire », et ce au singulier. Il était en effet bien seul à le vivre, et ce n'était qu'un tout petit bout, jamais sorti du rêve.

Le récit varie selon l'angle de présentation ; Boris ne fait aucun mystère de l'alcool quand il parle concrètement du matin, alors qu'il l'oublie quand il raconte son histoire d'amour. Vincent est coupable de la même désinformation. Lui qui a été si précis sur le matin, relatant avec une justesse d'observation remarquable les détails les plus fins, devient pour le moins approximatif sinon manipulateur quand il parle de son histoire d'amour sur une plus longue durée. « Longue » est ici très relatif et ne se rapporte qu'à la durée courte du matin : ils se connaissaient depuis quinze jours. « Se connaissaient » est aussi peut-être un grand mot, jouant sur l'ambiguïté. D'ailleurs, Vincent n'est pas sans l'avouer : « Ça faisait quinze jours qu'on se connaissait mais on ne se connaissait pas beaucoup. » Il est nettement moins honnête quand il en conclut : « Dans un sens c'est un engagement. » Il n'y avait eu aucun engagement, aucune déclaration claire. Juste des mouvements d'approche et une hypothèse d'intensification de la relation (éventuellement limitée au sexuel), ressentie par l'un et l'autre. La veille il était venu chez elle, et ils étaient restés dans leur rôle strictement amical. Pour eux aussi il avait fallu la fête pour tout déclencher, pour eux aussi une fête si arrosée qu'Aglaé eut le lendemain une terrible migraine. Comme Boris, Vincent tenait donc son « bout d'histoire ». Et comme lui il est tenté de lui donner plus d'importance et de clarté qu'elle n'avait eu au moment précis de son déroulement.

Dernier exemple de petit arrangement des histoires d'amour : Alban. Il permet encore mieux de comprendre comment joue la déformation, ou plutôt l'enveloppement des faits. Son entretien est en effet fortement divisé entre lignes argumentatives très hétérogènes, sans qu'il puisse être pris en flagrant délit de mensonge. Il parvient à réaliser cet exploit en croisant des niveaux d'analyse différents. C'est souvent ainsi que les histoires d'amour telles qu'elles sont racontées réussissent à créer l'illusion sans vraiment trahir la réalité. Primo, sa théorie générale : pas de sexe sans amour. Il est contre les nuits sans lendemain (cela lui est arrivé mais c'était une erreur, « sous l'effet de l'alcool »). Au contraire l'amour doit rester l'amour, il faut laisser s'épanouir le sentiment, et ne vivre une expérience sexuelle que lorsque l'on est vraiment décidé à s'engager. Il est intarissable sur la question. Si prolixe qu'il donne vaguement l'impression que sa vie est effectivement ainsi, et qu'il ne fait que représenter un comportement répandu dans la société. Secundo, Lisa : il reconnaît le léger écart avec sa théorie, tout en essayant de le minimiser. Il joue sur l'ambiguïté. « On se connaissait depuis très longtemps, depuis dix ans. » Précisant toutefois, quand la question lui est posée, qu'il s'agissait uniquement d'une relation d'amitié, qui était progressivement devenue plus étroite, jusqu'au flirt commencé quatre mois avant le premier matin. Avec honnêteté il ajoute : « Mais j'étais attaché sans être attaché, c'est seulement là où j'ai précisé. » Tertio, ses autres premiers matins : toujours l'été, dans un cadre ludique et improvisé, sans engagement amoureux préalable. Évidemment un interlocuteur avisé pourrait lui faire remarquer qu'il n'applique guère sa théorie. Mais ce n'est qu'à l'issue d'un long travail d'enquête sur l'entretien que le chercheur formé à cette tâche parvient à débusquer de telles contradictions. Dans le flot d'une conversation ordinaire, elles passent sans se faire remarquer. Et quand exceptionnellement quelqu'un les relève, il est assez facile pour l'orateur de trouver une astuce. Alban par exemple pourrait jouer la carte de la franchise : oui, c'est vrai, sa vie n'est pas à la hauteur de ses idées, mais celles-ci n'en restent pas moins pour lui les seules valables. Ou bien : oui, c'est vrai, mais c'étaient des histoires ratées, sa seule véritable histoire d'amour avait été avec Lisa. D'une façon ou d'une autre, il aurait réussi à énoncer à la fois des fragments de vérité et à raconter les histoires d'amour telles que l'opinion souhaite les entendre. Récits qui laissent des traces dans les esprits, et incitent d'autres personnes à raconter l'amour de la même manière. Il n'est donc pas besoin de gros mensonges. De petits enveloppements des faits suffisent pour répercuter à l'infini un arrière-fond d'évidences.

Attirance et projet

Les bouts d'histoire sont revus pour dérouler le récit autour d'un fil narratif bien net. Donnant le sentiment d'une progression inéluctable, dans laquelle la soirée-nuit-matin ne serait au mieux qu'un accélérateur, n'ayant rien changé au sens du mouvement. Or dans la plupart des cas, par la force de l'événement, c'est surtout le présent qui commande au passé. Le stock disponible d'une personne se réduit rarement à un seul bout d'histoire. Au contraire elle en possède de multiples, d'importance diverse, de toutes formes et couleurs. La soirée-nuit-matin tire de l'anonymat celui qui peut-être prendra date dans la grande histoire. Il est de minuscules et très ordinaires historiettes qui accèdent à la gloire conjugale simplement parce que l'événement a surgi au bon moment ; et il est de très longues et sérieuses histoires de sentiments (plus ou moins exprimés) qui meurent pour ne l'avoir jamais rencontré.

La société est une réalité mouvante, animée par des contradictions. Les analyses trop statiques rangeant sagement leurs explications dans des cases sont pour cela trompeuses. Prenons le cas de la réflexivité, le fait de poser un regard sur soi, de se poser mille questions sur les détails les plus variés de son existence. Elle constitue un facteur central du changement social ; ni le couple ni l'amour n'y échappent. Nous verrons d'ailleurs bientôt comment on cogite et décide en amour. Mais il ne faudrait pas en conclure que tout est désormais davantage pensé et organisé mentalement. À l'inverse, les débuts du couple sont curieusement aujourd'hui moins raisonnés et programmés qu'il y a une ou deux générations. Lorsque, plus ou moins nimbé dans le sentiment, le processus commençait presque aussitôt par l'établissement d'un contrat moral et social à long terme : fréquentation, fiançailles, mariage, union jusqu'à la mort. L'importance de l'enjeu impliquait d'y réfléchir à deux fois avant de s'engager. Aujourd'hui les premiers échanges amoureux sont devenus un jeu (apparemment) sans enjeu. La pensée n'émerge qu'à propos du court terme. Et elle est de plus refoulée par les sensations : l'attirance remplace le projet. Attirance (sexuelle ou sentimentale, qu'importe) entraînant dans une expérience, qui à son tour crée peu à peu l'attachement. La personne alors se sent prise dans une trajectoire qui dessine le chemin de sa vie sans qu'elle ait vraiment cherché à se diriger par elle-même. En ce sens, c'est vrai, un unique petit bout d'histoire suffit parfois pour ouvrir sur un avenir vécu comme inéluctable.

« J'ai senti une évolution, je trouvais ça bien, je trouvais ça sécurisant » (Fanny). L'événement n'est alors vraiment qu'une étape, un marqueur, un passage. Il arrive donc encore que l'avenir du couple se joue dans les premiers instants de la rencontre initiale, qui vont inscrire subrepticement les deux partenaires dans une trajectoire évolutive. Mais il est devenu excessivement rare que soit évoqué un projet à long terme au début. Y compris dans les quelques cas extrêmes où le sentiment emporte avec violence au premier regard. Les jeux amoureux sont désormais séparés de la question de l'établissement conjugal, qui n'apparaît généralement, par surprise et au travers de minuscules anecdotes, qu'au premier matin.

Seule la réécriture ultérieure de l'histoire peut laisser penser qu'il y ait eu un engagement explicite. Il est facile de transformer par la suite une trajectoire involontaire en projet délibéré. Beaucoup diront pour leur défense : « Mais je l'aimais ! » L'amour, si plastique et multiforme, est un argument bien commode. Prenons l'exemple de Tristan : il aimait Isa, il possède incontestablement un bout d'histoire préalable. Mais Isa ne l'aimait pas, elle le lui disait même ouvertement. Et il avait fallu un concours de circonstances pour déclencher l'événement fondateur. Quant à son amour, il faut y regarder de plus près. Bien que l'opération puisse apparaître déplaisante, il n'est pas inutile de le disséquer. Enlevons d'abord l'enveloppe d'illusions habituelles, qui s'exprime dans ses phrases les plus générales. « J'étais amoureux, c'est tout, il n'y a pas à chercher plus loin. » Isa d'ailleurs (pour une fois !) semble lui répondre en écho. « Lui c'était différent, il était amoureux de moi, vraiment amoureux. » Dès que les questions deviennent plus précises, Tristan retrouve sa franchise et sa précision d'analyse. D'abord il n'avait aucune vision claire de l'avenir et ne voulait pas y réfléchir, seules comptaient l'authenticité et l'intensité du présent, avec l'espoir d'une suite, toutefois indéfinie. « Tu n'as pas de projets mais tu veux que ça dure. » Ensuite son amour était essentiellement physique, il avait surtout très envie de coucher avec Isa. « Bien sûr t'es sentimental et tout ça pour lui plaire. Toi, il faut le dire, t'es secoué autrement, ça te travaille de façon plus élémentaire. Quand tu désires une fille, tu penses pas à ce que la vie va devenir. » Ce n'est qu'au premier matin, dans le cocon-lit, qu'il ressentit un désir plus large d'attachement, l'amour tout simple et profond de la plénitude vide. Sans que l'avenir conjugal soit pourtant encore au rendez-vous. « Les projets, ça sert à consolider le couple. Alors qu'au début dans les premiers matins, t'as pas besoin de tous ces projets parce que tu te contentes du plus petit moment, le plus minime qui soit. T'apprends à savourer. Au premier matin, je n'ai jamais pensé à ce que deviendrait ma vie en étant avec elle. C'est des moments, les petits matins, où tu privilégies le moment présent, sans penser du tout à des projets. »

Il n'existe guère de projet clair au début. Et il ne faut pas confondre amour et désir. Surtout pour les hommes, le sexe est décisif dans les phases initiales. Ce qui n'est pas forcément négatif ; que serait en effet un amour sans désir physique ? Mais le sexe est facilement paré après coup des plus nobles sentiments ; les histoires ont rarement commencé ainsi qu'on les raconte. Le simple enchaînement des faits est habillé de sentiments, le sexe discrètement estompé, la soirée arrosée pudiquement oubliée. L'amour, mot magique, unifie ces agrégats disparates, et donne une réponse merveilleuse à qui s'enquiert de votre histoire. L'amour n'est pas une illusion : il est bien là, dans ses contenus multiples. Mais il s'est aussi assez souvent installé après, peu à peu, évoluant au gré de la relation. Quand le couple établi parvient à éviter les crises, il découvre le calme et la complicité de la tendresse partagée dans un cadre assuré. Il perd en contrepartie les surprises et émotions fortes du début [Alberoni, 1981]. Une telle évolution conduit trop souvent à penser que l'amour baisse d'intensité ; il ne s'agit pas du même amour. Les débuts sont marqués à la fois par de fortes turbulences émotionnelles et des contenus surprenants. Il y a beaucoup d'électricité et de frissons, mais pas toujours pour ce qu'on imagine. Je viens de dire un mot du sexe, et plus avant j'avais signalé la place considérable occupée par la peur dans les tremblements amoureux. Bien d'autres éléments exogènes interviennent dans les événements fondateurs. La pression du groupe et des normes sociales par exemple (il est très conseillé de se déclarer amoureux plutôt que sentimentalement sec). Ou le pur esprit de compétition qui submerge désormais l'ensemble de la société. Vous vous souvenez d'Agathe, de sa douche froide suivie d'un sandwich à la saucisse ? Comment en était-elle arrivée là ? Avait-elle succombé aux charmes de John ? Battements de cœur romantiques ou désir plus tripal ? Rien de tout cela en vérité. « C'était une sorte de challenge. » Elle sortait d'une aventure décevante. « L'histoire juste avant c'était une personne qui n'était pas du tout mon style, très fluette, très maigre, très jeune. » Il lui fallait une tout autre dimension, s'affronter à du solide, à un roc, sans doute pour se prouver quelque chose. « Lui c'était une personne assez forte, avec beaucoup de personnalité. » Au matin, à travers les troubles du dépaysement, sa première sensation fut celle d'avoir réalisé l'exploit convoité. « Je me suis dit : Ça y est, c'est fait ! J'étais contente de l'avoir eu si je peux dire comme ça. » Tristan ne fut pas loin de ressentir la même impression avec Isa ; le mot « victoire » s'échappe de ses lèvres. « Ça m'embête d'employer ce mot-là, mais je n'en trouve pas d'autres. »

La passion, dans ses formes multiples, s'inscrit mal dans la durée, et se laisse encore moins mettre en projet. Elle apparaît quand elle doit apparaître, par éclatements successifs aussi imprévus que variés. Énergie qui casse les habitudes et libère du vieux moi. Au premier matin, les élans un peu retombés ouvrent la possibilité d'une réflexion plus ouverte. L'urgence de la situation l'exige d'ailleurs souvent, avec une certaine brutalité ; il faut se décider pour la suite. Ainsi, se dit avec déception l'à peine réveillé, l'amour nécessite donc cet exercice intellectuel ? Qu'il est dur alors de penser ! « J'étais amoureuse, mais je ne me suis pas dit : c'est l'homme de ma vie. On découvre quelqu'un. C'est difficile à l'éveil de faire des projets, ou d'y penser simplement, je ne sais pas anticiper comme ça » (Erika).

Comment décide-t-on en amour ?

« Le début d'une liaison en est toujours la partie la plus facile. Ensuite, les masques tombaient un à un, sans fin. Pourtant, je pensais au mariage. Je pensais à une maison, à un chien et un chat, aux courses au supermarché. Henry Chinaski perdait ses couilles. Et s'en foutait.

Finalement je me suis endormi. Le lendemain, quand je me suis réveillé, Katherine était assise au bord du lit et peignait des mètres de cheveux cuivrés. Ses grands yeux sombres me regardaient.

— Hello, Katherine, j'ai dit, veux-tu m'épouser ?

— Ne me demande pas ça, elle a dit, s'il te plaît. Je n'aime pas ça.

— J'suis sérieux.

— Oh, *merde*, Hank !

— Quoi ?

— J'ai dit "merde", et si tu continues, je saute dans le premier avion qui se présente.

— D'accord.

— Hank ?

— Oui ?

J'ai regardé Katherine. Elle continuait à brosser ses longs cheveux. Ses grands yeux marron m'ont regardé, elle souriait. "Ce n'est que du *sexe*, Hank, ce n'est vraiment que du *sexe*." Elle a ri. Ce n'était pas un rire sardonique, c'était un rire joyeux. Elle brossait ses cheveux, j'ai enlacé sa taille et posé ma tête contre sa jambe. Je n'étais plus sûr de rien. »

Charles Bukowski, *Women* [1].

« *Je fonce coûte que coûte* »

Il existe toutes sortes de bouts d'histoires précédant le premier matin. Parfois, vraiment, l'amour tel qu'on le lit dans les romans d'amour est au rendez-vous, le coup de foudre qui embrase, l'envol sentimental instantané. Souvent, des intérêts et des sentiments plus divers, des mouvements d'approche disparates et indécis. Les deux partenaires se retrouvent côte à côte sans trop savoir s'ils doivent (et comment) poursuivre plus avant. C'est alors que l'événement semble rendre tout plus facile, en accélérant brusquement les choses. Si l'amour était déclaré au préalable, ou s'il y avait volonté nette d'engagement, il les facilite réellement ; la nuit

1. Traduction française de Brice Matthieussent, © Éditions Grasset, 1981.

est une confirmation et une étape. Si le bout d'histoire était plus incertain, il complique l'existence au contraire. Car on prend soudainement conscience que ce qui était un simple jeu est en train de se transformer en engagement, peut-être pour la vie entière. Chacun le sent, de façon diffuse mais incontestable, à travers le concret conjugal qui sournoisement et rapidement s'installe, le nouveau moi qui risque de gommer l'ancien. Dans ces instants curieux où apparemment presque rien ne se passe, la vie est tout simplement en train de basculer. Il faut donc réfléchir, à tout prix, même si l'exercice est difficile : est-ce bien cela que l'on veut ?

Anna et Éric n'ont pas eu trop à réfléchir, car ils sont parmi ces quelques-uns déjà solidement attachés l'un à l'autre avant la nuit. « On s'était promis. Lui sortait d'une histoire compliquée et douloureuse. Moi c'était pareil : ces expériences-là me fatiguaient. Donc j'avais dit à Éric : Si je sors avec toi c'est pas pour des conneries, lui pareil. On s'est dit : On ne s'engage pas pour un an. On avait fait un pacte, on s'était dit : Si on sort ensemble faut que ça dure vachement longtemps. » Ils n'eurent pas trop à réfléchir, mais leur histoire est quand même un peu plus compliquée que ces phrases bien choisies par Anna pourraient le laisser croire. Ils sont depuis longtemps des habitués des longues discussions générales sur la vie, sur ce qui est bien et ce qui est mal. Le « pacte » avait en fait été signé à blanc, au cas où. Puis l'événement les avait mis en situation de l'appliquer, mais ils n'en avaient plus discuté à cet instant. Par ailleurs, bien avant, alors qu'ils étaient simplement amis, ils avaient échafaudé une autre théorie : il est idiot de se marier trop vite et de définir un projet précis de l'avenir familial. Le moment venu, ils appliquèrent aussi, toujours tacitement, cette autre théorie.

Au premier matin, leur ligne de comportement était donc étroitement fixée par cette double référence : engagement sérieux, durable, tout en n'étant pas inscrit dans un projet pouvant être soumis à réflexions et discussions. Il n'y avait donc pas à penser, mais simplement à sentir la confirmation du sérieux de l'engagement. « C'était pas passionnel, pas un coup de foudre où... C'était très sérieux. J'ai senti ça, j'ai dit : Ça continuera. » Tel est l'idéal du modèle de la continuité : penser le moins possible, se laisser porter par l'évidence des enchaînements. Ce matin-là, Anna n'eut que quelques idées en tête. La peur de décevoir, face à Éric et surtout sa famille. Et l'intuition diffuse du tournant biographique. « En moi je me suis dit : c'est bon, c'est la bonne, ça va durer longtemps cette histoire. »

Il est rare que le premier matin parvienne à se rapprocher à ce point du degré zéro de la réflexion. Il faut soit un engagement formel à l'ancienne (qui ne se rencontre plus guère), soit une socialisation par la continuité parfaitement maîtrisée (difficile à mettre en œuvre), soit un amour si intense qu'il efface tous les doutes. Colombine l'avait cet amour, très très fort. Avec une belle précision d'analyse, elle le distingue toutefois de la question de l'engagement. « C'était pas un engagement, c'était quelque chose que je voulais absolument. Parce que j'étais amoureuse. » Au premier matin, elle prit conscience du lien existant entre les deux phénomènes. Bien qu'elle n'ait eu aucun doute sur son attachement, il lui fallait malgré tout penser, bricoler des catégories mentales qui allaient changer sa vie, convertir son pur amour en projet d'engagement. « Qu'est-ce que je fais ? je me suis dit. Je suis amoureuse. Je suis amoureuse, bon ben je fonce, coûte que coûte, et puis on verra bien. » Nous savons la suite : les statues, les produits de beauté, la scène des clés ; la tourmente dans ses pensées. Mais l'important est de signaler ici qu'avant même ces petits désastres, le pur amour impliquait déjà une activité cognitive au premier matin. À plus forte raison donc quand l'amour est moins évident, le bout d'histoire approximatif, le matin grinçant.

Les questions qui viennent à l'esprit sont de toutes formes ; réflexions existentielles très générales, ou agacement sur une particularité des manières de faire. Tout se mélange sans qu'une hiérarchie bien nette parvienne à s'établir, un détail pouvant emporter la décision plus vite qu'une vision générale ; le « sale slip » avait suffi à Gildas pour se faire un jugement. Il serait inutile également de chercher à mesurer la seule quantité du raisonnement critique. Elle n'a en effet de sens que mise en rapport avec la force des faits qui emportent dans une trajectoire. Agathe par exemple, nous le verrons, s'est posé des questions au premier matin. Mais parallèlement, elle a tout mis en œuvre pour s'inscrire dans une suite d'événements irrésistiblement entraînants. Rappelons le point de départ : la nuit avec John n'était pour elle qu'un « challenge ». Et elle s'attendait à un matin comme elle en avait connu tellement auparavant : froid et chagrin. J'ai signalé quelques problèmes techniques qu'elle avait eu effectivement à affronter (douche glacée, serviette sale) et certains objets de trouble (photo d'une possible rivale). Pour Agathe toutefois, ils furent immédiatement relégués, tant elle avait été surprise et émerveillée par l'attitude de John au réveil. « Dès que je me suis réveillée, il a été très proche de moi, tout de suite. Il s'est intéressé à ce que j'attendais : est-ce que je voulais manger, est-ce que je voulais avoir un journal, est-ce que je voulais prendre une douche ? » Qu'importaient les résistances du concret (douche froide et sandwich à la saucisse), l'essentiel était cette attention si enveloppante. « Donc j'ai tout de suite compris que ça allait continuer, que c'était pas juste comme ça. » En un éclair Agathe décida, avant même d'avoir le temps de penser : c'était peut-être un tournant de son existence, il ne fallait surtout pas le rater. « Par rapport à mon expérience précédente, ç'a été différent. Il a fallu que je change mon comportement, que je sois pas trop froide. Il va falloir que je m'ouvre ! Voilà, maintenant c'est peut-être lui ! Est-ce que ça va durer longtemps ? Montre-lui des choses pour que ça dure longtemps ! » Elle refoula les doutes, les angoisses, les notations critiques, et s'engouffra dans le mouvement du présent. Comme Colombine elle voulait foncer coûte que coûte ; et voir après. Elle fut fortement aidée dans cette entreprise par des artefacts divers, qui renforcèrent la rupture événementielle. « Le matin ç'a été pas du tout calme, comme si on était encore en train de faire la fête. Ç'a été... musique... ç'a été... un peu joint quoi... un peu la débauche. Pour déstresser un peu parce qu'il y avait quelque chose qui se passait. »

La force de l'événement, voire la simple capacité d'entraînement de la continuité, effacent les doutes et renvoient les interrogations dans une mémoire lointaine : il suffit de se laisser entraîner dans le cours des choses. Alors qu'il croyait aimer Déborah, Manuel avait eu la désagréable surprise d'être envahi au réveil par des pensées négatives. Heureusement elles s'évaporèrent aussi vite qu'elles étaient venues. « Puis ça s'est passé, je me suis laissé porter par les événements. » Puissance d'entraînement du concret et activité cognitive se situent dans deux espaces différents, entrant parfois en conflit et fonctionnant à d'autres moments de façon relativement indépendante. Vincent était parvenu à ne pas se poser de questions malgré l'avalanche de désagréments qui l'avaient accablé. Puis il sentit irrésistiblement des notes critiques traverser peu à peu ses pensées. Contraint à réfléchir, il tenta de se fixer sur le mouvement lui-même : comment faire en sorte que tout continue à s'enchaîner ? « Je pensais : ça serait bien si ça pouvait continuer. » Hélas, les questions finirent par s'installer. « Dans un autre sens, je me disais : je ne sais pas s'il y aura moyen de continuer ensemble. » Au matin, chacun est pris dans un double processus. Il peut soit arrêter soit poursuivre l'expérience. Mais pas comme on le croit trop souvent par le seul moyen de son intellect. L'immersion dans le cours de choses est tout aussi agissante. En s'inscrivant dans l'événement ou la continuité, le protagoniste de l'action marginalise la pensée critique et s'installe sans trop y songer dans le couple en cours de construction. En ouvrant des espaces mentaux d'analyse et d'interrogation, il bloque au contraire le mouvement de socialisation par le concret. C'est pourquoi il n'est de vraies décisions que négatives. Un couple, comme je l'ai déjà dit, se forme parce qu'il ne rompt pas. Les quelques cas de décisions positives, comme nous avons pu les voir avec Colombine et Agathe, sont en réalité davantage des accompagnements de trajectoire, des renforcements du cours des choses qui entraînent. Colombine ne fut contrainte de se poser mille questions que lorsque se présenta une réalité plus coriace ; et Agathe ne réfléchit que le temps d'un éclair même si cet instant fut décisif pour enlacer sa vie avec celle de John.

« Je verrai bien »

Comment faire pour froidement réfléchir à ce qui se passe sans briser la dynamique qui construit la vie à deux ? Un élément de méthode très répandu consiste à éviter des projections à trop long terme, qui risqueraient d'être complexes et dissuasives. Il est préférable de se fixer sur le présent. « C'est plutôt au jour le jour » (Charles-Antoine). Avec cette intime conviction, en partie fondée : l'évaluation positive du présent est un gage pour l'avenir ; si cela se passe bien aujourd'hui, il y a de bonnes chances que cela soit également bien demain. Et cette autre certitude intérieure, elle totalement erronée : il sera toujours temps pour décider plus tard. « Je ne me posais pas de questions. Je me disais : je verrai bien » (Juliette). Car chaque jour qui passe après le premier matin ancre plus profondément dans le cours des choses conjugal. Progressivement le choix s'opère par le seul poids du quotidien. Et les pensées perdent de leur force opératoire à mesure que ce poids augmente. Ce n'est qu'au tout début qu'elles peuvent changer le monde à leur guise. D'où une certaine urgence à réfléchir, dès le premier matin. « Tu as besoin de faire le point dans une situation comme ça où ça se passe très vite » (Manuel). Or voilà justement ce qui est difficile à faire : clarifier tout de suite le problème.

Au contraire, une tendance générale est de tenter de renvoyer les questions difficiles à plus tard ; il sera toujours temps, on verra bien après. L'indécis du matin n'évite pas systématiquement de penser. « Oui, je réfléchissais pas mal, par rapport à l'engagement, par rapport à ce que lui pouvait penser de moi » (Fanny). Mais il le fait d'une façon caractéristique : il ouvre des séquences de raisonnement sans les refermer par une décision. Fanny, qui dit avoir beaucoup réfléchi, en est un exemple frappant : elle s'est en fait totalement laissé porter par le cours des choses. C'est très précisément cet aspect, la décision, qui est reporté à plus tard. La pensée libre parvient plus facilement à s'épanouir, en parallèle à l'action. Prenez Rodolphe. À peine réveillé, il fit le compte de tout le condamnable observé : le chat, la télévision, le désordre, les yeux gonflés de Charlotte. Puis tenta de le mettre en balance avec la satisfaction intense due aux échanges rapprochés de la nuit. « J'avais vu les côtés négatifs et les côtés positifs. » Enfin il essaya d'en tirer un bilan, vainement. « J'avais une appréhension sur l'avenir, c'est clair. Je me demandais si j'étais pas en train de faire une bêtise. » Il y avait toutefois un abîme entre cette simple appréhension et l'éventuel arrêt de l'aventure avec Charlotte. Autant l'appréhension pouvait être (secrètement) gardée en réserve, autant une décision de rupture trop rapide était irrémédiable. Il repoussa donc à plus tard ce choix trop difficile. Onze mois après, il semble que le problème ne soit toujours pas vraiment clarifié. Ils vivent pour le moment en couple chacun chez soi, et ne savent pas précisément de quoi sera fait l'avenir. L'absence de vie quotidienne partagée avait permis de laisser la décision ouverte ; sans la rendre cependant plus facile.

L'hésitant matinal se sent piégé par la fuite du temps ; tout semble aller trop vite alors qu'il a la vague impression que ses capacités intellectuelles sont amoindries. Il faudrait penser rapidement, clairement et efficacement ; au lieu de cela, il s'enlise dans des méditations hétéroclites et confuses. Il sent intuitivement que l'enchaînement des faits l'empêche de se concentrer davantage ; il lui faudrait réunir les conditions d'un exercice intellectuel plus distancié, s'extraire de l'événement, se retrouver seul pour penser. Il expérimente de petits écarts, la salle de bains en solo, ou le saut à la boulangerie pour aller chercher les croissants. Hélas, son cerveau est désespérément toujours aussi stérile ; il a beau s'efforcer de penser très fort, ses idées se dispersent en tous sens. Ses petites tactiques (salle de bains ou croissants) ayant échoué, il ne lui reste qu'une solution radicale : rentrer chez lui (ou expulser la personne) pour parvenir enfin à faire le point. Prise de distance provisoire ? C'est ce qu'il dit au partenaire pour ne pas le choquer. En réalité tout dépend de la décision qui sera prise. Rien n'était prévu pour la suite de la journée entre Charlotte et Rodolphe. Au petit déjeuner, il inventa un mauvais prétexte et annonça qu'il devait s'absenter pour la journée. Son ton n'était guère assuré et il lui sembla que Charlotte n'était pas dupe, sa déception se lisait d'ailleurs sur son visage. En lui disant au revoir, il joua mieux la comédie, bien qu'il ne sût pas s'il reviendrait le soir. « Car je savais que si je revenais le soir, c'était un engagement. » Une fois chez lui, un retournement très net s'opéra dans ses pensées. « Quand t'es seul, ça permet de réfléchir. » Réfléchir ? Le terme en l'occurrence est sans doute exagéré. En fait, le retour dans son logement solitaire avait surtout eu pour effet de réactiver son désir, il rêvait d'une autre nuit avec Charlotte. « Je n'avais qu'une hâte, c'était d'être au soir. » Mais la nuit, comme il se l'était dit au petit déjeuner, ne concrétiserait-elle pas l'engagement ? Il bricola de telle sorte dans ses pensées qu'il parvint à séparer cette question gênante, reportée à plus tard. « Je pensais seulement à faire que ça continue à être agréable pour tous les deux, je ne pensais à rien d'autre. » Et les doutes les plus saillants finirent par s'estomper. « Si tu vois que ça continue du côté positif, c'est parfait, tu te forces pas. » Point n'est besoin d'essayer de trop réfléchir, l'épreuve des faits seule est décisive.

L'efficacité cognitive du retrait solitaire est très variable. Rodolphe n'avait pas vraiment raisonné, et la prise de distance lui avait redonné envie de rejoindre Charlotte. L'événement peut maintenir son emprise malgré l'éloignement, interdisant de se concentrer. Il est parfois impossible de rompre avec la rupture qui a entraîné dans la nouvelle vie. De retour chez lui, Rodolphe ne parvint pas à se retrouver vraiment dans ses repères personnels. Il restait ailleurs, dans le corps à corps de la nuit, et se projeta en songe avec Charlotte. Sophie à l'inverse avait senti ses idées se remettre en place en s'isolant. « Ce n'était que quand j'étais toute seule que j'avais l'impression de me comprendre. » Charles-Antoine est plus partagé, il explique comment le processus a pu jouer dans un sens ou dans l'autre selon les circonstances de sa vie. Premier cas (il généralise à partir de plusieurs expériences) : « Des fois on se dit : "On se rappelle, on se retéléphone", et puis finalement quand tu réfléchis deux-trois jours après, il t'en reste peu de chose et tu donnes pas suite. Parce que justement ce petit matin-là il a été assez décevant. » D'après lui, il a souvent été assez sincère en disant « On se rappelle ». C'est plus tard, seul, qu'il s'était détaché. Second cas : « T'as eu quelques jours entre le moment où on s'est quitté et où on s'est revu. Donc t'as l'imagination qu'a pu travailler dans un sens positif, qui t'a donné envie de la revoir. »

« Tu le sens »

Les pensées ne sont pas effacées au premier matin. Elles peuvent même, sur fond d'angoisse face à l'avenir, se faire obsédantes. Mais elles sont mal organisées et inefficaces, discontinues, contradictoires, se mêlant en un flot chaotique. De belles séquences d'analyse parviennent parfois à s'ouvrir, libérant une réflexion plus posée de type rationnel. Paradoxalement, ce ne sont pourtant pas les plus opératoires ; bien qu'elles donnent des instruments, elles ne tranchent pas. Les mots employés par Charles-Antoine sont révélateurs. « Imagination », « envie » : l'intuitif et le sensible jouent un rôle plus déterminant que le rationnel pour emporter la décision.

Excepté quand le choix (positif ou négatif) est évident, les pensées tournent à vide au premier matin, brouillonnes, éclatées. Les sensations, elles, ne trompent pas. Elles permettent d'ailleurs de remettre en ordre les pensées et de leur rendre une certaine efficacité. Point n'est besoin de trop réfléchir quand manifestement le matin est chagrin ; les agacements guident les pensées et les comportements, il n'y aura pas d'autres matins. Point n'est besoin non plus quand le matin est merveilleux : qui aurait l'idée saugrenue de refuser un enchantement ? Dans les situations plus délicates, où justement la pensée s'emballe et s'épuise dans ses mouvements désordonnés, les deux partenaires entrent à l'écoute de leurs sensations pour tenter de décrypter ce que leur dit l'expérience qu'ils sont en train de vivre. Comment se ressentent-ils eux-mêmes, éprouvent-ils un bien-être, simple et profond ? Ou les agacements et malaises leur murmurent-ils qu'ils seraient mieux de retour dans leur ancien moi ? Les diverses scènes du premier matin ont chacune leur importance dans cet exercice intérieur d'intelligence sensible. Le cocon-lit bien sûr, l'envie de proximité ou de distance, de plus ou moins de bisous et de caresses. Mais aussi le petit déjeuner, avec sa gestuelle si curieuse et différente, dans laquelle on pénètre avec le plaisir empathique de la découverte, ou qui choque par son étrangeté. « Tu le sens si t'as envie que ça continue. Tu vas mieux tolérer, tu vas même apprécier les gestes de l'autre » (Charles-Antoine). Le moindre détail est l'occasion de comptabiliser le positif et le négatif beaucoup plus simplement qu'avec la pensée logique. Car le monde des sensations est régi par une seule unité de compte, séparant bien et pas bien, bon et pas bon, agréable et pas agréable. Tout peut s'additionner ou se soustraire, le câlin amoureux et les yeux gonflés, la griffure d'un chat et une boîte de gâteaux à la crème. À chaque instant les éléments les plus divers s'inscrivent dans une perception globale, et rectifient à petites touches son évolution. Il suffit qu'elle soit plutôt positive pour que l'hésitant oublie les questions et se laisse porter par le cours des choses. Quand elle se fait négative au contraire, au hasard d'une angoisse ou d'un agacement plus forts, la réflexion peut entrer soudainement en scène d'une façon beaucoup plus cadrée et volontaire. Méconnaissable, elle devient alors capable d'argumenter et d'impulser une décision en quelques instants ; c'est la rupture.

L'ascendant du sensible sur le réflexif provoque un type de pensée binaire : une dominante, positive ou négative, s'installe à chaque instant. Au risque de faire se succéder des séquences opposées quand il y a hésitation. Dans certains cas, les sensations peuvent donc déboucher sur la même indécision que le raisonnement. La personne doit aussi apprendre à bien les gérer. À rester suffisamment ouverte à ce que continue à dire l'expérience en cours ; tout en privilégiant une grille de lecture dès que commence à se dégager une ligne directrice. L'équilibre est délicat à tenir entre ces deux logiques contraires. Erika prône une option extrême. « Ah oui, moi c'est rapide, oui oui ! c'est vraiment ou très très bien ou détestable ; il n'y a pas de demi-mesure. Je fonctionne comme ça ! Pour moi il n'y a pas de seconde chance. » Elle est encore plus rapide que Gildas (adepte du test au petit déjeuner) : dès le cocon-lit l'affaire est entendue. Une décision aussi expéditive n'est cependant possible que lorsque, comme c'est son cas, on est très étroitement fixé sur le sexe [Bozon,

2001]. Plus rien n'a vraiment d'importance pour Erika une fois sortie du lit, le bilan qu'elle dresse se rapporte uniquement à l'exercice nocturne. « À partir du moment où c'était raté, je n'avais plus rien à faire avec, c'était fini. Je ne suis pas intransigeante mais c'est comme ça : si c'est raté, c'est raté ! » Elle admet toutefois autoriser une dernière petite session de rattrapage, à l'éveil, dans le cocon-lit. Durant la nuit, c'est l'autre qui était évalué, d'une façon presque technique, sur la base de ses performances. Au matin, Erika se met davantage à l'écoute de ses sensations : a-t-elle du goût ou du dégoût pour lui ? comment ressent-elle sa peau et le contact de ses mains ? « Ne pas sentir l'autre, son contact qui déplaît par exemple. C'est une question de contact corporel : des mains qui ne me plaisent pas, un contact des mains qui ne me plaît pas. » Mais il est rare que les perceptions matinales soient contraires à ce qu'avait révélé la nuit ; l'essentiel s'est joué avant.

La mise en place précoce d'une grille guidant les perceptions confère toute son importance à la première impression ressentie, au réveil. « Tu le sens tout de suite si tu te sens bien ou pas » (Marlène). De nombreuses péripéties peuvent évidemment la bouleverser. La sortie du lit, la toilette, le petit déjeuner sont remplis de dimensions nouvelles, de surprises et de pièges. Pourtant, il arrive que la toute première sensation, souvent très globale, donne si intensément le ton que les mésaventures ultérieures doivent être sérieuses pour que le cap soit changé. Colombine, songeant à ses matins avec d'autres que Franck, retient surtout dans sa mémoire cette première impression, qui jamais ne l'avait trompée sur la suite. « Si t'es de bonne ou mauvaise humeur, si ton compagnon est de bonne ou mauvaise humeur, si t'as envie de prendre un petit déjeuner avec lui. » En ce qui concerne Franck, la toute première (en son absence) avait été un véritable enchantement.

La double pensée

Quand dès le début les sensations sont bonnes, la pensée peut se reposer, et il suffit de se laisser emporter par le cours des choses. Ce qui est d'autant plus facile que l'événement est prenant ; herbe et musique forte avaient endormi les derniers soupçons d'Agathe. Hélas, pour un temps seulement. Car, d'un coup, elle pensa à l'Angleterre. Si tout cela était vraiment sérieux, cela voulait donc dire couple. Mais qui disait installation conjugale disait aussi toute une série de problèmes concrets dont elle n'imaginait pas la solution. « Je ne savais pas. Parce que je devais partir d'Angleterre dans deux jours. Est-ce que je le veux vraiment ? C'est ça, grosse question ! Est-ce que je veux vraiment qu'il s'attache à moi pour revenir après, parce que c'est vrai, tout le problème que ça va poser ! revenir, fatigant ! tout ça, plein de questions ! » Agathe, alors, décida de changer de ligne d'action. Se laisser entraîner dans la tourmente de l'événement était bien facile et agréable, mais où cela la mènerait-elle ? D'ailleurs, autre question, John était-il vraiment amoureux d'elle ? Il fallait commencer par éclaircir cette éventuelle difficulté. « Je me suis demandé : est-ce que pour lui je suis quelqu'un de spécial, ou bien est-ce que je suis comme ça une fille qui vient et qui repart ? J'étais tellement bien que je me suis dit : Je parle avec lui, j'en profite, quoi ! je parle, je parle, je parle ! pour essayer d'en savoir le maximum. » John malheureusement resta pour le moins évasif, n'ouvrant la bouche que pour plaisanter, se réfugiant dans le silence dès qu'elle tentait de l'engager sur un terrain plus sérieux. Sans doute était-il aussi hésitant qu'elle. Tout cela était trop important, trop compliqué pour énoncer une réponse simple, en quelques minutes. Ils s'observèrent, chacun cherchant à deviner ce que disait le regard de l'autre, sur leur relation, sur l'avenir, comme si le mystère pouvait se dissiper par la seule magie de la contemplation mutuelle. « Il était pareil, il se demandait, il me regardait tellement ! Moi pareil : on se regardait. En gros c'était ça pendant toute la journée : on s'est fixé. »

Le va-et-vient des pensées entre intégration dans la nouvelle trajectoire et interruption de l'expérience définit logiquement deux modalités d'action et de présentation de soi. La voix change de timbre, les mots de registre, les gestes de style, les scènes à interpréter de répertoire. « Il y avait des moments où ça faisait vraiment petit couple et où j'essayais pas de le contrecarrer, et il y a des moments où ça me prenait la tête. On a pris une douche ensemble, bon là je l'ai joué couple, mais... mais c'est moi qui l'ai dit : bon après on se sépare » (Virginie). Car très vite les idées critiques sont ramollies par l'emballement du cours des choses conjugal ; maintenir une réserve dans l'action est aussi une façon de se donner les moyens de continuer à penser. Dans le schéma le plus courant cependant, cette réserve se limite à des moments de prise de distance solitaire (salle de bains, croissants, retour chez soi). Dans les scènes de face-à-face au contraire, chacun joue le jeu conjugal ou fait en sorte que l'autre le croie. Tout l'art consiste alors à dédoubler les pensées de telle manière que le présent conjugal puisse être vécu presque sans réserves tout en ne perdant pas les notations critiques qu'il serait nécessaire d'effectuer. « C'est un regard analytique, certes, mais un regard nourri d'amour, acquis d'avance. Même si on se dit : tiens ça, c'est pas terrible. » Pierre reconnaît qu'il avait observé de nombreux détails. « Mais sans être à l'affût. » Il les avait relevés un peu au hasard, quand son regard avait été accroché par des curiosités désagréables. Il n'avait rien dit à Marinette, rien changé à son comportement. Les pensées critiques s'étaient d'ailleurs éloignées une à une de sa conscience, s'enregistrant dans une mémoire lointaine, qu'il parvient cependant à réactiver en partie lors de l'entretien. Il faut dire que celui-ci a lieu seulement quinze jours après l'événement. Anna, elle, parle d'un matin qui s'est déroulé il y a neuf ans et demi. De plus, nous l'avons vu, elle s'était refusée à porter un regard critique, s'inscrivant dans une continuité des plus lisses. « Je ne cherchais pas à réfléchir, j'étais vraiment dans un état second. » Pourtant elle aussi avait noté quelques détails, et des années après parvient à les faire ressortir. Dont ceci par exemple : « Il ne se lavait pas les dents toujours. » Par la suite cette insuffisance fut corrigée. Si tel n'avait pas été le cas, la pensée critique aurait pu se manifester avec plus d'ampleur, et éventuellement se raccorder à d'autres. En s'accumulant, les notations critiques préparent les conditions d'un retournement d'opinion. Pour Vincent, le processus avait été très rapide. Dans un premier temps pourtant, il semblait insensible à tous les déboires. Comme si aucune catastrophe n'aurait pu freiner sa route ni laisser de traces. En réalité, les notations critiques étaient enregistrées si loin dans ses pensées qu'une couche mentale plus entreprenante et placidement optimiste parvenait à les recouvrir à chaque fois. Mais, à un certain point, la vache, les souris, les araignées, le Van Gogh, le silence buté d'Aglaé finirent par opérer le renversement cognitif, de façon assez progressive. Dans un premier temps, Vincent distingua l'engagement, sur lequel il refusait de réfléchir, et les conditions davantage à court terme d'un accord avec

Aglaé. « Je n'ai pas pensé à moi le matin. Sur le coup c'est une aventure, tu penses pas trop au futur. Par contre tu te poses des questions, en observant, pour savoir si ça va vraiment coller ou pas. » Le distinguo ne tint pas longtemps. Si vraiment cela ne collait pas avec Aglaé, que pouvait signifier une poursuite de l'aventure ? « Je me suis demandé si j'avais fait le bon choix. C'est pas vu ses réactions, c'est par rapport à moi. » Il ne s'agissait plus de quelques désagréments anecdotiques, mais bien de lui, de son avenir. Il lui fallait réfléchir plus sérieusement, il rentra chez lui. « Le soir même je voulais être tout seul. Parce que je ne la comprenais pas trop, par rapport à l'attitude du matin. Peut-être vouloir me remettre en question. »

« J'étais une spectatrice »

Le dédoublement est une caractéristique centrale du premier matin. Ses manifestations sont toutefois multiformes. Nous avons vu le déchirement de l'individu, entre sa prise par l'événement, la trajectoire qui l'entraîne par le simple enchaînement des faits, et sa capacité réflexive, qui lui dit qu'il est peut-être en train de commettre une erreur. Nous avons vu que la réflexion elle-même se divisait entre un accompagnement de l'action et des notations parallèles plus réservées. Il serait possible de décrire de nombreuses autres modalités. Par exemple la pression normative, qui pousse à s'inscrire dans une identité socialement construite alors que l'individu concret a des sensations qui l'incitent au contraire à la réserve. Très mal à l'aise au réveil, Boris souleva d'innombrables points d'interrogation et de critique. Quand Prudence alla dans la salle de bains, son agacement explosa : l'attente était interminable, elle n'en ressortait plus ! Lorsque ce fut enfin son tour, il découvrit, très énervé, que la pièce avait une allure de hammam. « Il a fallu que j'essuie la buée partout. Être propre c'est bien, mais on ne peut pas être propre plus que propre ! c'était chiant à la fin ! » Dans la salle de bains, Boris n'avait qu'une idée : en finir avec Prudence. Puis il pensa aux copains, ils devaient les retrouver dans moins d'une heure. Que dire s'ils ne leur annonçaient pas la nouvelle attendue ? Boris oublia aussitôt son agacement. « Ce qui nous a obnubilé, c'est ce qu'on allait dire aux autres, ça nous a bien occupé. »

Multiforme, le dédoublement a cependant un centre, qui innerve et explique les modalités les plus diverses : l'individu se dédouble au premier matin parce que la guerre fait rage entre ses deux moi. Comment pourrait-il unifier ses pensées alors qu'il ne sait jamais lequel des deux en lui est en train de penser, l'ancien ou le nouveau moi en cours d'expérimentation ? Cela explique également la soudaineté des variations d'opinion, et les innombrables contradictions qui ont pu être relevées dans les entretiens lors de cette enquête. Sophie a ressenti avec une particulière acuité le dédoublement opérer en elle ; c'est d'ailleurs la puissance de ce dédoublement et son caractère étrange qui lui ont permis de s'engager. Toutes les autres fois, elle n'avait connu que matins chagrins, honte irrespirable et fuite éperdue. Cette nuit-là fut différente, paradoxalement parce qu'elle ne l'avait pas prise au sérieux. « Je le connaissais mais je ne le voyais pas avec moi. Je ne me suis pas investie au départ. » Au matin, il n'y eut ni honte ni envie de fuite. Ni bonheur simple non plus. La situation était très bizarre : elle ne se sentait pas elle-même ni se sentait concrètement exister dans ce rôle insolite. Elle était un personnage de fiction, hors du monde et du temps, hors d'elle-même surtout. « La sensation, c'était de ne pas y croire, un peu incrédule. Je n'en revenais pas, je n'y croyais pas. Je suis restée pendant deux-trois jours très étonnée ; je ne voulais pas y croire du tout. J'étais une spectatrice. » Nous avons déjà vu Colombine et d'autres se percevoir « comme dans un film » le temps que le dédoublement les entraîne dans l'événement. La particularité de Sophie, qui en fait un exemple extrême, est que cette sorte de vie fictionnelle, à distance d'elle-même, dura très longtemps. « Pendant plusieurs mois, j'étais persuadée que j'allais repartir le lendemain. » Parce qu'elle s'accrochait à son ancien moi, et ne pouvait donc pleinement opérer la transition biographique. Elle jouait un rôle auquel elle ne croyait pas puisqu'elle restait résolument la Sophie ancienne. Habituellement, les protagonistes, sauf en cas de matins chagrins, entrent davantage dans leurs nouveaux rôles, apprenant à faire corps avec de nouveaux gestes et à évoluer sur des chorégraphies qui leur deviennent progressivement familières. Mais jamais totalement. Une partie d'eux-mêmes reste dans le vieux moi, rappelant ses principes et lançant ses critiques, surtout quand l'enthousiasme faiblit dans le couple naissant. L'individu, dans l'illusion de son unité et de sa continuité, ne sait jamais lequel des deux moi lui souffle ses idées du moment.

Cela constitue un facteur explicatif important de l'efficacité très moyenne du travail de réflexion primomatinal. L'arsenal des moyens raffinés employés (observations diffuses ou plus analytiques, guidage par les sensations, espaces d'isolement pour un raisonnement plus critique, mise en mémoire dormante des dissonances) pourrait laisser croire que cette expérimentation sensible, qui souvent ne se limite pas à un seul matin, offre les meilleures garanties pour éviter les erreurs de choix du partenaire. Ce serait cependant oublier l'infinité des variables qui doivent potentiellement être prises en compte, la soif de tranquillité mentale qui incite à s'inscrire dans des logiques de continuité peu réflexives, et le brouillage provoqué par le dédoublement identitaire. « Au petit matin franchement t'as pas le temps de tout voir et de tout observer » (Boris). Un résultat parfait est impossible à atteindre ; il faut se contenter d'éviter les plus grosses erreurs de jugement. Comme par exemple se laisser prendre dans une trajectoire qui dès le début indique pourtant qu'on n'y sera pas heureux. Ou au contraire rater la gestion d'un matin pourtant plein de promesses. Juliette avait vécu l'enchantement des enchantements avec Romano ; rien ne pourrait jamais être aussi beau. Elle n'avait eu, pas même une seconde, le moindre soupçon de doute ; elle était amoureuse comme on n'ose le rêver dans les romans les plus roses. Elle croyait avoir tout l'avenir devant elle avec ce bonheur. Ils étaient très jeunes, n'auraient pu que difficilement réunir les conditions d'une indépendance résidentielle : ils choisirent donc d'établir une relation à distance, chacun chez soi. Quelques mois plus tard, Romano partit au service militaire. Leur jeunesse insouciante ne résista pas à cette prise de distance ; l'attrait passager de dérisoires personnes de rencontre leur fit oublier (provisoirement pensaient-ils) l'intensité merveilleuse. Et sournoisement le cours des choses engagea chacun sur deux chemins distincts. Ce matin-là, la douce émotion avait pourtant été si forte qu'ils ne parvenaient pas à se séparer. En plongeant dans son récit, Juliette (mariée avec Guillaume et plutôt satisfaite) semble se détacher de sa réalité présente. Elle est ailleurs, totalement, revivant la scène avec un léger voile humide dans le regard et un vibrato dans la voix qui en disent long. Elle ne regrette pas seulement sa jeunesse perdue. « On s'est rencontré jeunes, donc ça n'a pas pu marcher. Je pense que lui le regrette aussi, il est marié et tout. L'erreur, c'est de ne pas avoir vécu ensemble. »

Vers un nouveau modèle amoureux

« Pour elle, ma réalité, c'était le Gengé forgé par elle, animé de pensées, de sentiments et de goûts qui n'étaient aucunement les miens, et que je n'aurais pu modifier en rien, sans risquer de devenir aussitôt un autre, qu'elle n'aurait plus reconnu, un étranger qu'elle n'aurait ni compris ni aimé.
[...] Elle l'aimait tant !
À présent que tout s'était éclairci pour moi, je devenais terriblement jaloux, non de moi-même, je vous prie de le croire, mais d'un être qui n'était pas moi, d'un imbécile qui s'était glissé entre ma femme et moi, et non à la manière d'une vaine ombre, croyez-le bien, car c'est lui qui me réduisait à l'état d'ombre vaine – moi –, s'emparant de mon corps pour se faire aimer d'elle... Réfléchissez-y : ma femme ne baisait-elle pas, sur mes lèvres, quelqu'un qui n'était pas moi ? »

Luigi Pirandello, *Un, personne et cent mille* [1].

« C'était la vie comme ça »

Le sentiment ne se laisse pas enfermer dans des modèles : il est très simplificateur de dire en trois lignes comment était la vie conjugale à telle ou telle époque. Heureusement chaque individu a toujours été particu-

1. Traduction française de Louis Servicien, © Éditions Gallimard, 1982.

lier, chaque histoire amoureuse une invention à deux. Pourtant les temps changent, et l'amour n'est plus ce qu'il était. Au risque d'être un peu schématique, il faut donc tenter de dessiner les grandes lignes de cette mutation.

Dans les toutes premières sociétés, les femmes sont échangées à l'intérieur de règles d'alliance très strictes. L'amour, s'il existe, n'a guère droit de cité et n'est pas laissé au hasard. Le mariage n'est pas une question privée, mais une affaire publique, de la plus haute importance, une des bases essentielles des communautés sociales en construction. Pendant des siècles et des siècles, à travers d'infinies variations de formes, le mariage va conserver quelque chose de cette inscription institutionnelle. Au-delà des deux individus qui s'unissent, la société tout entière, notamment par l'intermédiaire des parents, contrôle et organise en sous-main l'événement.

Au nom de l'amour, par les armes du théâtre et du roman, une nouvelle vision des choses va peu à peu se faire jour, sentimentale et individualiste, contre l'ordre moral établi. Mais dans la première moitié du XXe siècle, bien qu'elle s'affiche dans les livres et le cinéma naissant, elle n'a toujours pas transformé en profondeur les comportements de la masse de la population. Les rêves amoureux ont encore peu de prise sur la façon dont se constituent les couples.

Rien ne permettra de mieux le comprendre que la belle histoire de Georgette et Léon, qui se marièrent par un jour radieux de l'immédiat après-guerre. « Quand j'étais jeune, j'étais pas mal, et j'ai été demandée beaucoup beaucoup de fois. Il y en avait même qui venaient de loin. » Jusqu'à atteindre ce record inouï, qui fit aussitôt le tour du village : huit demandes en une semaine ! Les propositions étaient âprement discutées en famille. « J'avais la guerre avec mes parents, qui auraient préféré que je prenne untel. » Mais Georgette, rebelle et déjà moderne sur ce point, avait secrètement commencé à « fréquenter » Léon. « J'ai eu à me battre là-dessus avec mes parents. Moi, hein, je connaissais quelqu'un, c'était fini ! c'était pour la vie ! » Georgette avait quinze ans. Les parents finirent par céder, le prétendant étant acceptable, à la condition que la « fréquentation » soit conforme aux coutumes. « C'était en tout bien tout honneur. Mon père m'avait toujours dit : tu sais, tu fréquentes, mais ne t'amènes pas avec un tablier (c'était une expression du terroir de Normandie), c'est-à-dire enceinte. Parce que tu sais ce sera la porte ! ah oui, c'était très strict. Ah il en était pas question ! D'ailleurs on n'y pensait pas. À part être ensemble, s'embrasser, des choses comme ça, mais on ne pensait pas aller plus loin. C'était la vie comme ça. » À vingt ans, un an avant le mariage, elle avait toujours un chaperon (quelque peu symbolique) pour chaque sortie avec Léon. « Ah oui, ma sœur m'accompagnait. Oh ! elle, elle s'en moquait, elle allait à la plage et tout, mais il fallait un chaperon ! ah, c'était terrible. » Le mariage, longuement préparé, fut un moment intense. Par son aspect cérémoniel bien sûr. Mais aussi dans l'attente pleine d'émotion de la nuit. « On était oie blanche, on ne connaissait rien, alors c'était vraiment tomber dans une chose extraordinaire qu'on craignait un peu. » L'impression au réveil fut aussi très forte. « Ah oui, surprise ! De trouver un homme à mes côtés, c'était un peu particulier. J'étais heureuse. Dans ce temps-là, c'était l'amour sans aller à côté. Quand on se mariait, c'était pour la vie. » Ils oublièrent très vite les problèmes de la nuit (essentiellement dus à de grandes gênes concernant la pudeur). « Le pas était franchi. Alors j'ai mis ma robe de chambre, lui aussi, et nous avons déjeuné. » C'est alors, je l'ai raconté plus haut, qu'elle prit vraiment conscience de sa nouvelle vie, et qu'elle ressentit le bonheur de l'indépendance. « C'était comme si une barrière s'était levée, je me sentais libre. D'avoir sa maison, de pouvoir faire sa popote, pour nous deux, c'était un grand bonheur. Ç'a été une libération, c'est le mot. On était heureux de notre liberté. » Bonheur du couple mélangé au bonheur de l'émancipation personnelle. « J'étais chez moi ! toute seule ! heureuse. Je commençais ma vie en fait. » Elle n'avait pas eu à réfléchir, n'avait rien observé qui fût susceptible d'être critiqué. « Ce jour-là on était au summum. Alors même qu'il y aurait eu quelque chose de travers, on l'aurait pas vu. J'ai laissé la vie passer comme ça. » Elle avait pourtant ressenti en elle le profond et soudain bouleversement. « C'était une vie totalement différente, c'était pas comparable. » Mais il n'existait d'autre voie que d'épouser le nouveau cours des choses. « La vie était comme ça et fallait continuer comme ça. »

« On était déjà lancé »

L'histoire de Georgette n'a pas prétention à représenter à elle seule une époque. Son ancrage rural tend d'ailleurs, sur certains détails, à la rendre plus significative du début du siècle que des années 1940 où se déroulèrent les événements. L'important est ce qu'elle illustre : l'emprise du social et des institutions sur les personnes. Ainsi que le tout début de la révolte individualiste contre ces mêmes institutions, au nom de l'amour. À dire vrai, Georgette n'en parle pas beaucoup de cet amour, elle n'emploie pas de grands mots, reste très pudique. Sa vie conjugale ne s'inscrit pas en toutes lettres sous les auspices du roman sentimental. Pourtant c'est bien par son désir secret, son attirance pour Léon, qu'elle avait imposé son choix intime.

Tout le XXe siècle est marqué par la lente et difficile sortie du modèle institutionnel du conjugal. Une autre histoire, celle de Gabrielle, va nous permettre de voir de très près comment a pu opérer cette transition, à une période cruciale : la fin des années 1960. Une telle date surprendra peut-être. Mais il ne faut jamais oublier le très grand décalage entre l'univers de l'imaginaire et de la fiction, où la subversion romantique s'est diffusée rapidement, et la moyenne des pratiques ordinaires, qui sont longtemps restées fixées à l'ancienne façon de faire.

Comme Georgette, Gabrielle avait commencé à « fréquenter » André en cachette. Elle l'annonça à ses parents. Sa mère se montra pour le moins réservée ; son père semblait plus compréhensif, sans pourtant jamais l'avoir dit clairement. « Ça ne se disait pas avec des mots, on ne donnait pas de détails. Mais quelque part on avait l'accord de mon père. » Hélas les choses se gâtèrent du côté de la famille d'André. Qui apprit que les parents de Gabrielle n'allaient pas à la messe, et que, autre calamité, cette dernière était partie s'installer à Paris, officiellement pour des raisons professionnelles. Dans leur esprit, cela ne pouvait qu'indiquer un nouveau signe de dépravation. Ils mirent donc leur curé sur la piste ; Gabrielle dut subir des interrogatoires et des pressions. « Ils avaient peur que je ne sois pas quelqu'un de bien. Le prêtre avait même demandé qu'on arrête de se voir pendant un certain temps pour voir si on tenait vraiment l'un à l'autre. Alors là, j'avais très mal pris ça. » D'autant que nous sommes alors en 1968, année où quelques événements incitent à prendre davantage de libertés personnelles. Les harangues du curé apparurent soudain d'un autre temps. Gabrielle et André persistèrent dans leur liaison, semi-clandestinement, « presque à la sauvette ». L'ambiance de l'époque avait brusquement changé. « Cinq ans auparavant, on n'aurait jamais pu faire ça. »

Gabrielle était-elle amoureuse et comment l'était-elle ? Son récit donne l'étrange impression d'un sentiment, d'abord construit dans la lutte contre l'adversité sociale, qui ne s'épanouit vraiment que dans la confirmation publique de l'union. « Au début, bien sûr, je me suis demandé si c'était vraiment Lui. » Puis il y eut la connivence de la semi-clandestinité, leurs petits déjeuners secrets pendant deux années, et déjà quelques habitudes de vieux couple. Enfin, la décision de mariage, acceptée par les familles, et l'explosion du sentiment dans la perspective officielle de l'engagement. « Moi, j'étais amoureuse, je me mariais, il n'y avait rien qui pouvait faire... il n'y avait que ça qu'existait ! Quand j'y pense aujourd'hui, c'est fou ! » Elle fut alors à ce moment précis follement amoureuse. Mais il est frappant de constater combien l'institution reprenait le dessus : c'est surtout le mariage en lui-même qui l'enflammait. Il est d'ailleurs révélateur qu'elle prenne l'exemple du matin de noces pour illustrer son « premier matin ». Or, quinze jours plus tôt, Gabrielle et André, plus clandestinement que jamais, avaient vécu leur véritable première nuit d'amour. Rebelles à leur manière, et inspirés par l'air du temps, ils refusaient ainsi de se soumettre aux injonctions trop précises. Sans doute avaient-ils aussi beaucoup de désir l'un pour l'autre. Parler de révolte amoureuse serait toutefois exagéré. D'ailleurs, Gabrielle ne se souvient guère de cette première nuit ni du matin qui suivit. « Ça ne m'a pas vraiment marquée. » Le mariage avait été une tout autre affaire ! Là, les émotions étaient fortement au rendez-vous. Et les souvenirs lui restent avec beaucoup de précision.

La nuit ne s'était pas bien passée. André avait oublié

son pyjama. Très pudique, il ne se sentit donc pas à l'aise face à Gabrielle. Mais, surtout, une angoisse ravageuse s'empara de lui à l'idée du rituel matinal qui était alors de mise. « Il savait très bien que tout le monde allait venir nous réveiller. Ça l'avait presque mis de mauvaise humeur parce qu'il n'avait pas son pyjama. » Pendant toute la nuit, l'oubli du pyjama l'obséda. Il ne parvenait guère à dormir, et se trouva perturbé dans l'exercice attendu. « Ça, on l'a presque raté. » Au matin, quand la joyeuse troupe se présenta, la peur le fit exploser de colère ; il barricada la porte. Hélas, les assaillants trouvèrent une échelle. « Et ils sont entrés une quinzaine là-dedans : on n'était plus maîtres de la situation. » André refusa maussadement de sortir du lit. Tout le monde se jucha donc sur le côté laissé libre pour la photo d'usage ; et le lit s'écroula dans un grand fracas ! Évidemment, de telles mésaventures laissent plus facilement des traces qu'un matin ordinaire. Il ne faut toutefois pas se tromper : derrière les anecdotes amusantes (sauf pour André), l'emprise des rituels collectifs est patente. Après la rébellion de l'opposition à la famille et l'incartade des rendez-vous clandestins, Gabrielle était revenue à une conformité plus proche de la tradition. Seuls les premiers temps de leur histoire avaient manifesté une volonté moderniste de plus grande autonomie personnelle. Lors du mariage au contraire, la logique coutumière de l'engagement avait repris le dessus sur les rapports interpersonnels. « Ça y est, j'allais me marier. Quand on est passé à l'acte d'une certaine manière : c'est lui ! Ça aurait pu être quelqu'un d'autre, mais c'était lui. Le premier matin, on était déjà dans notre avenir, quelque part on était déjà lancé. » Il n'y avait plus qu'à se laisser porter.

Gabrielle sentait tous les bouillonnements et frémissements de l'époque autour d'elle. « Quand tu couchais avec un gars, c'était lui qu'allait être ton mari. J'ai connu des filles de mon âge qui couchaient avec des garçons et c'était juste une aventure. Ça aussi, ça commençait. » La libération des mœurs des années 1970, en autonomisant le sexuel, allait rapidement et massivement réaliser ce que deux siècles d'amour romantique n'étaient pas parvenus à faire par la vertu du sentiment : abattre l'ancien régime conjugal.

Le modèle romantique

L'amour sentimental est né du roman [Raffin, 1987]. Divers commentateurs ont refusé cette thèse en arguant que l'amour n'est pas une illusion, qu'il existe bel et bien, jusque dans les très concrets frémissements du corps. Mais il n'y a aucune antinomie entre les deux propositions. Tous les phénomènes culturels qui nous entourent sont des inventions sociales. La famille a connu mille formes les plus diverses à travers l'histoire ; la plage comme lieu de détente est une découverte récente ; la façon dont nous faisons notre toilette aujourd'hui a été codifiée par le XIXe siècle. Chacun de ces éléments fut construit d'une façon spécifique. La seule particularité de l'amour est d'avoir fait intervenir massivement l'imaginaire et la fiction dans cette construction. D'où le décalage souvent remarqué entre représentation idéalisée de l'amour et réalité concrète. L'erreur serait de se fonder sur ce simple décalage pour conclure que l'amour est une chimère. Il existe véritablement, même s'il n'est pas toujours à la hauteur du rêve.

L'amour sentimental a une longue et complexe histoire, avec des moments intéressants et originaux comme l'amour courtois du Moyen Âge, qui restent cependant relativement marginaux par rapport au poids central de l'institution sociale du mariage. La force du romantisme idéaliste est d'avoir contourné cette dernière, pour imposer dans la littérature (et à partir de là plus largement dans les représentations) ce qui va devenir un véritable « modèle dominant » de l'amour [Chaumier, 1999, p. 29]. Serge Chaumier le définit dans ses grands traits. L'amour romantique est d'abord une lutte personnelle contre des obstacles, il est « d'autant plus violent qu'il est contrarié » [p. 39]. Il se caractérise par une exacerbation des sentiments, qui permet de vaincre les difficultés tout en magnifiant l'objet d'amour. L'idéalisation du partenaire « importe davantage au départ que sa personnalité réelle » [p. 108]. J'ajouterai, dans mes propres termes : parce qu'elle est nécessaire à la construction de l'élan sentimental qui seul alors peut permettre de décrocher du vieux moi, prisonnier (beaucoup plus qu'aujourd'hui) des rôles sociaux de l'institution établie. Stendhal emploie le terme de « cristallisation » : le sentiment est la force qui permet d'opérer la révolution identitaire. Il est fondateur du nouveau couple. Et se situe pour cela au tout début du processus. Souvent même dès la première rencontre, au premier échange de regards.

Nous percevons l'amour romantique comme s'il était un arrière-fond universel de nos mentalités ordinaires. Une sorte d'idéal hélas souvent éloigné des vulgaires mesquineries du quotidien, mais égal à lui-même, évident, inquestionnable, au-dessus de tout. Or des impératifs sociaux ont commandé son développement. Et expliquent qu'il ne soit qu'une réalité provisoire, construite dans une phase précise de notre histoire.

Un modèle de transition

Quelques exemples ont suffi je pense pour montrer la force de l'institution traditionnelle. L'histoire de Georgette ou de Gabrielle se déroule en effet plus d'un siècle après l'essor de l'idéalisme sentimental, et les jeunes amoureux ne parviennent toujours pas à se libérer vraiment de l'emprise du social. Il leur aurait fallu encore davantage de violence passionnelle. Car l'amour romantique est avant tout cela : une violence faite à l'institution, pour inventer de nouveaux individus, plus autonomes, maîtrisant leurs choix personnels et conjugaux. Georg Simmel [1988] a souligné que la passion avait la vertu d'individualiser les amoureux, en les séparant de leur environnement. Ulrich Beck [2001, p. 32] est encore plus précis : « L'amour détraditionnalisé, c'est tout à la première personne du singulier. » La face cachée du sentiment amoureux dans le modèle romantique, de sa grandeur et de sa force, se résume à ce fait : sans lui, il aurait été impossible d'accoucher de la nouvelle réalité de l'individu moderne dans les relations privées ; de la « découverte de soi par soi, génératrice de nouveaux liens aux autres » [Perrot, 1987, p. 417]. C'est pourquoi un décalage était nécessaire, une violence dans l'expression du sentiment. Il fallait rompre avec l'emprise de la tradition, détacher les individus pour les lancer sur la voie de leur propre destin. Seul un élan sentimental idéalisé, soudain et vibrant d'émotion pouvait réaliser cette mutation historique.

Il ne la réalisa d'ailleurs que très imparfaitement en dehors des livres ; l'élan sentimental des histoires et des rêves a longtemps peiné à se concrétiser. Au milieu du XIXᵉ siècle, le romantisme est encore une vision éthérée, qui n'a ébranlé l'institution que dans la littérature et le secret des cœurs. C'est alors que se produit une révolution invisible, dans l'économie souterraine des sensations corporelles : une lente montée d'un désir plus concret et charnel, en pleine époque puritaine, une envie plus pressante de baisers et de caresses [Corbin, 1987]. Une énergie pulsionnelle en quelque sorte, qui manquait un peu au modèle romantique pur. Dans la référence théorique abstraite opposant Agapé et Éros, l'Amour vrai réprime ou sublime le sexe, égoïste et faux. L'évolution de l'amour romantique au XIXᵉ siècle et dans la première moitié du XXᵉ, est un lent passage de la répression à la sublimation. Le désir grandissant confère encore plus de frisson aux attentes. Et, entre l'après-guerre et les années 1970, l'institution perd progressivement la partie.

Mais le modèle romantique aussi, qui ne s'est pas imposé massivement comme nouvelle réalité. Car il a perdu en pureté à mesure qu'il se diffusait et se concrétisait dans les pratiques ordinaires. En fait, modèle dominant depuis deux siècles dans les représentations, il n'est jamais parvenu à s'imposer totalement dans le réel tangible. À partir des années 1970, au moment où les individus trouvaient enfin la force de se libérer définitivement de l'ancien régime conjugal, et où l'amour était « trivialisé en un mouvement de masse » [Beck, 2001, p. 32], l'autonomisation du sexuel changea brusquement la donne. Ce qui dans un premier temps avait permis au modèle de trouver un second souffle se transforma en ennemi de l'intérieur précipitant son déclin. L'ordre symbolique liant sentiment et sexe était renversé, le sentiment ne pouvait plus être le grand élan unique et fondateur de toute une trajectoire biographique. L'autonomisation du sexuel avait fait basculer dans une autre époque, qui cherchait désormais son nouveau modèle de référence. Le romantisme amoureux révélait ainsi son rôle social : opérer une mutation historique. Il ne s'était jamais imposé dans une réalité anthropologique au quotidien comme l'avait fait autrefois la tradition matrimoniale, ou comme le fera peut-être le nouveau modèle actuellement en gestation. Il avait été, dans ses incertitudes et ses élans mêmes, dans sa fureur et sa beauté, l'instrument provisoire d'une transition.

La fin du modèle romantique ?

Est-ce à dire que le romantisme soit mort ou qu'il soit appelé à totalement disparaître ? D'abord, entendons-nous bien. Je ne parle ici que du modèle, celui qui définit toute une vie à partir d'un moment fondateur dominé par un sentiment primordial. Ce modèle-là, oui, est bien moribond. L'individu moderne n'accepte plus d'être emporté sans contrôle dans le mouvement de sa propre représentation, il veut, chaque jour, continuer à multiplier les chances qui pourraient le faire se rapprocher concrètement du bonheur. Il n'est nullement moins sentimental, ou moins romantique si l'on veut. Au contraire, il cultive l'émotion comme sans doute cela n'a jamais été fait. Mais il ne veut pas tout emprisonner dans une seule émotion originelle, ou alors à la condition qu'il puisse vérifier son authenticité. Les trajectoires de vie privée sont de moins en moins rectilignes, elles se font sinueuses, alternant des séquences variées, avec une tendance certaine à multiplier les expériences et les partenaires au cours de l'existence. Rarement pour le seul plaisir de changer : chacun cherche sa voie et rêve de ne pas se tromper.

Ensuite, moribond ne signifie pas mort : le modèle romantique est seulement sur le déclin, et peut-être ne disparaîtra-t-il jamais vraiment. Il reste dominant dans toute une partie de la littérature et du cinéma, lentement grignotés par des visions plus réalistes [Chalvon-

Demersay,1996], dans les rêves secrets du prince charmant, et surtout dans le langage communément partagé qui nous sert tous à parler de l'amour : il y aurait le véritable amour de référence, et des formes dégradées, qu'hélas connaissent l'écrasante majorité des pauvres conjoints. Je tiens à commenter mon interjection, « hélas ! », car ces formes ne sont aucunement dégradées en elles-mêmes. Elles n'apparaissent ainsi que comparativement à l'idéal faisant autorité. Parfois, bien sûr, l'amour y est véritablement avachi (là je dis « hélas ! » au premier degré). Mais parfois aussi (je ne veux pas préciser les proportions davantage, préférant rester optimiste), c'est le vieux modèle qui fait de l'ombre à des modalités amoureuses novatrices et qui se cherchent.

Il reste aussi très présent dans les premières histoires d'amour, à la jeunesse, surtout chez les filles [Alberoni, 1994]. Car c'est l'expérience qui informe peu à peu du décalage existant entre le modèle et la réalité contemporaine. Les secondes amours sont plus réfléchies [Le Gall, 1992]. Certains et certaines parviennent pourtant à rester jeunes longtemps, y compris à travers de pénibles démentis des faits et autres chagrins d'amour, à rêver de grands sentiments uniques et instantanés, à s'envoler dans des histoires prometteuses et grisantes. La plupart du temps toutefois il s'agit d'histoires courtes, ne se référant donc pas au modèle romantique (qui présuppose l'évidence amoureuse et la durée) mais plutôt à une culture moderne de l'invention narrative de soi et de l'émotion.

Enfin, il faut chercher encore plus profond. Le modèle romantique était en rupture violente avec les codes établis. Une subversion aussi radicale ne serait pas parvenue à s'infiltrer si elle n'avait emprunté quelques formes à la tradition. D'ailleurs, le romantisme, révolutionnaire sous l'angle des relations privées et du sentiment, peut être analysé comme conservateur et hostile à la modernité démocratique du point de vue politique [Mesure, Renaut, 1999]. La révolution du sentiment était centrée sur l'autonomie individuelle, très difficile à faire accepter à une société où les individus avaient l'habitude d'être définis par l'ordre du monde ; il est insupportable de quitter brusquement l'idée, somme toute confortable, de destin. Or, curieusement (en fait il n'y a rien de curieux quand on comprend le caractère transitionnel du romantisme), le modèle du sentiment idéalisateur repose avant tout sur la notion d'évidence, de destin amoureux. En quittant son destin social, l'individu trouva donc pour se réfugier une autre prédéfinition de son avenir. Ainsi l'amour put ne pas apparaître comme une folie aveugle, mais secrètement régi par la providence des rencontres : « Un seul être au monde est fait pour moi et quand je croiserai son chemin aussitôt je le saurai, c'est écrit. » Les images firent florès pour désigner cette prédestination amoureuse, facilitant ainsi la transition romantique. Or cette conception, qui remonte à très loin dans l'histoire, et qui est régulièrement invalidée par les faits, est actuellement une des plus résistantes. Que l'on me comprenne bien à nouveau. Je ne dis pas que l'on ne puisse trouver la compagne ou le compagnon idéal, avec qui, tout au long d'une vie, à travers tendresse et connivence, voire passion maintenue, se confirmera jour après jour que l'on était faits l'un pour l'autre. Mais rien ne dit qu'une autre existence remplie de bonheur n'aurait pas été possible avec une autre personne. Telle est la difficulté de l'amour quand on enlève l'idée (moyenâgeuse il faut quand même le dire) de la prédestination : il y a bien choix de partenaire et ce choix change complètement la vie. C'est pourquoi chacun a si peur de regarder en face l'ouverture de l'expérience amoureuse. Dans l'enquête préparatoire à mon livre *La Femme seule et le Prince charmant*, j'avais été frappé de constater à quel point l'idée de destin restait présente dans les mentalités pour les choses de l'amour. À y regarder de plus près néanmoins, un subtil dégradé pouvait être relevé. Tout en haut de la hiérarchie fataliste se trouvait le marmoréen « de toute façon, c'est écrit ! ». Puis, légèrement en dessous, « ce jour-là je le saurai : c'est Lui ! ». La majuscule est ici importante (il s'agissait de témoignages écrits), car la même phrase avec minuscule indiquait à l'évidence une conviction plus molle. Le « Lui » du destin marqué dans les astres, du grand amour, de toute une vie, devenait un simple « lui », beaucoup plus incertain et éventuellement révocable. Le point d'interrogation n'était plus très loin : « est-ce bien lui ? ». Mais alors la prédestination se dilue dans le questionnement réflexif de la modernité.

Bricolages et entre-deux

La situation présente est caractérisée par un déclin du modèle romantique, alors que le nouveau modèle qui se cherche reste flou, implicite, ne parvenant pas encore à s'imposer, ni même à se rendre bien visible. Les candidats à l'amour sont donc condamnés à naviguer sans trop de repères dans cet entre-deux, évitant l'écueil des excès, bricolant des liens entre les logiques différentes dans lesquelles ils s'inscrivent. L'idéal d'un moment émotionnellement fort à la première rencontre demeure très vivant. Il maintient une certaine efficience du modèle idéaliste, sous forme d'élans sentimentaux, au début de nombre d'histoires. Mais il est remarquable qu'une part importante reste sans lendemain, sortes de flashes amoureux sans suite, sans conséquences à long terme, ce qui les fait davantage se rapprocher de la culture contemporaine du sensible et de l'émotion que du modèle originel. À l'inverse beaucoup de couples entrent dans les échanges préparatoires à leur future vie commune par la petite porte de l'amour, sans trop s'en rendre compte. Ce n'est qu'*a posteriori* qu'ils réalisent que leur histoire avait commencé là. L'entrée discrète dans la carrière amoureuse ne signifie pourtant pas que le sentiment ne puisse éclore et s'épanouir ensuite, ni même construire des élans n'ayant rien à envier à la norme du choc initial. Ces couples devront néanmoins effectuer un travail de réécriture de leur récit biographique, pour mieux se présenter à qui les interroge : il est encore aujourd'hui délicat de ne pas apparaître vaguement conforme au modèle romantique.

Nous avons vu par exemple comment Alban tentait de nous faire prendre des vessies pour des lanternes en mélangeant un discours général fortement inspiré du modèle romantique avec des faits précis en décalage constant. Il connaissait Lisa depuis très longtemps, nous disait-il, avant de préciser qu'il s'agissait en fait de relations d'amitié. La première nuit n'aurait pas été un hasard. « C'était un désir depuis quelques semaines de vraiment s'engager. » Quelques minutes plus tard, la description plus détaillée de la scène ouvre sur une autre version. « C'était un week-end, on était avec des copains, une bonne dizaine. Je voulais surtout faire des conneries, faire plaisir aux copains, on était là pour se marrer ensemble. » Conscient d'avoir été un peu trop loin, il rectifie aussitôt. « Ce n'était pas une pression extérieure, l'alcool, les copains. Non je voulais vraiment le faire. » Faire quoi exactement ? une nuit de sexe ou certifier un engagement ? Le moins que l'on puisse dire est que son histoire a des entrées multiples. La confusion de ce qu'il nous raconte n'est pas due à sa personnalité particulière ou aux modalités de son fonctionnement mental. En d'autres termes, Alban n'est pas un menteur. Elle illustre au contraire, paradoxalement avec beaucoup de sincérité, les efforts que chacun doit aujourd'hui produire pour donner une impression de cohérence à ce qui ne peut plus en avoir, à bricoler laborieusement dans l'entre-deux des références. Dans une dernière tension intellectuelle, Alban essaie d'atténuer l'effet fâcheux produit par ses contradictions, en se rapprochant d'une hypothétique vérité moyenne : « Le lendemain ça devenait sérieux parce que j'avais montré que j'exprimais des sentiments. » Il abandonne donc ainsi l'idée de l'amour préalable (en fait il avait laissé planer le doute sur son existence, n'étant jamais trop précis), pour faire officiellement commencer leur histoire sentimentale au premier matin. Hélas, son expression est un peu malheureuse, car il fait naître ce sentiment dans l'expérience sexuelle, ce qui est contraire à ses principes (conformes au modèle romantique) par ailleurs proclamés. Enfin il termine par un aveu de taille. Après avoir déclaré vivre « depuis quatre ans avec Lisa », suite à cette nuit où « ça devenait sérieux », il commente : « Enfin, on n'a jamais vécu vraiment ensemble. Sur dix-quinze jours, ça s'est déjà fait, ça se passe très bien, tant mieux. Mais sur un an, ou sur un mois, c'est carrément différent. Donc quand je dis "c'est sérieux", ça veut pas dire "c'est à vie". Par contre ça pourrait vouloir dire : "ça serait bien que ce soit à vie". » L'amour selon le modèle romantique est une sorte de rêve impossible pour Alban. Sans jamais l'effacer de son esprit, il avance concrètement dans une autre direction.

La gymnastique mentale qu'Alban doit produire (pour présenter son histoire, car ordinairement la situation est plus calme) est spécialement compliquée parce qu'il tient à affirmer ses références au modèle romantique, pourtant très éloignées de son expérience. D'autres parviennent à trouver des astuces pour éviter ce travail cérébral. C'est particulièrement le cas des personnes qui s'inscrivent dans le cours des choses anodin d'une pure logique de continuité. De la même façon qu'ils lissent les aspérités du quotidien pour discrètement mettre en place leur système de vie à deux, ils esquivent les questions dérangeantes par de placides propos de bon sens : certes leur histoire n'est pas des plus excitantes du point de vue amoureux, mais elle est toute simple et sans problème, plus profonde et plus vraie dans son silence partagé que tous les mélodrames bavards de surface. « Ça se passe tout seul ! » est un de leurs slogans fétiches, ainsi que « C'est comme ça ! ».

« Je me suis dit : c'est comme ça ! » La phrase entendue tant et tant de fois finit par résonner avec des sons étranges aux oreilles du chercheur : elle veut lui dire quelque chose à travers sa banalité apparente. Il continue à l'écouter et l'écouter encore, toujours sans comprendre. Jusqu'au jour où enfin la vérité apparaît, dans sa candeur désarmante. « C'est Lui » aurait pourtant dû déjà le mettre sur la piste : il y avait au-delà à l'évidence l'idée d'une prédestination amoureuse. Or, derrière le « C'est comme ça », gît la même idée de destin. La même sans être exactement la même, car celle-ci ne se réfère pas au modèle romantique. La logique de continuité, dans ses manifestations les plus extrêmes, peut être analysée comme une tentative d'adaptation de l'ancien régime conjugal à la modernité. D'ordinaire, l'individu contemporain ne cesse de construire la trajectoire qui à son tour l'entraîne et le construit ; il s'invente tout en étant déterminé. En se plaçant délibérément dans l'anodin et la continuité, il tente par contre d'effacer l'un des deux pôles opposés de cette dialectique moderne, en étant uniquement construit par la trajectoire, vécue comme un incontournable destin. La différence avec l'ancien régime conjugal est justement cette trajectoire évolutive (alors que la tradition est fixe et répétitive), et le contrôle social moins explicite (les familles aujourd'hui n'osent plus trop donner leur avis sur les prétendants). Mais pour l'essentiel, dans le rapport des individus aux événements qui les font ce qu'ils sont, le positionnement est le même : ils se laissent définir par la force des choses.

Le nouvel amour tardant à dévoiler ses traits, l'essoufflement du modèle romantique a donc paradoxalement ouvert la voie (outre mille petits bricolages incertains) à une réactivation du positionnement traditionnel, remis au goût du jour par la technique des matins anodins et autres trajectoires de continuité. Alors que, après deux siècles d'assauts du sentiment (aidés sur la fin par l'autonomisation du sexuel), l'ancien régime conjugal semblait enfin abattu. Une telle évolution est sans conteste imputable à l'archaïsme de l'imaginaire, qui est resté accroché à son vieux modèle alors que les pratiques amoureuses, inventives et audacieuses, cherchaient à tâtons de nouvelles voies. Il est frappant de constater que le modèle romantique, révolutionnaire à ses débuts, très en avance sur les pratiques de son époque, est devenu aujourd'hui un frein conservateur, ne reflétant plus la manière dont chacun cherche à aimer, à mieux aimer. Pour une raison très simple : durant ces deux siècles, il est resté figé, comme hors du temps. Il y a aujourd'hui bel et bien une crise de l'imaginaire amoureux. Qu'il est urgent de résoudre, pour éviter les bricolages fatigants et les replis sentimentalement pauvres, pour libérer et légitimer la nouvelle sensibilité émotionnelle.

Sortons quelques instants du domaine de l'amour. Dans tout ce qui concerne la vie quotidienne, qu'il s'agisse d'élever son enfant, de gérer son budget, ou même de se détendre, une autre mutation anthropologique s'est produite, très profonde, en moins d'un siècle. L'« ancien régime des gestes » [Thuillier, 1977] fixait les conduites de chacun, de façon manifeste et visible, car les manières de faire des communautés sociales étaient relativement homogènes et se reproduisaient presque à l'identique. La mère apprenait à sa fille comment langer et nourrir son bébé, et la famille mangeait ce qu'elle avait toujours eu l'habitude de manger. Aujourd'hui il semble que plus rien n'existe qui ne puisse être soumis au questionnement de la modernité. Et surtout pas les anciennes manières de faire, sur lesquelles il est conseillé de poser continuellement un œil critique. Comment élever son enfant ? Un océan de livres et de magazines offrent leurs réponses au puits sans fond des interrogations. L'homme contemporain est devenu un *homo scientificus* qui traite sa propre vie comme un objet de laboratoire. Il ne mange plus comme autrefois simplement ce qu'il avait l'habitude de manger. Il innove, et surtout il veut savoir le fin du fin de ce qu'il y a dans son assiette, de ce qui va se produire lorsqu'il va l'avaler. Il veut que les médias interrogent pour son information les meilleurs diététiciens, les biologistes, les chimistes, les psychologues, les philosophes. Il ne veut plus manger idiot.

Le moindre aspect de ce qui nous entoure est désormais mis en question et débat ; nous entrons dans l'époque de la réflexivité généralisée. Pour trouver les réponses, chacun peut consulter des livres, lire des journaux, regarder des émissions de télévision, qui vulgarisent des propos d'experts sur un mode industriel. Mais cela ne suffit pas. Les conseils sont toujours trop lointains, abstraits, inadéquats, contradictoires. Rien ne remplace l'expérience personnelle pour dégager ses propres conclusions. L'*homo scientificus* n'est pas seulement un récepteur d'informations scientifiques. Il est surtout un expérimentateur, qui, dans le laboratoire de sa propre vie, ne cesse de tester, apprécier, évaluer les éléments et événements les plus divers qui se présentent à lui. Dans mon dernier livre, *Ego*, ouvrage plus théorique, j'avais engagé une polémique scientifique avec François Dubet [1994] à propos du rapport que l'individu entretient avec ses rôles sociaux. Il montre comment l'homme contemporain se dégage de plus en plus des rôles qui auparavant le construisaient de l'extérieur, au nom de l'expérience. Je pense personnellement qu'il ne se dégage en fait que d'un certain type de rôles. Mais cette polémique, ici, devient secondaire. L'important en effet est la conclusion centrale de François Dubet : dans tous les domaines de son existence, l'individu traverse désormais des expériences sociales, qui par leur multiplication lui permettent de se construire comme sujet.

Or il en va exactement de même dans l'univers amoureux. Anthony Giddens [1992] remarque que c'est la montée de l'autonomie et de la réflexivité qui ont ébranlé l'amour romantique ; l'idéalisme sentimental est devenu aussi intenable que l'assujettissement à la tradition. Car chacun veut éprouver par lui-même, dans le détail, concrètement, si les sentiments qu'il ressent sont fondés et s'il a fait le bon choix. Nous avons vu quels étaient les procédés utilisés pour mener à bien cette expertise. Parfois des séquences de raisonnement de type véritablement scientifique. Souvent un mode de pensée un peu plus approximatif. Ainsi Gildas n'a pas mis au point un véritable protocole expérimental pour son test du petit déjeuner. « Je pense à des choses, mais je vais quand même pas poser une question. Et c'est pas vraiment étudié, réfléchi à 100 %. C'est par exemple, s'il a un truc qui t'énerve, de voir si c'est quand même possible. » Quant à Agathe, elle a délibérément ignoré tout ce qui aurait pu conduire à un constat négatif simplement parce que John avait été très attentionné. L'expérimentation de type scientifique est subordonnée à une perception sensible qui définit la dominante de l'opinion. Cette façon de faire est sans doute inéluctable. Les critères entrant en jeu sont trop nombreux et difficilement observables pour qu'un raisonnement purement rationnel puisse déboucher sur une décision. L'utilisation du sensoriel est donc une nécessité technique. Il en résulte cependant une conséquence remarquable : l'expérience amoureuse n'est pas une expérience comme les autres [Beck, 2001], elle est une expérience sensible, enrobant de sensualité les réflexions trop abruptes, libérant subtilement l'émotion.

Quelle place occupe le premier matin dans l'expérience amoureuse ? Certains, profondément inscrits dans les trajectoires de continuité, tentent de lui nier toute importance, mais comme ils nient toute importance à l'expérimentation de façon générale. Leur vie est « comme ça », et il n'y aurait rien d'autre à dire. D'autres pourraient être tentés de l'occulter pareillement, au nom du sentiment fondateur, qui reste une référence dans les mentalités. Or cela est beaucoup moins fréquent. Même quand l'amour commence dans le plus pur respect du code romantique par un éclat sentimental fulgurant, la longue histoire qui va suivre est désormais scandée par des épisodes où les deux partenaires testent plus ou moins ouvertement la solidité de leur engagement : l'expérimentation amoureuse est devenue incontournable. Encore plus quand l'éclat initial se révèle n'avoir été qu'une maigre lueur. Quelle qu'ait pu être l'intensité lumineuse, le premier matin représente aujourd'hui une étape essentielle de l'expérimentation. Pour ceux qui étaient les plus solidement engagés au préalable, le matin est l'occasion d'une confirmation solennelle après la nuit d'amour. Pour ceux qui l'étaient moins nettement, il est en lui-même un moment crucial de découverte et de mise au point. L'idéal étant bien sûr que n'émerge à cette occasion aucune notation critique. « Le rêve, c'est un embryon de sentiment, avec les deux qui se découvrent le matin, émerveillés » (Virginie). Ce qui ne fut pas exactement le cas, au camping, avec « Monsieur ours ».

La place du premier matin dans l'expérimentation est encore plus forte quand l'histoire a soudainement commencé la veille. L'autonomisation du sexuel par rapport à l'engagement conjugal multiplie désormais ce type de trajectoires faisant l'économie des déclarations sentimentales préalables, sans que l'on puisse dire qu'il s'agisse d'un modèle totalement généralisable. La mutation historique de l'amour porte centralement sur l'expérimentation et le changement du mode d'expression des sentiments. Les trajectoires soudaines et inopinées ne sont qu'un cas particulier, cependant très répandu, et très symptomatique de l'expérimentation. Car, lorsqu'il n'y a pas d'histoire préalable, donc de repères, tout se joue avec une intensité et une rapidité encore plus grandes au premier matin. La capacité d'observation et d'analyse devient décisive. La moindre erreur de jugement, ou une mollesse dans le travail d'évaluation, peuvent entraîner dans une dynamique de socialisation dont il sera difficile ensuite de se déprendre. Sauf quand, comme Rodolphe, il y a fixation sur le sexuel, et refus de s'intégrer dans le quotidien. Il est alors beaucoup plus facile d'estimer sa satisfaction et de gérer la durée de la relation. « Ça, des fois tu le décides avant si c'est nuit simple et puis après partir. Mais si t'as plus d'affinités tu restes. Ça dépend aussi si ça s'est bien passé pendant la nuit. Si ça s'est bien passé avec la personne, t'as envie de rester, de poursuivre l'aventure. Si ça s'est mal passé, que ça t'amène rien, t'as envie de partir. Maintenant, pour moi, l'acte sexuel n'est pas seulement l'acte pour l'acte. Dans un certain sens c'est aussi un engagement de ma part. Peut-être pas du long terme, mais pas du très court terme, du moyen terme deux-trois semaines. » Mais le prix à payer, « à long terme », est alors l'impossibilité d'établir durablement le couple (excepté sous forme non cohabitante) et de fonder une famille. L'expérimentation ne porte donc pas seulement sur le partenaire, qui pourrait être testé comme tout autre produit de consommation. Le plus difficile est ailleurs, dans l'expérimentation de soi-même. Parce que le moi sera différent, et parce qu'on ne sera pas le même non plus selon le degré d'engagement dans la relation conjugale. Ce n'est pas de l'autre, c'est de soi, très profondément, que l'on décide au premier matin.

La conversion des sentiments

L'amour comme expérience ne signifie pas la fin des sentiments. Si par romantisme on désigne l'emballement des sens qui permet de dépasser l'ordinaire, alors notre époque aussi est romantique, peut-être plus que celle qui se proclamait telle. L'attention à l'autre et la tendresse dans les relations privées connaissent aujourd'hui un développement de masse jamais atteint. Seul le modèle idéalisateur, fixé sur un unique élan initial vécu comme un destin, est en déclin. Les sentiments ne disparaissent pas, ne diminuent pas ; ils changent de forme et s'inscrivent différemment dans les histoires.

L'amour n'est plus tout entier défini par le choc inaugural ; il est ancré dans le présent et ouvert sur l'avenir. Chaque jour apporte de nouvelles révélations, des surprises. Petit amour aujourd'hui peut devenir grand amour demain.

Il perd son abstraction, ses idéalisations qui créaient le transport en trompant sur la réalité. Il se fonde désormais sur le concret des êtres et des choses, il est un amour pragmatique. Les élans ne tombent plus du ciel ; ils partent de la chair de l'événement, comme autant d'exaltations du réel. L'exaltation remplace l'idéalisation.

Il était globalisateur et unificateur, par le moyen justement de son abstraction, la personne aimée était un tout qui ne souffrait pas la discussion. Il entre aujourd'hui avec émoi et curiosité dans le culte du détail et la pluralité identitaire. On peut se prendre de passion pour des bouts de personne.

Il divisait hommes et femmes, ces dernières (qui avaient davantage à gagner dans l'abolition de l'ancien régime conjugal) ayant été des révolutionnaires idéalistes plus ardentes. L'expérience amoureuse, qui fait la part belle au sexe, introduit beaucoup plus activement les hommes. La découverte des nouveaux territoires du sensible se mène aujourd'hui côte à côte.

Il connaissait ses pics les plus hauts dans l'attente, le manque et la souffrance ; combien d'amours heureux pour tant de chagrins d'amour ? Il est aujourd'hui en quête du plaisir et du bien-être partagés. Il est tout simplement un rêve de bonheur.

La conversion des sentiments opère une fixation spécialement forte au premier matin, surtout quand il n'y a pas eu d'histoire préalable. Parfois pour le pire : matins grinçants, angoisse et agacements. Mais aussi pour le meilleur : les matins enchantés sont comme un petit coup de foudre décalé, tout doux et sans brûlures. Les premiers matins sont devenus un moment crucial, non seulement dans le déroulement des trajectoires conjugales, mais aussi sur l'aspect plus précis de la naissance du sentiment. Parce que la sensibilité y est exacerbée. Elle ne peut plus désormais ne pas l'être, car les sens sont obligatoirement en éveil pour canaliser la confusion des pensées. Il y a davantage toutefois. Une véritable culture de l'expérience sensible est en train de se développer sous nos yeux. Puisque le grand sentiment unique, presque divin, se fait improbable, il faut le remplacer par mille petites émotions, chacune si intensément vécue que, mises bout à bout, elles parviennent tout autant à chavirer l'âme. L'instant le plus dérisoire atteint la grâce féerique par la vertu de l'exaltation amoureuse. Une poussière peut se transformer en brin d'or.

CONCLUSION-MODE D'EMPLOI

Que faire de ce livre après l'avoir lu ? Il ne s'agit pas d'un ouvrage pratique, donnant des consignes pour bien conduire ses premiers matins. Mais d'un livre d'analyse, qui cherche à décrire la réalité telle qu'elle est. Il n'est pas impossible cependant, il est même probable, que le lecteur en position de vivre de nouveaux matins y cherche quelques guides d'action et recettes du bonheur. Je me permettrai donc (bien que je me situe ici aux limites extrêmes de l'exercice de la sociologie) de proposer prudemment deux petits conseils.

'abord sur les matins eux-mêmes. Ils sont devenus aujourd'hui un moment crucial, où l'existence est susceptible de basculer dans un cours nouveau. Certes ce basculement n'opère pas à chaque fois : il est beaucoup de matins ordinaires et sans lendemain. La simple possibilité du tournant biographique donne néanmoins presque toujours une empreinte particulière au contexte, une ambiance caractéristique quoique insaisissable. Insaisissable parce que les repères s'estompent : le premier matin est hors du temps et de la vie habituelle, dans un ailleurs équivoque, qui par l'absence de normes libère les perceptions sensibles. Les émotions et sensations ressenties ne sont pas toujours extraordinaires et enchanteresses. Elles sont plutôt diffuses, éclatées, délicates.

Et parfois désagréables (agacements divers), y compris quand les matins sont amoureux (angoisse de ne pouvoir être à la hauteur). Pourtant il s'agit d'une expérience unique, qu'il faut savoir vivre avec intensité. Savoir goûter les charmes discrets et les magies éphémères, les cultiver à l'envi. Savoir entrer avec curiosité dans la surprenante découverte de l'étrangeté intime. Et savoir surtout apprécier le flottement, l'indéfinition de la situation. Ce qui en soi n'est pas toujours très plaisant à vivre. Mais ces moments sont trop rares dans l'existence pour qu'on cherche à les fuir à la moindre gêne éprouvée. Car le flottement, qui peut créer le malaise, signifie surtout que la scène est ouverte, que demain n'est pas écrit. La personne, comme sortie des cadres sociaux qui ordinairement lui dictent sa voie, est à la croisée des chemins de son avenir (et il n'y en pas que deux : mille décisions peuvent être prises). Il est très peu de moments dans l'existence où l'individu soit aussi libre, responsable de sa vie.

Sur l'usage du livre ensuite. Je donne des clés de compréhension de nombreux gestes et situations, en pointant les enjeux décisifs qui se tapissent en deçà. Rien n'est anodin au premier matin. J'imagine donc qu'il puisse être tentant d'utiliser ce livre comme une sorte d'ouvrage de formation permanente pour gérer de façon efficace ce moment décisif. Je dois mettre le lecteur en garde ; il lui faut pouvoir prendre ses distances. Je lui déconseille par exemple de vivre un premier matin avec *Premier matin* à la main !

La sociologie serait-elle condamnée à rester dans les livres, à ne pas nous aider dans notre vie quotidienne ? Loin de moi une telle idée ! J'ai dit plus haut que l'homme moderne était devenu un *homo scientificus* qui traite de plus en plus sa propre existence comme un objet de laboratoire. Il s'interroge sur tout, et s'informe des derniers résultats de la recherche. Notre vie est désormais ainsi, rien ne pourra arrêter ce mouvement historique de réflexion généralisée : chacun veut désormais porter un regard intelligent et critique sur lui-même. Ma remarque porte uniquement sur la méthode : de quelle manière doit-on prendre les informations pour les appliquer à ses expériences personnelles ? L'erreur serait de vouloir vivre comme un livre. On ne vit jamais comme un livre. Heureusement. D'ailleurs, ce qui a été lu s'oublie beaucoup moins qu'on ne le croit. Le savoir endormi est intuitivement réactivé dans l'urgence d'une situation. Il en va ainsi au premier matin : la réflexion se mène par bouffées discrètes, dans une pensée parallèle ouverte aux détails du présent.

Le premier matin est un moment fort de cette nouvelle modalité existentielle qu'est l'expérience amoureuse. Tous les scientifiques vous le diront, une bonne expérience se mène après avoir accumulé des outils théoriques : arriver au laboratoire avec des idées permet de comprendre beaucoup plus de choses. Mais ensuite, dans l'expérience, il faut savoir oublier les livres et la vieille théorie. Car c'est ainsi que se repère le nouveau le plus surprenant. Nous ne savons encore presque rien des premiers matins. Ils restent une terre d'aventure à défricher, un univers de savoir à découvrir.

À PROPOS DE LA MÉTHODE

Je pensais que l'enquête sur les premiers matins serait difficile à mener. Je me trompais. Les souvenirs furent parfois difficiles à faire ressortir du passé, mais les personnes interrogées s'employèrent à ce travail avec une motivation et un plaisir évidents, le plaisir que confère le voyage dans les moments forts de sa propre vie. Pour conjurer les risques à tort imaginés, j'avais décidé de m'imprégner du sujet par une (agréable) investigation préalable dans l'univers de la fiction : je lus et relus quantité de romans. Ma surprise et ma déception furent grandes. Car (à quelques belles exceptions, qui ont une place d'honneur dans ce livre) je dus constater que la scène cruciale était la plupart du temps escamotée ; le premier matin n'a d'autre existence que marginale en littérature. Entre les ébats amoureux de la nuit et les événements de la journée qui s'ensuivent, le matin n'occupe au mieux que quelques lignes de transition. Le contraste est frappant avec le cinéma, où la caméra s'attarde au contraire sur les éveils incertains, les quiproquos minuscules, les vêtements approximatifs ou les petits déjeuners impromptus. Cette différence de traitement n'est pas le fait du hasard. Elle s'explique par les modalités propres au premier matin, où domine l'intelligence sensible plutôt que réflexive ; les sens (particulièrement le regard) guidant la pensée. Le premier matin est une expérience sensitive, très visuelle. Et qui s'attache aux détails équivoques de l'ordinaire extraordinaire, intuitivement saisis dans une image, plus compliqués à rendre dans un texte.

Je pensais que l'enquête serait difficile et je me trompais. Les interviewés s'approprièrent très vite le thème, le firent leur, s'exprimant avec vivacité et naturel, et imposant leur propre lexique, signes d'une forte implication. J'ai déjà signalé comment le terme « petit » matin s'était manifesté de façon récurrente. Il faut ajouter la fréquence avec laquelle le vocable « la personne » est aussi apparu. L'ami (l'amie), le copain (la copine), l'amant (l'amante), est devenu sur bien des lèvres le beaucoup plus indéfini « la personne ». Certes plus familier que « l'autre » (assez souvent cité cependant, notamment dans les matins chagrins), mais marquant par sa généralité le flou des repères. L'importance des premiers matins vient justement du fait qu'il y a hésitation sur le statut exact de « la personne » ; les interviewés avaient trouvé le mot juste. La vivacité et le naturel des propos ont quant à eux posé quelques problèmes de restitution. Devais-je édulcorer les mots grossiers ? Cela aurait été trahir, et au-delà des mots, édulcorer la rudesse des sensations elles-mêmes. Que le lecteur veuille donc bien excuser les nombreux « putain ! » et « merde ! » qui parsèment le texte ; ils me semblaient nécessaires au rendu de la vérité de l'événement. Les bafouillages et scories du langage ont par contre été un peu nettoyés, les « y a » devenant « il y a » et les « heu... » n'étant maintenus que lorsqu'ils signalaient une hésitation importante à marquer.

Le début des entretiens était très libre, pour que les personnes témoignent avec leurs mots, et le plus spontanément possible, des associations d'idées que leur évoquait le thème du premier matin. Suivaient au contraire des questions très précises, pièce par pièce, geste par geste, pour dégager des marques permettant aux souvenirs de se former. Cette interrogation serrée fut cependant menée dans la préoccupation constante d'éviter la subordination des enquêtés caractérisant les méthodes quantitatives. Dans l'esprit de l'entretien compréhensif [Kaufmann, 1996], l'expression indigène fut toujours favorisée, pour faire ressortir les logiques narratives et les catégories d'analyse spécifiques aux personnes interviewées.

Il leur fut demandé de sélectionner un (ou deux ; voire quatre pour Juliette qui ne parvint pas à se rationner) premier matin devant être systématiquement détaillé, et de fournir des éléments plus rapides sur d'autres expériences. Chacun a donc privilégié quelques histoires, « la personne » ayant dès lors droit à un prénom (bien entendu fictif), ce qui permet de suivre les développements biographiques à travers les divers chapitres de ce livre. Une double lecture est donc possible. Classique, en suivant le fil central de l'argumentation. Transversale et biographique, en reconstituant l'histoire des personnages vedettes, décrite sous des angles différents. Pour qui le souhaite, l'index biographique pourra aider cette seconde lecture.

Comme dans la démarche ethnologique, les personnes choisies sont à considérer comme des informateurs plutôt que constituant un échantillon représentatif [Kaufmann,1996]. La diversité des âges et des milieux d'origine n'est pas une variable intrinsèque, devant déboucher sur un travail de mesures comparatives entre catégories, mais une simple garantie de variété des expériences recueillies. Les âges jeunes sont néanmoins sur-représentés ; pour deux raisons. D'abord parce que la fréquence des premiers matins est plus grande à la jeunesse, les histoires conjugales s'y multipliant en séquences souvent brèves. Ensuite parce que le premier matin comme événement crucial et fondateur (et au-delà le changement du modèle amoureux) est un phénomène historiquement nouveau, plus facile à mettre en évidence dans les jeunes générations.

Ce livre, je l'espère, est d'une lecture facile. Ce qui ne signifie pas qu'il soit sans contenu théorique. Je m'inscris dans le courant de la *grounded theory*, qui tente de forger progressivement les concepts à partir des détails les plus concrets du terrain [Kaufmann, 1996]. Il en résulte des niveaux de théorisation variables selon le choix d'écriture de chaque livre. Dans *Ego* par exemple, l'abstraction conceptuelle avait été poussée à son maximum. Ici au contraire, les concepts sont émergents, pris de toutes parts dans le concret des situations. Il ne s'agit pas d'un niveau inférieur, ni d'un pur exercice de vulgarisation, mais d'un moment différent dans le travail de théorisation caractérisé par un aller et retour permanent entre terrain et théorie. Pour qui peut et veut les voir, les concepts sont déjà présents, potentiellement extractibles et généralisables. La richesse vivante du matériau dans laquelle ils sont enrobés limite toutefois leur portée explicite ; le lecteur doit lui-même produire un effort théorique s'il souhaite les utiliser, à son idée. En contrepartie, ce niveau d'écriture autour d'une théorie implicite offre bien des avantages. Il permet de produire un document où le matériau semble parler de lui-même, de façon très évocatrice. Un tel résultat serait évidemment impossible sans la qualité des témoignages ; bien des histoires parlent déjà toutes seules. Mais ce sont les outils théoriques, discrètement suggérés, qui donnent toute sa dimension à cette expressivité. Autre avantage : la construction de l'ouvrage, et l'écriture elle-même. Depuis la naissance des sciences sociales, écriture littéraire et écriture scientifique ont fait divergence [Baron, 1992]. Cette évolution semble inéluctable pour les types les plus courants de documents scientifiques : théoriques, méthodologiques, pédagogiques, d'expertise, etc. Mais peut-être pas pour tous. Le journal personnel de recherche par exemple offre d'autres possibilités [Lourau, 1988]. Le moment très particulier de la théorie encore implicite enrobée dans un matériau vivant aussi. De nouvelles formes littéraires restent sans doute à inventer. Pourquoi ne pourrait-on pas rêver à de petites œuvres d'art sociologique ?

INDEX BIOGRAPHIQUE

AGATHE

23 ans

Hôtesse navigante

Actuellement en couple avec John

Ancienneté du premier matin avec John : 4 mois

ALBAN

23 ans

Étudiant

Actuellement en couple (non cohabitant) avec Lisa

Ancienneté du premier matin avec Yasmine : 5 ans

Durée du couple ayant suivi : 8 mois

Ancienneté du premier matin avec Lisa : 4 ans

ANNA

28 ans

Psychologue

Actuellement en couple avec Éric

Ancienneté du premier matin avec Éric : 9 ans et demi

Index : *pp. 22, 23, 26, 27, 45, 48, 51, 58, 72, 81,*

BORIS
28 ans
Surveillant
Célibataire
Ancienneté du premier matin avec Prudence : 8 ans
Durée du couple ayant suivi : 1 an et demi
Index :

CHARLES-ANTOINE
33 ans
Notaire
Célibataire
Ancienneté du premier matin avec « la Hollandaise » : 2 ans
Durée du couple ayant suivi : 10 jours (après l'été)
Index :

COLOMBINE
24 ans
Artisane
Actuellement en couple avec Franck
Ancienneté du premier matin avec Franck : 3 ans
Index :

ERIKA

44 ans

Infirmière

Actuellement en couple (avec un autre que Luc)

Ancienneté du premier matin avec Luc : 25 ans

Durée du couple ayant suivi : 3 ans avec longues séparations

FANNY

25 ans

Cadre d'entreprise

Actuellement en couple avec José

Ancienneté du premier matin avec Gilberto : 5 ans

Durée du couple ayant suivi : 1 mois

Ancienneté du premier matin avec José : 3 mois

GABRIELLE

52 ans

Secrétaire

Actuellement mariée avec André, trois enfants

Ancienneté du premier matin avec André : 31 ans

GEORGETTE

77 ans

Retraitée

Veuve

Ancienneté du premier matin avec Léon : 57 ans

Durée du couple ayant suivi : 54 ans
Index : *pp. 16, 96, 97, 268, 269, 270, 271, 276.*

GÉRARD
55 ans
Informaticien
Actuellement en couple avec Monique
Ancienneté du premier matin avec Monique : 3 ans
Durée du couple ayant suivi : 3 ans
Index : *pp. 78, 197, 225.*

GILDAS
25 ans
Employé
Célibataire
Ancienneté du premier matin avec Julien : 10 mois
Durée du couple ayant suivi : 1 matin
Index : *pp. 47, 51, 54, 55, 60, 66, 71, 87, 88, 89,
91, 108, 111, 120, 124, 187, 190, 192, 194,
197, 212, 224, 250, 258, 287.*

ISA
26 ans
Employée (intérim)
Actuellement en couple avec Tristan
Ancienneté du premier matin avec « le Hollandais » :
7 ans
Durée du couple ayant suivi : 1 an et demi
Ancienneté du premier matin avec Tristan : 3 ans
Index : *pp. 31, 32, 37, 38, 39, 75, 170, 171, 172,
173, 174, 175, 176, 184, 186, 203, 206, 207,
208, 223, 233, 243, 244, 246.*

JULIETTE
27 ans
Commerçante (bar)

Actuellement mariée avec Guillaume, un enfant
Ancienneté du premier matin avec Romano : 10 ans
Durée du couple ayant suivi : quelques mois
Ancienneté du premier matin avec Guillaume : 6 ans
Index : *pp. 46, 48, 56, 58, 59, 66, 67, 69, 71, 76,
77, 80, 85, 86, 87, 91, 104, 121, 122, 123,
129, 135, 150, 151, 152, 153, 179, 253, 266,
299.*

MANUEL
25 ans
Commercial (en chômage)
Se déclare « célibataire avec une copine » (Déborah)
Ancienneté du premier matin avec Ingrid : 5 ans
Durée du couple ayant suivi : 1 journée
Ancienneté du premier matin avec Déborah : 3 ans
Durée du couple ayant suivi : 3 ans, avec six cou-
pures de 2-3 mois, et une relation très libre pour les
moments de vie « commune »
Index : *pp. 49, 104, 105, 111, 113, 128, 138, 139,
251, 253.*

MARLÈNE
47 ans
Esthéticienne
Actuellement mariée avec Fernand, deux enfants
Ancienneté du premier matin avec Fernand : 22 ans
Index : *pp. 26, 30, 70, 78, 203, 259.*

PIERRE
28 ans
Chômage
Actuellement en couple avec Marinette
Ancienneté du premier matin avec Marinette :
15 jours

307

VINCENT

22 ans

Serveur

Actuellement en couple avec Aglaé

Ancienneté du premier matin avec Aglaé : 3 ans

Index : *pp. 17, 23, 25, 26, 50, 61, 62, 79, 81, 84, 104, 115, 118, 119, 159, 160, 183, 192, 196, 200, 225, 226, 227, 230, 233, 239, 251, 262.*

VIRGINIE

23 ans

Étudiante

Célibataire

Ancienneté du premier matin avec Léopold : 5 ans

Durée du couple ayant suivi : 4 ans

Ancienneté du premier matin avec Raoul : 4 mois

Durée du couple ayant suivi : 3 mois sans véritable cohabitation

Index : *pp. 48, 50, 51, 52, 54, 59, 69, 70, 71, 89, 90, 91, 96, 102, 106, 107, 108, 126, 150, 151, 191, 192, 193, 197, 228, 234, 235, 236, 237, 261, 289.*

WALTER

41 ans

Commercial

Divorcé

Ancienneté du premier matin avec Diane : 1 mois

Durée du couple ayant suivi : 1 semaine

Index : *pp. 17, 19, 24, 33, 66, 72, 104, 111, 201, 209, 210.*

BIBLIOGRAPHIE

ALBERONI F. [1981], *Le Choc amoureux. Recherches sur l'état naissant de l'amour*, Paris, Ramsay.

ALBERONI F. [1994], *Le Vol nuptial. L'imaginaire amoureux des femmes*, Paris, Plon.

ALHINC-LORENZI M.-P. [1997], « Étude de cas d'une cohabitation juvénile. Le rôle des objets comme marqueurs de l'intégration conjugale », Mémoire de DEA de Sciences sociales, Université Paris 5, sous la direction de P. Gaboriau.

ANDRÉ C., LELORD F., [1999], *L'Estime de soi*, Paris, Odile Jacob.

BAROU J. [1992], « Littérature et sociologie », *Informations sociales*, n° 20.

BEC P. [1978], *La Lyrique française au Moyen Âge (XIIe-XIIIe siècles)*, Paris, Picard.

BECK U. [2001], « La religion séculière de l'amour », *Comprendre*, n° 2.

BERGER P., KELLNER H. [1988], « Le mariage et la construction de la réalité », *Dialogue*, n° 102.

BERGER P., LUCKMANN T. [1986], *La Construction sociale de la réalité*, Paris, Méridiens-Klincksieck.

BERTAUX D. [1997], *Les Récits de vie*, Paris, Nathan.

BIDART C. [1997], *L'Amitié, un lien social*, Paris, La Découverte.

311

BOLOGNE J.-C. [1986], *Histoire de la pudeur*, Paris, Olivier Orban.

BOZON M. [1993], « L'entrée dans la sexualité adulte : le premier rapport et ses suites », *Population*, n° 5.

BOZON M. [1998], « Amour, désir, durée. Cycle de la sexualité conjugale et rapports entre hommes et femmes », dans Bajos N., Bozon M., Ferrand A., Giami A., Spira A., *La Sexualité au temps du sida*, Paris, PUF.

BOZON M. [2001], « Orientations intimes et construction de soi. Pluralité et divergences dans les expressions de la sexualité », *Sociétés contemporaines*, n° 41-42.

BOZON M. [2002], *Sociologie de la sexualité*, Paris, Nathan.

BROWN E., FOUGEYROLLAS-SCHWEBEL D., JASPARD M. [1991], « Le petit déjeuner des Français », Rapport de recherche, IRESCO.

CARADEC V. [1997], « De l'amour à 60 ans », *Mana*, n° 3.

CHALVON-DERMERSAY S. [1996], « Une société élective. Scénarios pour un monde de relations choisies », *Terrains*, n° 27.

CHAUMIER S. [1999], *La Déliaison amoureuse. De la fusion romantique au désir d'indépendance*, Paris, Armand Colin.

CORBIN A. [1987], « La relation intime ou les plaisirs de l'échange », dans Perrot M., *Histoire de la vie privée*, tome 4, *De la révolution à la Grande Guerre*, Paris, Seuil.

CORCUFF Ph. [1998], « Justification, stratégie et compassion. Apport de la sociologie des régimes d'action », *Correspondances*, n° 51.

CYRULNIK B. [1989], *Sous le signe du lien. Une histoire naturelle de l'attachement*, Paris, Hachette.

DESJEUX D. [1999], « L'expérience de l'altérité, entre minimisation des risques et maximisation de la découverte », Colloque du collège international du voyage, *L'Alimentation du voyageur*, 10 décembre 1999.

DUBAR C. [1998], « Trajectoires sociales et formes identitai-

res : clarifications conceptuelles et méthodologiques »,
Sociétés contemporaines, nº 29.

DUBET F. [1994], *Sociologie de l'expérience*, Paris, Seuil.

DURKHEIM E. [1897], *Le Suicide. Étude de sociologie*, Paris, Alcan.

FISCHLER C. [1993], *L'Homnivore. Le goût, la cuisine et le corps*, Paris, Points-Odile Jacob.

GAULÉJAC V. de [1996], *Les Sources de la honte*, Paris, Desclée de Brouwer.

GIDDENS A. [1992], *The Transformation of Intimacy. Sexuality, Love and Eroticism in Modern Societies*, Stanford, Stanford University Press.

GOFFMAN E. [1974], *Les Rites d'interaction*, Paris, Minuit.

GOFFMAN E. [1988], « Les ressources sûres », dans Goffman E., *Les Moments et leurs hommes*, textes recueillis et présentés par Yves Winkin, Paris, Seuil/Minuit.

GUERRAND R.-H. [1986], *Les Lieux, histoire des commodités*, Paris, La Découverte.

JAVEAU C. [1998], *Prendre le futile au sérieux*, Paris, Cerf.

JOUVET M. [1992], *Le Sommeil et le Rêve*, Paris, Odile Jacob.

KAUFMANN J.-C. [1995], *Corps de femmes, regards d'hommes*, Paris, Nathan.

KAUFMANN J.-C. [1996], *L'Entretien compréhensif*, Paris, Nathan.

KAUFMANN J.-C. [1997], *Le Cœur à l'ouvrage*, Paris, Nathan.

KAUFMANN J.-C. [1999], *La Femme seule et le Prince charmant. Enquête sur la vie en solo*, Paris, Nathan.

KAUFMANN J.-C. [2001], *Ego. Pour une sociologie de l'individu*, Paris, Nathan.

LAHIRE B. [1998], *L'Homme pluriel. Les ressorts de l'action*, Paris, Nathan.

LE GALL D. [1992], « Secondes amours : aimer la raison ? », *Revue internationale d'action communautaire*, nº 27/67.

LE GALL D. [1997], « La première fois. L'entrée dans la sexualité adulte d'étudiants de sociologie », *Mana*, nº 3.

LOURAU R. [1988], *Le Journal de recherche*, Paris, Méridiens-Klincksieck.

MESURE S., RENAUT A. [1999], *Alter ego. Les paradoxes de l'identité démocratique*, Paris, Aubier.

MUXEL A. [1996], *Individu et mémoire familiale*, Paris, Nathan.

PERROT M. (éd.), *Histoire de la vie privée*, sous la direction de Ariès P. et Duby G., tome 4, *De la Révolution à la Grande Guerre*, Paris, Seuil.

RAFFIN T. [1987], « L'amour romanesque : mythe et réalité d'un mode féminin d'engagement matrimonial », *Dialogue*, n° 96.

SCHURMANS M.-N., DOMINICÉ L. [1997], *Le Coup de foudre amoureux. Essai de sociologie compréhensive*, Paris, PUF.

SEGALEN M. [1998], *Rites et rituels contemporains*, Paris, Nathan.

SIMMEL G. [1988], *Philosophie de l'amour*, Paris-Marseille, Rivages.

SINGLY F. de [1996], *Le Soi, le Couple et la Famille*, Paris, Nathan.

SINGLY F. de [2000], *Libres ensemble. L'individualisme dans la vie commune*, Paris, Nathan.

SINGLY F. de, CHALAND K. [2001], « Quel modèle pour la vie à deux dans les sociétés modernes avancées ? », *Comprendre*, n° 2.

THÉRY I. [1993], *Le Démariage. Justice et vie privée*, Paris, Odile Jacob.

THÉVENOT L. [1998], « Pragmatiques de la connaissance », dans Borzeix A., Bouvier A., Pharo P., *Sociologie et connaissance. Nouvelles approches cognitives*, Paris, Éditions du CNRS.

THUILLIER G. [1977], *Pour une histoire du quotidien au XIXᵉ siècle en Nivernais*, Paris-La Haye, Mouto.

VINCENT J.-D. [1986], *Biologie des passions*, Paris, Odile Jacob.

TABLE DES MATIÈRES

"Femmes seules : qui êtes-vous?"

La femme seule et le prince charmant
Jean-Claude Kaufmann

Pourquoi tant de femmes vivent-elles seules ? C'est un fait de société, elles sont nombreuses à aimer, à travailler et à réussir en dehors du couple. Cette vie, qui commence à voir le jour dès la fin du XIXe siècle, ne va pas sans amertume quand surviennent, vers la quarantaine, la difficulté de trouver un prince charmant et la solitude, comprises comme la rançon de l'indépendance. Être une femme seule est encore connoté négativement. Mais Jean-Claude Kaufmann nous montre que l'autonomie des femmes est aussi un facteur de réussite.

(Pocket n°11047)

Il y a toujours

Achevé d'imprimer sur les presses de

BUSSIÈRE

GROUPE CPI

*à Saint-Amand-Montrond (Cher)
en février 2004*

— 12, avenue d'Italie - 75627 Paris Cedex 13
Tél. : 01-44-16-05-00

mp. : 40863. —
mars 2004.

ce